Jürgen Ziegler
Satz und Urteil

Studia Linguistica Germanica

Herausgegeben
von
Stefan Sonderegger

22 ·

Walter de Gruyter · Berlin · New York
1984

Jürgen Ziegler

Satz und Urteil

Untersuchungen zum Begriff der grammatischen Form

Walter de Gruyter · Berlin · New York
1984

CIP-Kurztitelaufnahme der Deutschen Bibliothek

Ziegler, Jürgen:
Satz und Urteil : Unters. zum Begriff d. grammat. Form / Jürgen Ziegler. –
Berlin ; New York : de Gruyter, 1984.
  (Studia linguistica Germanica ; 22)
  ISBN 3-11-009984-5
NE: GT

Vorwort

Nach einem Wort von Karl Bühler ist die »Dominanz« der Darstellungsfunktion der Sprache unbestritten; entsprechend ist die semiotische Relation, die zwischen Dargestelltem und Darstellung besteht, für die Sprache von grundlegender Bedeutung. Zu den ersten Aufgaben einer Sprachwissenschaft, die sich ihrer Grundlagen und Grundbegriffe vergewissern möchte, gehört die Explikation dieser Relation. Ein Blick auf die neuere Sprachwissenschaft indes zeigt, daß diese Aufgabe gar nicht als eine solche erkannt wird: kaum irgendwo findet sich der Versuch, Sprache und sprachliche Form von der Darstellungsfunktion der Sprache her systematisch zu begreifen.

Dieses Desinteresse wird verständlich, wenn man sich vor Augen führt, wie die in Frage stehende Relation gewöhnlich bestimmt wird: als die arbiträre Zuordnung von (Wort-)Zeichen und (Begriffs-)Inhalt, von signifiant und signifié – und weiter nichts. Übersehen wird dabei, daß in der Sprache nicht irgendwelche Bedeutungen oder Inhalte, sondern Gedanken zur Darstellung gelangen und daß das Denken bei noch so mannigfachem Inhalt die Form des logischen Urteils aufweist. Jede Explikation der Darstellungsrelation, die diesem Umstand nicht angemessen Rechnung zu tragen vermag, muß unbefriedigend bleiben.

Die Aufgabe, die sich aus dieser Einsicht ergibt, besteht darin, logische Formbestimmtheit und sprachliche Formbestimmtheit in und bei ihrer kategorialen Differenz miteinander in Beziehung zu setzen. Sie wird in der vorliegenden Untersuchung, die im Juli 1983 von der Universität – Gesamthochschule – Duisburg als Habilitationsschrift angenommen wurde, in Angriff genommen.

Duisburg, im Oktober 1983   Jürgen Ziegler

Inhalt

0. Einleitung

Das Verdikt der Logifizierung

Am Anfang der Wissenschaft, die seit über 2000 Jahren den Namen
»Grammatik« trägt[1], steht wie am Anfang einer jeden Wissenschaft ein
Problem. Dieses Problem läßt sich als Frage formulieren: Wie und wodurch
ist es gewährleistet, daß das Ergebnis der menschlichen Erkenntnistätigkeit,
das Wissen, in sprachlichen Zeichen und durch sprachliche Zeichen
angemessen zum Ausdruck kommt? Oder kürzer: Inwiefern ist die Sprache
adäquate Darstellung objektiven Wissens? Die Antwort, mit der die
Wissenschaft der Grammatik auf den Weg gebracht wird, lautet: Das
Wissen kann in der sprachlichen Darstellung angemessen zum Ausdruck
kommt, da die Struktur des Urteils die spezifische Formbestimmtheit der
Sprachzeichen begründet.

Diese Antwort stammt ihrem Gehalt nach von Aristoteles. Er gibt sie –
anknüpfend an die Unterscheidung von ›onoma‹ und ›rhema‹ im platonischen Dialog »Sophistes«[2] – in den ersten Kapiteln der Schrift »De
Interpretatione«. Die grammatische Leistung, die Aristoteles in dieser
logischen Zielen gewidmeten Schrift erbringt, besteht darin, den Satz als
eine signifikative Einheit begreifbar zu machen: Der Satz ist signifikative
synthetische Einheit, weil er grammatische Einheit ist, und er ist
grammatische Einheit, weil er seiner Form nach Ausdruck des Urteils ist.
Aristoteles deckt damit nicht nur das protos pseudon auf, das der
Kontroverse um die »natürliche Richtigkeit« der Namen zugrunde liegt[3] –
eine Kontroverse, die noch Platon im Dialog »Kratylos« beschäftigt[4] –, er
zeigt auch, daß das Zeichengebilde, das unter den Gegensatz von wahr und
falsch fällt, also geltungsdifferent ist, funktional gegliederte Einheit sein
muß.

Seither gehört der Gedanke, daß logische Form und sprachliche Form in

---

[1] Zum Terminus »Grammatik« und seiner Herkunft vgl. Steinthal, H. 1863, 374 ff.; Pfeiffer, R. 1978, 89 und 197; Robins, R. H. 1971, 12 f.

[2] Sophistes 262a. Dort heißt es, daß weder ›onoma‹ noch ›rhema‹ für sich allein unter den
Gegensatz von wahr und falsch fallen kann. Wahrheit und Falschheit gibt es erst, wenn
›onoma‹ und ›rhema‹ verknüpft werden.

[3] Vgl. Steinthal, H. 1863, 39–110; Coseriu, E. 1975 a, 21–39.

[4] Zum Dialog »Kratylos« vgl. Derbolav, J. 1953.

einem Zusammenhang stehen, zum philosophischen und sprachwissenschaftlichen Gemeingut, wenngleich die Durchführung dieses Gedankens
schon mit der Etablierung der antiken zünftigen Grammatik durch das
Werk des Dionysios Thrax (1. Jh. v. Chr.) von der Intention der
aristotelischen Schrift abweicht: Aristoteles ging es nicht oder doch nicht in
erster Linie um die Bestimmung der Redeteile als Wortarten, sondern um
die Bestimmung der Redeteile als Satzglieder. *Eine* Bestimmung aus »De
Interpretatione« aber blieb bis ins 19. Jahrhundert unangefochten gültig:
die Bestimmung, daß der Ausdruck des Gedankens – und d. h. näherhin:
des geltungsdifferenten Gedankens (und also auch des Wissens) – im *Satz*
und durch den *Satz* erfolgt[5].

Einen der letzten großen Versuche, diese Bestimmung in der grammatischen Reflexion fruchtbar werden zu lassen, unternimmt im ersten Drittel
des 19. Jahrhunderts Karl Ferdinand Becker in seinem Werk »Organism der
Sprache«[6], das zugleich die Grundlage der modernen deutschen Schulgrammatik abgibt[7]. Beckers Grundgedanke ist einfach. Für ihn ist die Sprache
»der in die Erscheinung tretende Gedanke«[8]. Der Gedanke als »ein
Gemeingut der ganzen Gattung« muß »mitgetheilt und in der Sprache
dargestellt« werden[9], und also »geben sich die Formen des Denkens«, die
von der Logik nachgewiesen werden, »vorzüglich in der Sprache zu
erkennen, und sie stellen sich in ihren Besonderheiten zunächst in den
Formen der grammatischen Beziehungen dar«[10]. Grammatische Form muß
also von der spezifischen Darstellungsleistung der Sprache her begriffen
werden. Damit ist das Verhältnis von Logik und Grammatik thematisiert,
ohne daß deren Identität behauptet würde. Zwischen Logik und Grammatik besteht ein Verhältnis, aber dieses Verhältnis ist problematisches
Verhältnis. Dieser Gedanke scheint in der sprachwissenschaftlichen
Fachwelt auf Widerspruch und Unverständnis gestoßen zu sein, denn in der
Vorrede zur zweiten Ausgabe wendet sich Becker ausdrücklich gegen die
»jetzt von vielen Seiten her« geäußerte Behauptung, »Sprache und Logik
hätten nichts miteinander zu schaffen«[11]. Im Gegenteil: »Die Nothwendig-
keit einer Verbindung der Logik mit der Grammatik muß Jedem, der da
weiß, was Sprechen ist, einleuchtend sein. Ist die Sprache der organische
Leib des Gedankens, so müssen sich in ihr auch wiederfinden lassen die
Gesetze des Denkens. Freilich darf man der Sprache kein logisches Schema
unterlegen wollen; freilich darf man nicht a priori festsetzen, was man in

---

[5] Vgl. Robins, R. H. 1957, 91 f.
[6] Becker, K. F. 1841.
[7] Vgl. Frank, H. J. 1976, 163 ff.; Glinz, H. 1947, 42 ff.
[8] Becker, K. F. 1841, 168.
[9] Becker, K. F. 1841, 157.
[10] Becker, K. F. 1841, 168.
[11] Becker, K. F. 1841, XV.

der Sprache finden will: aber die allgemeinen Denkgesetze und Anschauungsformen, durch welche und unter welchen der Mensch die Dinge wahrnimmt und zu Erkenntnissen verarbeitet, müssen sich in jeder Sprache aufzeigen lassen.« Er, Becker, hoffe, daß es ihm gelungen sei, »über viele Erscheinungen in der Sprache durch Zurückführung derselben auf die Denkgesetze ein neues Licht zu verbreiten«[12].

Beckers Argument fand vor der sprachwissenschaftlichen Fachwelt keine Gnade. Im Jahre 1855, sechs Jahre nach Beckers Tod[13], erscheint ein Buch von Heyman Steinthal mit dem Titel »Grammatik, Logik und Psychologie, ihre Prinzipien und ihr Verhältnis zueinander«[14], das nach dem Willen des Verfassers eine »gänzlich zerstörend(e)«, »vollständig zersetzend(e)« Kritik des Beckerschen Werks sein soll[15]. Diese Kritik ist höchst aufschlußreich. Sie gipfelt in Feststellungen der folgenden Art: Becker betreibe die »Logificirung der Grammatik«[16], verfälsche die Grammatik durch die Logik[17], identifiziere Logik und Grammatik[18], verwechsle Logik und Grammatik[19] usw.; die Liste ließe sich beliebig fortsetzen.

Diese Feststellungen sind einigermaßen erstaunlich, macht doch Becker ganz ausdrücklich die Nicht-Identität von Denkform und Sprachform und damit von Logik und Grammatik zum Ausgangs- und Angelpunkt seiner Überlegungen. Um den Nachweis für seine Behauptung zu erbringen, versucht Steinthal aufzuzeigen, daß die von Becker getroffene Unterscheidung von Logik und Grammatik verbal erschlichen ist, daß ihr in Wirklichkeit gar kein begrifflicher Unterschied zugrunde liegt: »Sein Organism will keine Logik sein; er *sollte* es aber sein«[20]. Denn: »Stellen wir uns zuerst auf Beckers Seite, so kann die Sprache um kein Haar breit von der Logik abweichen; es darf keine Grammatik geben, nur Logik. Wie kann die Sprache der Logik gegenüber eine Autonomie haben? denn wie kann sie ihr gegenüber etwas sein? sie, die an sich selbst nichts ist als verleiblichte Logik. Auch die Verschiedenheit der Sprache in Rücksicht auf die Kategorien ist unmöglich; woher soll irgend welche Umgestaltung kommen? Die allgemeinen logischen Gesetze des Denkens sind so fest, so starr, daß sie nicht die geringste Nüancirung erdulden, nicht in mir, nicht in

---

[12] Becker, K. F. 1841, XVI.
[13] Vgl. Haselbach, G. 1966, 6. Haselbach gibt eine umfassende Darstellung von Beckers Lehre und deren Voraussetzungen. – Zum Verhältnis von Grammatik und Logik bei Becker vgl. auch Ott, R. 1975.
[14] Steinthal, H, 1855.
[15] Steinthal, H. 1855, V.
[16] Steinthal, H. 1855, 113.
[17] Steinthal, H. 1855, 108.
[18] Steinthal, H. 1855, 48.
[19] Steinthal, H. 1855, 95 ff.
[20] Steinthal, H. 1855, 95.

dir, nicht im Chinesen, nicht im Buschmann; so wenig wie die mechanischen, oder, da wir hier mit Becker reden, die organischen Gesetze der Natur hier andere sind als in China und am Cap. Andererseits aber, herrscht in der Sprache Autonomie, kann sie theils selbständig schaffen, theils sogar, was ihr die Logik durch die logische Grammatik bietet, umgestalten, wenn sie es annimmt, aber auch liegen lassen: so ist sie überhaupt und überall selbstherrschend, und keine Logik hat das Recht, Forderungen an sie zu stellen, welche von der Sprache so wenig angehört werden, als sie selbst ein Bedürfniß nach Logik kund giebt. (. . .) Wodurch bekundet nun aber wohl die Sprache, daß sie der Logik genügen, logisch sein wolle? sie, die der Logik spottet? sie nüanciert, d. h. verhöhnt? Was giebt uns ein Recht, ihre Vortrefflichkeit an der Logik zu messen? Wenn die Logik immer der Sprache fremd ist, bleiben wir dann nicht mit diesem logischen Maßstabe außerhalb der Sprache? durchaus subjectiv? Ist die Sprache autonom, so liegt ihre Vortrefflichkeit auch nur darin, diese Autonomie recht kräftig walten zu lassen; die Kraft ihrer Autonomie ist der objective Maßstab für die Vortrefflichkeit der Sprache.«[21]

Die zitierte Passage zeigt nicht nur den Duktus des Steinthalschen Argumentierens; sie enthält in nuce auch die gesamte Struktur seiner Argumentation. Diese Struktur hat die Form eines Schlusses, in dem zwei Implikationen, eine Disjunktion und ein einfaches Urteil die Prämissen bilden. Es sind dies: 1. Ist die Sprache so, wie sie Becker konzipiert (nämlich Ausdruck der »allgemeinen Denkgesetze«, was für Steinthal freilich soviel wie »Abdruck« bedeutet[22]), dann ist sie mit der formalen Logik identisch. 2. Ist die Sprache autonom, dann hat sie mit der Logik nichts zu schaffen. 3. Die Sprache ist entweder so, wie sie Becker konzipiert, oder sie ist autonom. 4. Die Sprache ist ganz offensichtlich nicht identisch mit der formalen Logik. Ergo ist die Sprache nicht so, wie sie Becker konzipiert, ergo ist sie autonom, ergo hat sie mit der Logik nichts zu schaffen. Und also ist die Beschreibung der Sprachform, die Grammatik, mit der Beschreibung der Denkform, der Logik, nicht zu vermitteln, und Beckers Unternehmen, in dem eben dies versucht wird, ist eine contradictio in adiecto. »Nach Beckers Princip sollte die Grammatik *bloß Logik* sein; dasselbe Princip aber will Princip einer Grammatik sein, die nicht Logik ist; also ist Becker widerlegt, indem seine Voraussetzungen das, was sie schaffen sollen, verläugnen, oder indem jene Voraussetzungen sich als unfähig erweisen, die Wissenschaft zu begründen, welche sie begründen wollen.«[23]

---

[21] Steinthal, H. 1855, 120 f.
[22] Steinthal, H. 1855, 215.
[23] Steinthal, H. 1855, 107.

Steinthals Befund, Becker identifiziere oder verwechsle Logik und Grammatik, gehört ganz offensichtlich zu den Prämissen dieser Argumentation: denn, so Steinthal, auch wenn Becker dies nicht zugesteht, so ist doch die Sprache gemäß der Beckerschen Konzeption mit der formalen Logik identisch. Mit der Wahrheit dieser Implikation steht und fällt Steinthals Argumentation. Die Wahrheit dieser Implikation läßt sich mitnichten durch Beispiele beweisen, die den Unterschied zwischen Logik und Grammatik belegen[24]: daß Wort und Begriff verschieden seien, daß nicht jedem Satz ein Urteil, nicht jedem Urteil ein Satz entspreche, daß die Logik weder Attribute noch Objekte kenne, daß es in der Logik nichts den Wortarten Entsprechendes gebe usw. usf. All dies ist Becker nicht nur bestens bekannt, sondern auch in seiner Theorie vollauf berücksichtigt.

Steinthal ist von der Wahrheit dieser Implikation so überzeugt, daß er den »Logificirungs«-Vorwurf ständig wiederholt, ohne indes klarzumachen, worin dieser Vorwurf gründet. Dies verweist auf einen »blinden Fleck« in seiner Argumentation, auf eine für selbstverständlich gehaltene Voraussetzung, die aber alles andere als selbstverständlich ist. Sie hat mit der Vorstellung von der Autonomie der Sprache zu tun, mit der Offenlegung dessen, was unter der Autonomie der Sprache einerseits, unter der Logik andererseits zu verstehen ist. Erst nach dieser Offenlegung kann klar werden, warum die Beckersche Unterscheidung von Logik und Grammatik verbal erschlichen sein soll. Steinthal sieht die Notwendigkeit dieser Offenlegung nicht; entsprechend räumt er ihr auch keinen systematischen Platz ein.

Was versteht Steinthal unter Logik? In einem Kapitel »Von der Logik im Allgemeinen.«[25] nennt er die Logik »formal«[26]; sie hat es nämlich »nicht mit bestimmten Vorstellungen und Begriffen, sondern nur mit dem Gedachten überhaupt in Form von Begriffen, und Urtheilen und Schlüssen« zu tun[27]. Am Schluß des Kapitels heißt es von der Grammatik (in ihrem Unterschied zur Logik): »Auch sie zwar ist formal, in so fern sie nicht den Inhalt der Rede, sondern nur die sprachliche Form betrachtet. Aber im Verhältnis zur Logik ist die Grammatik, wie die reine Mathematik, schon etwas Materiales, indem in beiden ganz bestimmte Denkprocesse vorkommen, welche sich als ein bestimmter Inhalt in logischer Form offenbaren. Die sprachliche Form ist ein Stoff, eine besondere Anwendung und Verkörperung der logischen Form.«[28] Es ist schwer zu sehen, was an diesen Bestimmungen eine Widerlegung Beckers begründen soll: Beckers »allge-

---

[24] Vornehmlich in den §§ 61–82.
[25] Steinthal, H. 1855, 145–151.
[26] Steinthal, H. 1855, 146.
[27] Steinthal, H. 1855, 149.
[28] Steinthal, H. 1855, 151.

meine Denkgesetze« sind die logischen Gesetze, und die Feststellung, die sprachliche Form sei eine »Verkörperung der logischen Form«, könnte aus Beckers Feder stammen. – Steinthals Position wird besser faßbar, wenn er auf das Verhältnis zu sprechen kommt, das zwischen einer Wissenschaft und ihrem Gegenstand herrscht. »Der Gegenstand der einzelnen Wissenschaften ist ihnen eigenthümlich, nicht bloß der Stoff, sondern auch die an ihm hervortretenden allgemeinen Verhältnisse, die man eben Kategorien nennt (. . .). Indem aber unsere Thätigkeit des verständigen Denkens diese Gegenstände betrachtet, diese Verhältnisse erforscht, so verfährt sie hierbei in einer Weise, in welcher die Formen der Logik sichtbar werden; denn die Logik ist eben die Analyse des Denkens, d. h. der Denkthätigkeit, abgesehen von dem Gegenstande, auf den sie angewandt wird.«[29] Unter den »Kategorien« einer Wissenschaft versteht Steinthal in etwa das, was durch die Fachtermini bezeichnet wird; z. B. sind Sauerstoff und Wahlverwandtschaften »Kategorien« der Chemie, Wärme oder Elektrizität »Kategorien« der Physik und Substantiv, Verb oder Attribut »Kategorien« der Grammatik[30]. In der zitierten Passage mag die Anknüpfung des letzten Halbsatzes durch »denn« erstaunen. Sie wird verständlich, wenn man berücksichtigt, daß hier die Allgemeingültigkeit der logischen Gesetze der »Eigenthümlichkeit« des Gegenstandes gegenübergestellt wird. Die folgende Passage schließt direkt an: »Mehr noch, die Natur erzeugt Gegenstände und verfährt dabei durch Mittel und in einer Weise, welche die specielle Naturwissenschaft als ihren besondern Gegenstand darzustellen hat. Indem wir diese Verfahrensweise im Denken reproduciren und den realen Gang des Werdens der Sache in einen subjectiven Gang des Werdens des Begriffs umwandeln, d. h. bloß abbilden, bemerken wir im Denken nicht bloß, sondern in der wirklichen Natur selbst logische Verhältnisse, die ihr inne wohnen, logische Gesetze, die sie unverbrüchlich befolgt.«[31]

Was bedeutet dies für den Begriff der Logik? Die logischen Gesetze »wohnen« der Natur »inne« und werden von ihr »unverbrüchlich befolgt«, indem sie Gegenstände erzeugt; die Allgemeingültigkeit der logischen Gesetze ist die Allgemeingültigkeit der Verfahrensweise der Natur. Indem das »verständige Denken« den Gegenstand in seinen besonderen Verhältnissen qua Abbildung im Denken reproduziert, reproduziert es auch, gleichsam unbeabsichtigt, die allgemeingültige Verfahrensweise. Wie aber gelangt man zur Wissenschaft der Logik, d. h. zur Erkenntnis dieser allgemeingültigen Gesetze? Eben durch »die Analyse des Denkens(. . .), abgesehen von dem Gegenstande«. Verständiges Denken ist also die Abbildung der Erzeugung des Gegenstandes in die Erzeugung des Begriffs;

---

[29] Steinthal, H. 1855, 219.
[30] Steinthal, H. 1855, 221.
[31] Steinthal, H. 1855, 219.

der Logiker betrachtet diesen Abbildvorgang, entfernt aus Natur und Begriff den Gegenstand und hält das logische Gesetz in Händen[32].

Die Logik ist somit die allgemeinste Gesetzmäßigkeit, die der Natur innewohnt. Die Gegenstände samt ihren Kategorien werden von der Natur entsprechend dieser Gesetzmäßigkeit zwar erzeugt, bilden aber diese Gesetzmäßigkeit deshalb nicht ab, sondern sind »innerhalb ihres Kreises Selbstherrscher, nach Gesetzen waltend, die sie sich selbst geben«[33]. So sind die Gesetzmäßigkeiten der chemischen Gegenstände diesen »eigenthümlich«, sind aber mit den logischen Gesetzen gewissermaßen inkommensurabel, obwohl sie mit ihnen im Einklang stehen. Wenn man nun in Ansatz bringt, daß für Steinthal auch die Sprache »natürliche Schöpfung« ist, ein »natürliches Organ«[34], dann ist der Schluß zwingend, daß auch die Sprache ihre eigene Gesetzmäßigkeit aufweist, die zwar nicht gegen logische Gesetze verstößt, gleichwohl aber mit ihnen inkommensurabel ist. »Ganz ebenso wie die Natur und die Naturwissenschaften, ist auch die Sprache und die Sprachwissenschaft logisch und nicht logisch: nämlich ihr Gegenstand mit seinen Verhältnissen ist ihnen eigenthümlich; aber indem man diesen Gegenstand und diese Verhältnisse denkt, bemerkt der Logiker, daß sowohl der Sprachforscher nach logischen Gesetzen handelt, als auch, daß bei dem Verfahren der Sprache, ihre Elemente zu bilden und nach eigenthümlichen Gesetzen zusammenzufügen, logische Rücksichten und Gesetze unbewußt gewaltet haben. Diese logischen Gesetze, welche die Sprache und der Sprachforscher, der Chemiker und Physiker und die Natur befolgen, sind die gemeinen logischen Gesetze, deren Darlegung der Sprach- und Naturforscher voraussetzt, die er nicht erforscht, die nicht sein besonderer Gegenstand sind.«[35]

Wenn man all dies voraussetzt: Logizität der Naturzeugung; Eigengesetzlichkeit der Gegenstände, die zur »eigenen Logik« wird[36], die mit der Logizität der Naturzeugung inkommensurabel ist; Wissenschaft als Betrachtung der Gegenstände in ihrer Besonderheit – dann erst wird klar, warum für Steinthal eine »Vermittlung« zwischen Grammatik und Logik schon aus Gründen der Methode völlig verfehlt erscheint: die Grammatik ist die Eigengesetzlichkeit der Sprache, und die Wissenschaft von der Grammatik die Darstellung der Sprache *in ihrer Autonomie;* der Versuch, die »allgemeinen Denkgesetze« ins Spiel zu bringen, ist von vornherein

---

[32] Konsequent konzipiert Steinthal die Logik als »empirische Wissenschaft«. Vgl. Steinthal, H. 1855, 52.

[33] Steinthal, H. 1855, 224. – Steinthal sagt dies von den »anderen Logiken« wie z. B. der Chemie, die »die Logik der natürlichen Körper« darstelle.

[34] Steinthal, H. 1855, 234.

[35] Steinthal, H. 1855, 219 f.

[36] Steinthal, H. 1855, 224.

dazu verurteilt, den Gegenstand zu verfehlen; er stellt die »Logificirung«
der Grammatik, ihre Verwechslung und Identifikation mit der Logik dar.

Was aber wird aus Beckers Argument, in der Sprache trete der Gedanke
»in Erscheinung«? Das Denken, so lehrt Steinthal, ist nicht logisch, sondern
psychologisch; das logische Denken »ist unser Ideal, das wir nie
erreichen«[37]. Sprache ist zwar »Darstellung des Gedankens«[38], aber sie
bildet den Gedanken nicht ab, ebenso wie die Kunst die Wirklichkeit zwar
darstellt, aber doch nicht abbildet; Sprache ist das »darstellende Denken des
Gedachten«[39], ist »ein ganz eigenthümliches Denken«, das »sich nach
gewissen, diesem Denken besonders angehörenden Gesetzen und Kategorien entfalte(t), welche eben die Grammatik darstellt«[40]. Sprache ist als
»Anschauung der Anschauung«[41] »vor der Logik und *vor* dem verständigen
Denken«[42]; Sprache ist, so heißt es nach einem langen psychologischen
Kursus vornehmlich über ihre Entstehung, »die Weltanschauung und Logik
des Volksgeistes«[43].

Steinthals Widerlegung des Beckerschen Grundgedankens hat gleichermaßen die Logifizierung der Natur und die Entlogifizierung des Denkens
zu ihren Voraussetzungen. Beide sind gleichermaßen unhaltbar, wenngleich
sie dem in der Mitte des 19. Jahrhunderts herrschenden Psychologismus
entgegengekommen sein dürften. Die Affinität zum Psychologismus allein
aber kann unmöglich hinreichend erklären, wie eine in ihrer Darstellung
derart unklare (»blinder Fleck«) und z. T. widersprüchliche (vor allem was
den Begriff des Logischen anbelangt)[44] Arbeit ihr erklärtes Ziel tatsächlich
erreichen konnte – nämlich Becker wissenschaftlich zu vernichten[45]. Wir
finden nur eine Erklärung: nicht der Stichhaltigkeit oder Qualität der
Kritik, sondern ihrem Ziel verdankt die Arbeit den Beifall der Fachwelt[46].
Mit der Etablierung der historischen und vergleichenden Sprachwissenschaft und der damit einhergehenden Einrichtung der ersten linguistischen
Lehrstühle zu Beginn des 19. Jahrhunderts setzte sich ein sprachwissenschaftliches Paradigma[47] durch, zu dessen Grundüberzeugungen nicht nur
die These von der Geschichtlichkeit der Sprache, sondern auch die These

[37] Steinthal, H. 1855, 217.
[38] Steinthal, H. 1855, 222.
[39] Steinthal, H. 1855, 223.
[40] Steinthal, H. 1855, 224.
[41] Steinthal, H. 1855, 298.
[42] Steinthal, H. 1855, 383.
[43] Steinthal, H. 1855, 392.
[44] Logik und Gesetzmäßigkeit sind für Steinthal identische Begriffe. Logischerweise ist die
Sprache für Steinthal nicht logisch, weil sie ihre eigene Logik hat.
[45] Vgl. Haselbach, G. 1966, 11.
[46] Zu diesem Beifall vgl. Glinz, H. 1947, 64 f.
[47] Zum Begriff des Paradigmas vgl. Kuhn, Th. 1976. Damit übernehmen wir nicht das
wissenschaftstheoretische Konzept Kuhns.

von der Autonomie der Sprache – und zwar jeder besonderen Sprache – gehörten. Diese These, deren Substanz sich keineswegs erst im 19. Jahrhundert entwickelten sprachphilosophischen Überlegungen zum Wesen der Sprache verdankt[48], wurde nun methodologisch ausgemünzt: seit dem Beginn des 19. Jahrhunderts dient sie mehr und mehr dazu, die Sprachwissenschaft als selbständige Wissenschaft zu legitimieren. Mit der Etablierung des neuen Paradigmas aber gerieten ältere Versuche, den Gegenstand Sprache wissenschaftlich zu erfassen, als unwissenschaftlich in Verruf, vor allem wenn diese Versuche im Umkreis der rationalistischen Philosophie entwickelt wurden und ihre Herkunft nicht verleugnen konnten. Alle diese Versuche haben ihr Vorbild im Versuch von Aristoteles, die Form der Sprache aus der Form dessen, was in der Sprache zum Ausdruck kommt – aus der Form des Gedankens nämlich –, zu begreifen und so Grundbegriffe an die Hand zu geben, die Sprachbeschreibung in einer Grammatik erst ermöglichen. Das neue Paradigma dagegen lehrt: Die Sprache ist autonom, und sie ist in ihrer Autonomie zu beschreiben und nicht als der Ausdruck von etwas, was von ihr unabhängig ist. Beckers »Organism«, der ganz unbefangen an die alte grammatische Tradition anknüpft, mußte das Selbstverständnis der sich universitär etablierenden Sprachwissenschaft verletzen, und er mußte es um so mehr, als er die theoretische Grundlage der äußerst erfolgreichen Beckerschen Schulgrammatik[49] war. In gewisser Weise bewährte sich mit Beckers Erfolg die bekämpfte alte Sprachbetrachtung. Becker steht für ein sprachwissenschaftliches Paradigma, und die Vernichtung Beckers ist die Vernichtung des alten Paradigmas[50]. »Steinthals Kritik hat der ›logischen Grammatik‹

---

[48] Einen umfassenden Überblick zur Geschichte dieser Sprachidee gibt, durchaus affirmativ, Apel, K.-O. 1963. Wir werden uns hier mit dieser Sprachidee nicht weiter auseinandersetzen. Erwähnt sei nur, daß die »inhaltbezogene Grammatik«, wie Apel selbst zeigt, zu dieser Sprachidee Affinität aufweist. Vgl. dazu Apel, K.-O. 1959.

[49] Becker, K. F. 1831 (bis 1855 erschienen sieben Auflagen); Becker, K. F. 1833 (bis 1855 erschienen sechs Auflagen). Vgl. Haselbach, G. 1966, 285.

[50] Steinthal hat dies genutzt. Völlig übereinstimmend mit Kuhns Beobachtung, daß die Vertreter eines Paradigmas den Vertretern des zu bekämpfenden Paradigmas gern »Irrtum oder Verrücktheit« unterstellen (Kuhn, Th. 1976, 213), erklärt Steinthal Becker für quasi geisteskrank (Steinthal, H. 1855, VI). Aber die »Geisteskrankheit« Beckers ist die des alten Paradigmas: »(. . .) es giebt, ja es giebt Krankheiten des Geistes in der Geschichte der Menschheit, die durch die einmal vorhandenen Umstände eben so nothwendig und für die Entwickelung des menschlichen Geistes eben so heilsam sind, wie körperliche Krankheiten im Leben des Körpers; und diejenigen Männer, welche der classische Ausdruck dieser Geisteskrankheiten sind, sind sogar groß zu nennen, und wir schicken sie nicht ins Irrenhaus, weil wir dorthin nur die bringen, welche an einer individuellen Krankheit leiden, an einem ihnen eigenthümlichen Irrthume (. . .). Jene Männer aber hegen einen Irrthum, der durch die allgemeinen Zustände vorbereitet ist, dem Tausende erliegen und dem jeder, in diese Zustände versetzt, erliegen würde. Ihr Wahn ist also ein objectiver, kein bloß subjectiver.« (Steinthal, H. 1855, VII)

den Todesstoß versetzt. Von nun an gilt sie als unwissenschaftlich, auch wenn sie sich noch erhält.«[51]

Der Historiographie der Sprachwissenschaft gilt Steinthal als der »begriffsschärfste Denker unter den Linguisten«[52]; Becker findet, wenn überhaupt, nur als der Anlaß von Steinthals Streitschrift Erwähnung[53]. Insbesondere hat sich die Historiographie dem Urteil Steinthals über die »allgemeine« oder »logische Grammatik« angeschlossen[54]. Steinthals Verdikt, hier werde die Sprache »logifiziert«, kehrt unverdrossen wieder, wenn es gilt, diese Art der Sprachbetrachtung in die »préhistoire de la linguistique«[55] zu verbannen. Ein gutes Beispiel ist die Art und Weise, in der Arens die »Grammaire générale et raisonnée« von Port-Royal als den Prototyp der »allgemeinen Grammatik« kommentiert. Die »allgemeine Grammatik«, so befindet Arens, nehme innerhalb der Sprachwissenschaft »einen nicht geringen Raum« ein, »wenn sie sie auch nicht sichtlich gefördert hat«[56]. Immer wieder habe man »das Problem der Quadratur des Kreises: die Logisierung der Sprache« in Angriff genommen[57], was eben nichts anderes bedeute als die »Tyrannei der Raison« über die Sprache[58]. Schon hinsichtlich der Sprachenvielfalt muß demzufolge der methodische Ansatz einer »allgemeinen Grammatik« als verfehlt erscheinen; die Verfasser solcher Grammatiken waren deshalb »alle keine Linguisten«[59]. Die dilettantischen Bemühungen dieser Grammatiker blieben ohne Ertrag, »weil diejenigen, die eine ausgedehntere Kenntnis von Sprachen fremder Stämme hatten, keine allgemeinen Grammatiken verfaßten, und diejenigen, die sie schrieben, von jenen keine Notiz nahmen«[60].

Reproduziert wird vor allem das Mißverständnis, eine Sprachbetrachtung, die Sprache als den Ausdruck des Gedankens versteht, »messe« die Sprache am Maßstab der menschlichen Vernunft und stelle so »immer eine Kritik der Sprache« dar, »die eigentlich zu einer Verbesserung führen

---

[51] Glinz, H. 1947, 65.
[52] Arens, H. 1974, 242.
[53] Typisch Arens, H. 1974, 277.
[54] Seit Chomskys Versuch einer Ehrenrettung der »Grammaire générale et raisonnée« von Port-Royal (vgl. Chomsky, N. 1971 u. 1973) hat sich die Situation etwas verändert. Bezugnehmend auf Chomsky findet z. B. Robins in der Sprachwissenschaft einen »rationalistischen Standpunkt« und einen »empiristischen Standpunkt« (vgl. Robins, R. H. 1973, 1 ff. u. 23 f.).
[55] So der Titel des Abschnitts, in dem die »allgemeine Grammatik« in Kukenheim, L. 1966 abgehandelt wird.
[56] Arens, H. 1974, 92.
[57] Arens, H. 1974, 89.
[58] Arens, H. 1974, 92.
[59] Arens, H. 1974, 90.
[60] Arens, H. 1974, 92.

sollte«[61]. Aber der »allgemeinen Grammatik« geht es nicht um die Konzeption einer »idealen Sprache«, sondern darum, sich der Möglichkeiten der Sprache, den Gedanken auszudrücken, zu vergewissern. Dies setzt ein kritisches Bewußtsein dafür voraus, daß Denken und Sprechen nicht identisch sind und daß eben deshalb Denkstruktur und Sprachstruktur aufeinander bezogen werden müssen. Die Sprache selbst kann nicht verbessert werden; sie ist zudem gesellschaftliches Produkt und als solches der sozialen Norm unterworfen. Verbessert werden aber kann der Gebrauch der Sprache, das Sprechen. Damit kommt der seit alters mit dem Begriff der Grammatik verknüpfte Gedanke der Sprachrichtigkeit ins Spiel. Dieser Gedanke unterstellt, daß nicht jedes Sprechen schon richtiges Sprechen ist. Wird freilich unter »Richtigkeit« allein die Übereinstimmung mit der sozialen Norm verstanden, dann bedarf es keiner grammatischen Reflexion; soziale Normen erlernt man durch Übung. Richtiges Sprechen ist auch und in erster Linie angemessenes Sprechen, d. h. ein Sprechen, das von der Sache her gefordert ist. Ja, nur von der Möglichkeit des sachlich angemessenen Sprechens her ist die Forderung nach Sprachrichtigkeit gerechtfertigt. Die Vertreter der »allgemeinen Grammatik« hatten ein Bewußtsein für diesen Zusammenhang: für sie war ars grammatica nicht selbstgenügsame Deskription, sondern vor allem Methodenlehre des richtigen Sprechens. Gerade aus diesem Grunde kann sich die grammatische Beschreibung der Sprache nicht in der Aufzählung der der jeweiligen Sprache »eigentümlichen« Formen erschöpfen, denn sachlich angemessenes Sprechen ist nur begreifbar als der Ausdruck des sachlich angemessenen Gedankens. Die moderne Sprachwissenschaft hat diese Idee der Methodenlehre des richtigen als des angemessenen Sprechens in der »allgemeinen Grammatik« nicht verstanden und erst recht nicht weitergeführt. In Abkehr von der als »präskriptiv« etikettierten Schulgrammatik versteht sie sich als rein »deskriptive« Wissenschaft[62] und vergißt, daß Grammatik noch ein Drittes, nämlich reflexiv, sein kann und muß.

Aufgabe der Reflexion in der Grammatik ist es, die Grundbegriffe der Grammatik und damit auch die Grundbegriffe jeder speziellen Sprachbeschreibung bereitzustellen[63]. Zu diesen Grundbegriffen zählt der Begriff des Satzes. Das Verdikt der Logifizierung hat im Verlauf des 19. Jahrhunderts und darüber hinaus immer mehr dazu geführt, eine Bestimmung des Satzes zu geben, in der nicht auf das logische Urteil zurückgegriffen wird. An die Stelle des Logischen tritt Psychologisches: der Satz wird nun aufgefaßt als

---

[61] Arens, H. 1974, 89.
[62] Exemplarisch dafür ist Lyons. Vgl. Lyons, J. 1973, 43 f.
[63] »Die Aufgabe, alle Grundbegriffe der Grammatik, insbesondere die Rede- und Grammatikkategorien zu definieren, kommt der traditionell ›logische‹ bzw. ›allgemeine Grammatik‹ genannten Abteilung der Sprachtheorie zu.« (Coseriu, E. 1975 b, 210)

Äußerung einer »Sinneinheit« (Bühler), einer »in sich geschlossenen Vorstellung« (Siebs), eines Bewußtseinsinhalts, »dessen sich der Sprechende in den Grundzügen von Beginn seiner Rede als eines ihm einheitlich scheinenden Erlebnisses bewußt ist« (Finck)[64]; die Beispiele ließen sich beliebig vermehren. Es liegt auf der Hand, daß die Verschwommenheit dieser Bestimmungen (was ist eine »Sinneinheit«?) dem Exaktheitsanspruch des strukturalistischen Deskriptivismus nicht genügt. An die Stelle »inhaltlicher« Definitionen treten hier »formale« Definitionen. Der Satz ist »un ensemble d'articulations liées entre elles par certains rapports grammaticaux et qui ne dépendant grammaticalement d'aucun autre ensemble se suffisent à elles-mêmes« (Meillet)[65]; der Satz ist »a construction which, in the given utterance, is not part of any larger construction«, wobei Konstruktion hier näherhin grammatische Konstruktion ist[66]; kurz: »der Satz ist die größte Einheit der grammatischen Beschreibung«[67]. Solche Definitionen greifen freilich nur dann, wenn klar ist, was unter »grammatisch« oder »Einheit« zu verstehen ist, wenn m. a. W. der Begriff der grammatischen Einheit als bestimmter Begriff zur Verfügung steht. Ein solcher Begriff steht aber mitnichten zur Verfügung; er wird vielmehr durch die intuitive Kenntnis[68] grammatischer Einheiten – Sätze, Phrasen, Wörter usw. – ersetzt. Solche Definitionen geben keinerlei Erkenntnis des Gegenstandes. Sie lassen ihren Gegenstand unbegriffen.

Grammatische Reflexion, die Begriffe geben will, kann sich nicht in Definitionsversuchen erschöpfen. Sie ist vielmehr sachliche Explikation. In der Explikation des Satzbegriffs werden die konstitutiven Momente dieses Begriffs erkennbar. Zu den konstitutiven Momenten dieses Begriffs gehört zuallererst, daß der Satz die signifikative Einheit ist, in der sich die Darstellungsfunktion der Sprache realisiert. Als signifikative Einheit ist der Satz formbestimmt: die Formbestimmtheit des Satzes ist damit die Formbestimmtheit der Sprache qua Darstellungsfunktion. Dargestellt in der Sprache aber wird Erkenntnis, Wissen; und eben deshalb ist die Bestimmung, im Satz komme der geltungsdifferente Gedanke zum

[64] Die Beispiele entstammen Ries, J. 1931, 209, 221, 210. Vgl. auch Seidel, E. 1935.
[65] Nach Ries, J. 1931, 217.
[66] Bloomfield, L. 1926, 158. – Jede Äußerung besteht nach Bloomfield aus »Formen«; minimale Formen sind Morphem und Wort (minimale freie Formen). Die »Phrase« ist eine nicht-minimale freie Form. »Konstruktionen« sind wiederkehrende Ordnungen von aus Formen bestehenden Konstituenten. Ein Satz ist eine maximale Konstruktion, was nichts anderes heißt, als daß *der* Satz *die* maximale Konstruktion ist. Konstruktionen sind damit als die Gegenstände der grammatischen Beschreibung bestimmt.
[67] Lyons, J. 1973, 176.
[68] Zur Kritik des theoretischen Intuitionismus, dem die Methode des Deskriptivismus nolens volens verpflichtet ist, vgl. Rickert, H. 1934.

Ausdruck, nicht logifizierend, sondern sachlich begründet[69]. Aufgabe der grammatischen Reflexion ist es, die Formbestimmtheit des Satzes herauszuarbeiten und eben dadurch den Begriff des Satzes zu explizieren. Sie soll in den folgenden Untersuchungen angegangen werden.

Ansatzpunkt der Untersuchungen sind zwei Texte, die als Musterbeispiel grammatischer Reflexion bereits genannt wurden: die ersten fünf Kapitel von Aristoteles' »De Interpretatione« und die »Grammaire générale et raisonnée« von Port-Royal. Im aristotelischen Text wird die angesprochene Thematik zum ersten Mal in konziser und präziser Weise exponiert. In der Grammatik von Port-Royal wird diese Thematik nicht nur aufgenommen und in bemerkenswerter Weise durchgeführt, sondern darüber hinaus mit dem Gedanken der Sprachrichtigkeit vermittelt. Diese Auszeichnungen begründen die Auswahl der Texte. Ihre Analyse macht den ersten Teil der Untersuchungen aus. Sie erfolgt unter dem Gesichtspunkt, die durch den sprachwissenschaftlichen Paradigmenwechsel verschüttete Fragestellung zurückzugewinnen. Sie erhebt also keineswegs den Anspruch, umfassende Interpretation und Würdigung dieser Texte zu sein.

Im zweiten Teil geht es darum, die wiedergewonnene Fragestellung fruchtbar zu machen. Zunächst wird gezeigt, daß in der Explikation des Satzbegriffs nicht auf die moderne Formallogik zurückgegriffen werden kann, da diese einen nur unzureichenden Begriff des geltungsdifferenten Gebildes zur Verfügung hat. Daran anschließend wird ein Urteilskonzept kurz umrissen, das – anknüpfend an die erkenntniskritischen Einsichten Kants – das Urteil als die Ermöglichungsstruktur gegenständlichen Sinns begreift. Die Berufung auf dieses der Spachwissenschaft weitgehend unbekannte Urteilskonzept hat selbstverständlich ihre Konsequenzen für die Berücksichtigung der sprachwissenschaftlichen Fachliteratur. Ausgehend von diesem Urteilskonzept wird dann der Begriff der signifikativen Einheit entwickelt, zu dessen Bestimmungsstücken die durchgängige Formbezogenheit dieser Einheiten auf die Einheit des Satzes gehört. Das Komplement zum Begriff der signifikativen Einheit ist der Begriff der Referenz; in ihm wird die Beziehung des Satzes zum Gegenstand erfaßt. Auf der Grundlage des Begriffs der signifikativen Einheit und des Begriffs der Referenz kann eine Grammatik der Satzglieder entwickelt werden, die ihrem Wesen nach Theorie der Attribution ist. Dadurch schließlich wird es möglich, Wortform und Satzform aufeinander zu beziehen.

---

[69] Damit erledigt sich auch das Problem, ob der Satz angesichts der Existenz von Frage- und Aufforderungssätzen als der Ausdruck des Urteils bestimmt werden kann. Fragen und Aufforderungen zeigen, daß die Sprache nicht nur die Funktion der Darstellung, sondern auch andere kommunikative Funktionen besitzt. Fragen und Aufforderungen sind zwar *besondere* sprachliche Formen, aber sie sind auf dem Boden sprachlicher Formbestimmtheit überhaupt erst möglich. So bleibt auch die Bestimmung des Urteils als generelle Geltungsstruktur von der logischen Behandlung von Frage und Aufforderung unberührt.

I. Historische Ansätze

1. Aristoteles: Zeichen und Wahrheit

Die aristotelische Schrift »De Interpretatione«[1] ist eine logische Schrift. Sie stellt den zweiten Teil der aristotelischen Logik dar und handelt vom Urteil. Aber sie handelt nicht vom Urteil schlechthin, sondern vom Urteil in seiner sprachlichen Erscheinungsform: vom Behauptungssatz. Deshalb ist Aristoteles genötigt, in ihren ersten Kapiteln von sprachlichen Verhältnissen zu handeln und dabei diese Verhältnisse betreffende Begriffe zu entwickeln bzw. solche, in denen sprachliche Verhältnisse bereits erfaßt waren, aufzunehmen und in einen systematischen Zusammenhang zu bringen.

Der Ertrag dieser Schrift für die Sprachwissenschaft besteht nach der herrschenden Überzeugung hauptsächlich darin, daß in ihr zwei Wortklassen oder Redeteile (partes orationis) unterschieden werden: das Nomen oder Substantiv (›onoma‹) und das Verb (›rhema‹). Bedenkt man, daß Aristoteles diese Unterscheidung von Platon übernimmt[2], so scheint dies nicht eben viel zu sein. Vor allem ist die Art und Weise, in der er zu dieser Unterscheidung gelangt, immer wieder getadelt worden: Aristoteles treffe die Unterscheidung von Substantiv und Verb nicht als Grammatiker und mit »auffallende(r) Ungenauigkeit«[3]; »the first ›parts of speech‹ or word-classes were isolated on logical and not formal criteria«[4]. Selbst wenn man den Vorwurf des Logizismus nicht erhebt, so ist man doch gezwungen, an der aristotelischen Unterscheidung einen Schönheitsfehler zu konstatieren: »Der Terminus ›onoma‹ läßt sich für ›Substantiv‹ wie für ›Subjektsausdruck‹, der Terminus ›rhema‹ für ›Verb‹ wie für ›Prädikatsausdruck‹ im gleichen Maße verwenden.«[5]

Hier liegt in der Tat ein Sachverhalt vor, der den sprachwissenschaftlichen Wert dieser Schrift erheblich in Frage zu stellen scheint. Denn wenn

---

[1] Dt. Übersetzung: Aristoteles 1974, 95–120; engl. Übersetzung mit Anmerkungen: Aristoteles 1978, 43–68.

[2] Vgl. Anm. 2 zur Einleitung dieser Arbeit.

[3] Arens, H. 1974, 12 u. 15. – Steinthal spricht von »mangelhafte(n) Definitionen« (Steinthal, H. 1863, 238).

[4] Robins, R. H. 1971, 18.

[5] Wagner, H. 1971 a, 97. Die griechischen Ausdrücke sind hier in griechischen Buchstaben notiert.

Aristoteles Wortart (Substantiv, Verb) und Satzglied (Subjektsausdruck, Prädikatsausdruck) verwechselt, dann sind seine grammatischen Einsichten nicht sehr weit fortgeschritten. Die Frage ist freilich, ob es sich tatsächlich so einfach verhält. Was wäre, wenn eine Bestimmung von Wortarten im Sinne der partes orationis gar nicht in Aristoteles' Absicht gelegen hätte?

Diese Frage ist nur vom Text her zu beantworten. Ihm wenden wir uns im folgenden zu. »De Interpretatione« handelt vom sprachlichen *Ausdruck* des Urteils. Insofern ist es sachlich konsequent, daß Aristoteles die Schrift mit der Erörterung der Signifikativität der Sprache beginnt. Wir geben die entscheidende Passage paraphrasierend wieder[6]:

> Die (Sprach-)Laute (›phone‹) sind Zeichen (›symbola‹) der Vorstellungen (›pathemata tes psyches‹), die Schrift ist Zeichen der Laute. Weder die Schrift noch die Laute sind bei allen Menschen (d. h. in allen Sprachen) dieselben. Die Vorstellungen aber, wovon Schrift und Laute in erster Linie die Zeichen (›semeia‹) sind, sind für alle Menschen dieselben; ebenso sind die Dinge (›pragmata‹), deren Abbilder (›homoiomata‹) die Vorstellungen sind, für alle Menschen dieselben. (16 a 3–8)

Zu Beginn des 2. Kapitels werden die Sprachlaute näher bestimmt als Laute, die etwas anzeigen, bezeichnen, bedeuten (›phone semantike‹). Und diese Eigenschaft kommt ihnen durch Zuordnung, Konvention (›kata synthe-ken‹) zu.

Die Bestimmung ›kata syntheken‹ verdient nähere Beachtung. Mit ihr bezieht Aristoteles Stellung in der Diskussion, die im Hinblick auf die Motiviertheit des sprachlichen Zeichens geführt worden war[7]. Aristoteles gibt zwei Hinweise, mit welcher Intention er den Ausdruck benutzt. Im 2. Kapitel heißt es:

> ›kata syntheken‹ will sagen, daß kein Wort (›onoma‹) das, was es ist, von Natur aus (›physei‹) ist, sondern erst, wenn es zum Zeichen (›symbolon‹) geworden ist. Denn auch die unartikulierten Geräusche der Tiere tun etwas kund, keines davon aber ist ein Wort (›onoma‹). (16 a 26–28)

Damit ist klargestellt, daß die Sprache kein »natürlicher« Gegenstand ist, weder natürlich verursacht, noch natürlich determiniert (wie die Schreie der Tiere). – Der zweite Hinweis findet sich im 4. Kapitel:

> Jede Rede (›logos‹) verweist auf etwas, aber nicht wie ein Werkzeug (›organon‹), sondern ›kata syntheken‹. (16 b 33–34)

Mit dieser Bestimmung grenzt sich Aristoteles ab gegen die im platonischen Dialog »Kratylos« diskutierte These vom Wort als einem das Wesen der Dinge zerteilenden Werkzeugs[8]. Dieser These zufolge sind die Namen, so

---

[6] Die Übersetzungen von Ackrill (Aristoteles 1978) und Rolfes (Aristoteles 1974) dienen als Grundlage der Paraphrasen. Wird von deren Lesart abgewichen, ist dies ausdrücklich vermerkt. Die wichtigsten Fachtermini werden als griechisches Wort, allerdings in lateinischer Umschrift, wiedergegeben.
[7] Vgl. Steinthal, H. 1863, 39–110; Coseriu, E. 1975 a, 21–39; Coseriu, E. 1967.
[8] Kratylos 388 b, c.

wie sie sind, von Natur aus (›physei‹) richtig und nicht etwa durch Vertrag, Gesetz oder Gewohnheit. Hier bedeutet »von Natur aus«, daß die Namen, so wie sie sind, dem, was sie bezeichnen, entsprechen müssen; dies kann schon deshalb nicht sein, da – so das bereits im 1. Kapitel von »De Interpretatione« vorgebrachte Argument – es Wörter mit Bedeutung wie z. B. »Bockhirsch« gibt, denen kein Gegenstand entspricht, die also ihrerseits keinem Gegenstand entsprechen können[9].

Die Bestimmung ›kata syntheken‹ schließt also zum einen aus, daß die dem Sprachzeichen eigene Signifikativität durch die biologische Natur des sich äußernden Lebewesens bestimmt ist und mithin zwischen Zeichen und dem, worauf es verweist, ein natürlich-kausaler Zusammenhang besteht, daß also – in moderner Terminologie – das Sprachzeichen seinem Wesen nach als Symptom aufgefaßt werden darf; zum anderen schließt sie aus, daß es eine Entsprechung zwischen Bezeichnetem und Zeichen im Sinne der ›physei‹-These des »Kratylos« gibt. Das Sprachzeichen ist als der besondere Laut, der es ist, weder genetisch noch sachlich motiviert: es ist weder Anzeichen (Symptom) noch Werkzeug. Das bedeutet, daß das Zeichenverhältnis nicht in irgendeiner internen Determination begründet ist. Wenn aber das Zeichenverhältnis nicht aufgrund interner Determiniertheit etabliert ist, dann bleibt nur die Möglichkeit der externen Determiniertheit: das Zeichenverhältnis ist charakterisiert als Zuordnung. Der Laut bedeutet etwas und ist *Sprach*zeichen »aufgrund von Zuordnung«; diese Zuordnung ist »Leistung des Subjekts«, ist »einzel- wie intersubjektive Leistung des Verweisungs- oder Bezeichnungsbezugs«[10]. Weil dem Sprachzeichen die Bestimmung ›kata syntheken‹ eigen ist, ist es ›symbolon‹[11].

Mit den Begriffen des Dings, der Vorstellung und des Lauts in der paraphrasierten kurzen Passage werden drei Ebenen etabliert: die Ebene des Seins, die des Bewußtseins und die der Sprache. Die Sprachlaute haben zu den Vorstellungen eine direkte Beziehung, zu den Dingen aber nur eine indirekte, die eben durch die Bewußtseinsinhalte vermittelt ist. Die Natur der Beziehungen zwischen den verschiedenen Ebenen ist unterschiedlich. Zwischen den Dingen und den Vorstellungen besteht Abbildbeziehung, d. h. aber ein Verhältnis der Übereinstimmung, wobei die Dinge ontologisch primär, die Vorstellungen als deren Abbilder sekundär sind. Die Vorstellungen sind so, wie sie sind, durch die Dinge determiniert. Eben

---

[9] 16 a 16 f.
[10] Wagner, H. 1971 a, 98. Im Original z. T. gesperrt.
[11] Nicht folgen können wir Wielands Interpretation von ›kata syntheken‹. In Übereinstimmung mit der Tradition übersetzt Wieland ›kata syntheken‹ mit ›ex consensu‹ und unterstellt Aristoteles auf der Grundlage dieser Übersetzung einen kommunikativ-pragmatischen Sprachbegriff (vgl. Wieland, W. 1970, bes. 161 ff.). Vgl. auch die ausführliche Rezension des Wielandschen Buchs von H. Wagner in Aristoteles 1967, bes. 348–352.

deshalb sind sie für alle Menschen ununterschieden. Zwischen den Vorstellungen und den Sprachlauten aber herrscht Symbolbeziehung: jene Beziehung der Zuordnung, die die spezifische Signifikativität der Sprache ausmacht[12].

Im 1. Kapitel macht Aristoteles außerdem darauf aufmerksam, daß die Abbildbeziehung, die zwischen Ding und Vorstellung besteht, deshalb nicht schon Wahrheit und also auch nicht schon Wissen gibt[13]: Wahrheit und Falschheit sind an die Verbindung oder Trennung der Vorstellungen geknüpft. Ebenso sind die Wörter (›onoma‹ und ›rhema‹) für sich allein genommen weder wahr noch falsch: sie repräsentieren Vorstellungen, aber ohne Verbindung oder Trennung. Durch die nähere Bestimmung der Relationen zwischen Ding – Vorstellung – Sprachzeichen einerseits und durch die Bestimmung, daß es Wahrheit/Falschheit auf der Ebene der Gedanken durch Verbindung oder Trennung der Vorstellungen gibt, andererseits erreicht Aristoteles dreierlei: Zum ersten ist klargestellt, daß die Erkenntnisrelation die Relation zwischen Dingen und Gedanken ist. Da die Vorstellungen die Abbilder der Dinge sind und da die Dinge für alle Menschen dieselben, d. h. universal sind, sind auch die Vorstellungen der Dinge bei allen Menschen dieselben, d. h. universal. Wahre Erkenntnis, also Wissen, gibt es – ebenso wie den Irrtum – zwar erst bei der Verbindung oder Trennung der Vorstellungen; gleichwohl ist durch das spezifische Verhältnis zwischen Ding und Vorstellung die Universalität und mit ihr die Objektivität des Wissens gesichert. – Zum zweiten zeigt sich, daß das Verhältnis zwischen Ding und Zeichen, das in der Diskussion um die natürliche Richtigkeit der Namen in erkenntnistheoretischer Rücksicht problematisch wird, unproblematisches und vermitteltes Verhältnis ist. Die Frage nach der natürlichen Richtigkeit der Namen ist falsch gestellt. Die für die Sprache charakteristische Signifikativität gründet in der Relation zwischen Zeichen und Vorstellung, nicht zwischen Zeichen und Ding. – Zum dritten schließlich wird deutlich, daß die Sprachzeichen in dem, was sie an ihnen selbst sind, d. h. in ihrer jeweiligen lautlichen Beschaffenheit, unabhängig sind von den Vorstellungen, die sie repräsentieren. Deshalb ist die Repräsentation derselben Vorstellung prinzipiell in jeder Sprache (durch jeweils verschiedene Laute) möglich. Dasselbe Prinzip ermöglicht die Repräsentation verbundener und getrennter Vorstellungen, von Gedanken also, die wahr oder falsch sind – vorausgesetzt freilich, daß auch die

---

[12] Zu einem anderen Ergebnis gelangt Coseriu. Er erblickt im ›onoma‹ das Zusammen von Laut und Vorstellung: mit den Begriffen ›phone‹ und ›pathemata‹ werde »zum ersten Mal in der Geschichte der Philosophie (. . .) ein eindeutiger Unterschied zwischen ›signifiant‹ und ›signifié‹ (Wortform – Wortinhalt) durchgeführt« (Coseriu, E. 1975 a, 76). Das ›onoma‹ wäre damit Zeichen im Sinne Saussures (vgl. Coseriu, E. 1975 a, 80).

[13] 16 a 9 ff.

spezifische, die Geltungsdifferenz etablierende Verbindung oder Trennung
in der Sprache repräsentiert wird, die die Vorstellungen eingehen. Nur dann
nämlich, wenn dies der Fall ist, ist die Sprache adäquate Darstellung des
objektiven Wissens.

Es ist der Sinn der Kapitel 2 bis 5 (16 a 19 – 17 a 23) zu zeigen, daß dies
der Fall ist. Bei diesem Unternehmen ermittelt Aristoteles verschiedene
Klassen von Sprachlauten nach unterschiedlichen Kriterien. Wir geben die
relevanten Aspekte in der gewohnten Weise paraphrasierend wieder, d. h.
wir lassen die für unsere Fragestellung unwesentlichen Bestimmungen[14]
beiseite:

> Das ›onoma‹ ist Sprachzeichen (›phone semantike kata syntheken‹), ohne Zeit, und seine
> Teile bedeuten getrennt für sich nichts. (Kap. 2)
> Das ›rhema‹ zeigt die Zeit mit an, kein Teil von ihm bedeutet getrennt für sich etwas.
> Und es ist immer ein Zeichen (›semeion‹) von dem, was von einem anderen ausgesagt
> wird. Es zeigt die Zeit mit an: so ist z. B. »Gesundheit« ein ›onoma‹ und »ist gesund« ein
> ›rhema‹, da letzteres anzeigt, daß die Gesundheit jetzt existiert. Und immer ist es
> Zeichen (›semeion‹) von etwas, was von einem anderen ausgesagt wird, was entweder von
> einem Subjekt ausgesagt wird oder was an oder in einem Subjekt ist. Für sich allein
> ausgesprochen sind die ›rhemata‹ ›onomata‹ und haben (Sach-)Bedeutung, aber wenn
> (nur) »ist« oder »ist nicht« gesagt wird, so hat dies keine (Sach-)Bedeutung[15]. Denn auch
> »sein« oder »nicht sein« ist kein Zeichen für ein wirkliches Ding, auch nicht, wenn man
> einfach sagt »seiend«. Für sich selbst ist es nämlich nichts, vielmehr zeigt es eine
> Verbindung (›synthesis‹) mit an, die man ohne die verbundenen Stücke nicht denken
> kann. (Kap. 3)
> Der ›logos‹ ist Sprachzeichen (›phone semantike kata syntheken‹), seine Teile bedeuten
> getrennt für sich etwas, als einfaches Sprechen (›phasis‹), nicht als Bejahung oder
> Verneinung. – Jeder ›logos‹ bedeutet etwas, aber nicht jeder ›logos‹ sagt etwas aus,
> sondern nur der ›logos‹, in dem es Wahrheit oder Falschheit gibt. Nicht in jedem ›logos‹
> gibt es Wahrheit oder Falschheit, so z. B. in der Bitte. (Kap. 4)
> Der erste einheitliche ›logos apophantikos‹ ist die Bejahung, der zweite die Verneinung. –
> Jeder ›logos apophantikos‹ muß ein ›rhema‹ oder die Flexion eines ›rhema‹ (i. e. ›rhema‹
> in nicht-präsentischer Zeitform) enthalten. Die einfache Aussage (›apophansis‹) ist
> ›phone semantike‹, und zwar so, daß das Bestehen oder Nichtbestehen eines Dings in
> einem der Zeitunterschiede angezeigt wird. (Kap. 5)

Für die Unterscheidung der Sprachlaute sind die folgenden drei Kriterien
relevant: 1. Teilbarkeit, 2. Geltungsdifferenz, 3. Zeit-Mitanzeige. Die
Sprachlaute lassen sich erstens vollständig aufteilen hinsichtlich des
Kriteriums »Teilbarkeit«, d. h. danach, ob Teile eines Sprachzeichens selbst
wieder Sprachzeichen sind oder nicht. Die unteilbaren Sprachzeichen sind

---

[14] So z. B. die Bestimmung des unbestimmten (i. e. verneinten) ›onoma‹ und ›rhema‹, sowie die
Bestimmungen des flektierten ›onoma‹ (›onoma‹ im obliquen Kasus) und des flektierten
›rhema‹ (›rhema‹ in nicht-präsentischer Zeitform). Beiseite gelassen werden ebenfalls die
Bemerkungen zur Bestimmung ›kata syntheken‹.

[15] Bei der Paraphrasierung dieser Textstelle stützen wir uns nicht auf die Übersetzungen von
Rolfes und Ackrill und verlassen die Erklärungstradition. Wir stützen uns vielmehr auf die
Lesart Wagners, wenngleich wir die Stelle etwas anders deuten. Vgl. Wagner, H. 1971 a,
115.

als kleinste bedeutungtragende Einheiten die Grundzeichen; es sind dies die Wörter. Die teilbaren Sprachzeichen sind Zeichen als Zeichenkomplexe, die aus der Aneinanderreihung solcher Grundzeichen gebildet sind. Die Sprachlaute lassen sich zweitens vollständig aufteilen hinsichtlich des Kriteriums »Geltungsdifferenz«, d. h. hinsichtlich des Merkmals, unter die Differenz von wahr oder falsch zu fallen. Geltungsdifferent ist nur der ›logos apophantikos‹, i. e. der Behauptungssatz; alle übrigen Sprachzeichen sind weder wahr noch falsch. Die Sprachlaute lassen sich drittens vollständig aufteilen, je nachdem, ob sie die Zeit mit anzeigen oder nicht. Zur ersten Klasse gehört von den Grundzeichen das ›rhema‹, von den Zusammensetzungen der ›logos apophantikos‹; zur zweiten Klasse die übrigen Sprachzeichen. In unserer Untersuchung werden wir dieses Kriterium vernachlässigen; es ist zwar Merkmal von ›rhema‹ und ›logos apophantikos‹, aber zweifellos nicht ihr entscheidendes konstitutives Moment[16].

Bleiben das Kriterium der Teilbarkeit und das Kriterium der Geltungs-differenz. Diese Kriterien operieren vor dem Hintergrund kategorial verschiedener Tatbestände, die logisch wie sprachlich gleichermaßen relevant sind. Das Kriterium der Teilbarkeit lenkt den Blick auf die spezifische Signifikativität der Sprache; es führt zur Ebene der bedeutungs-tragenden Grundzeichen, der Wörter, und verweist gleichzeitig darauf, daß beim Sprechen solche Grundzeichen miteinander verbunden werden und im Verbund größere Einheiten (›logos‹) bilden. Das Kriterium der Geltungsdifferenz lenkt den Blick auf den Sachverhalt, daß mit der spezifischen Signifikativität nicht schon die Differenz von wahr/falsch gegeben ist, daß mithin die Grundzeichen miteinander verbunden werden müssen, um Ausdruck von Wissen sein zu können. Aber die Art der Verbindung, die unter die Differenz von wahr/falsch fällt, ist vor anderen sinnvollen Wörterverbindungen ausgezeichnet; als der Ausdruck des logischen Urteils stellt sie eine vom Wort kategorial verschiedene sprachliche Zeicheneinheit dar. Diese Einheit kann – im Gegensatz zu anderen Arten der Verbindung – unter dem Gesichtspunkt der spezifischen Signifikativität der Sprache allein nicht mehr erfaßt werden. Kurz: mit Hilfe der Kriterien der Teilbarkeit und der Geltungsdifferenz gelangt Aristoteles zum Begriff zweier kategorial verschiedener sprachlicher Einheiten: Wort und Satz[17].

---

[16] Zweifellos hat diese Bestimmung dazu beigetragen, das ›rhema‹ als Wortart (»Zeitwort«) aufzufassen.

[17] Daß in einer logischen Schrift die geltungsdifferente sprachliche Einheit als Behauptungs-satz spezifiziert ist, kann nicht verwundern. Wie wir in der Einleitung (bes. Anm. 69) bereits dargelegt haben, muß der Satz als signifikative Einheit von der Darstellungsfunktion der Sprache her begriffen werden; andere Satzarten können deshalb unberücksichtigt bleiben.

Die Bestimmung der Kategorie des Worts macht keine große Schwierigkeit, da sie mit der des ›onoma‹ vollständig zusammenfällt. Als kleinste bedeutende sprachliche Einheit ist das ›onoma‹ das Wort schlechthin, das »Wort überhaupt«[18]. Im ›onoma‹ ist die spezifische Signifikativität der Sprache und nur diese realisiert; das ›onoma‹ ist vollkommen charakterisiert als ›phone semantike kata syntheken‹. Den sprachlichen Modus, der mit dem ›onoma‹ verbunden ist, bezeichnet Aristoteles als ›phasis‹, als »einfaches Sagen« oder »einfaches Sprechen«. In diesem Modus gelangen die die Dinge abbildenden Vorstellungen zum Ausdruck[19].

Allerdings kann kein Zweifel daran bestehen, daß es sich bei diesen Abbildern letztlich nicht um bloße Sinneswahrnehmungen handelt, sondern in erster Linie um Begriffe. Die erkenntnistheoretisch bedeutsame Frage, wie man von der Wahrnehmung der Dinge zum »Begriff als Abbild der Dinge«[20] kommt, erledigt Aristoteles mit dem Hinweis auf die psychologische Schrift »De Anima«. Die Frage findet im übrigen im Gesamtwerk von Aristoteles keine einheitliche Antwort[21]. Im Rahmen der logischen Schriften unterscheidet Aristoteles zwei Verstandestätigkeiten: das einfache Erfassen der Dinge, die ›noesis‹ (die apprehensio simplex der späteren Logik), und davon deutlich unterschieden das Urteil. Die ›noesis‹ »is a sort of contact with its object«[22]; in der ›noesis‹ gelangt der Verstand von den Sinneseindrücken zu den Begriffen[23]. Als Erkenntnisakt ist die ›noesis‹ gegenüber dem Urteil, in dem der Verstand die Begriffe verbindet und trennt, nicht nur unabhängig, sondern auch vorgängig.

Diese logische Vorgängigkeit der ›noesis‹ vor dem Urteil wiederholt sich auf der Ebene des sprachlichen Ausdrucks: das Wort geht dem Satz voraus und ist von ihm unabhängig. Die Signifikativität der Sprache liegt bei Aristoteles vor der Möglichkeit, den Satz als eine Verbindung von Wörtern zu bilden. Deshalb ist das »einfache Sagen« nicht nur die Verlautbarung des in der ›noesis‹ gewonnenen Begriffs, sondern auch das Nennen des Gegenstands. Das Wort ist als ›onoma‹ auch Name und als solcher a fortiori ›kata syntheken‹. Das Lexikon der Sprache – das Kriterium der Teilbarkeit zeigt, daß Aristoteles über den Begriff des Zeicheninventars verfügt – ist als ein Inventar der ›onomata‹ eine Nomenklatur. Entscheidend ist, daß Aristoteles bei dieser Konzeption der Sprache nicht stehenbleibt und damit

---

[18] Steinthal, H. 1863, 237.
[19] »mit solcher bloßen Kundgabe durch die Stimme (i. e. das »einfache Sagen«; J. Z.) bringt man es zu keiner Aussage.« 17 a 17 ff.
[20] Vorrede von Rolfes zu den »Kategorien«; in: Aristoteles 1974, 39.
[21] Ross, D. 1974, 24 f.
[22] Ross, D. 1974, 25.
[23] Ross, D. 1974, 26.

die bis dahin vorherrschende Sprachtheorie, die »Theorie der Benennung« und eben nichts weiter ist[24], in entscheidenden Punkten überwindet.

Wie aber expliziert Aristoteles die kategoriale sprachliche Einheit des Satzes? Die Bestimmung, daß erst diese Einheit unter die Differenz von wahr/falsch fällt, sagt nicht schon etwas über die spezifische Form dieser Einheit aus. Aristoteles gibt diese Explikation, so seltsam dies auf den ersten Blick erscheinen mag, in der Bestimmung des ›rhema‹. Zunächst könnte es scheinen, daß das ›rhema‹ der sprachlichen Kategorie »Wort« zuzuschlagen wäre, da auch vom ›rhema‹ gesagt wird, es sei nicht weiter teilbar. Das Verhältnis von ›onoma‹ und ›rhema‹ könnte dann ein exklusives oder ein inklusives sein. Wenn man ein exklusives Verhältnis annimmt, wenn man m. a. W. im Sinne der späteren griechisch-lateinischen Grammatik die Differenz von ›onoma‹ und ›rhema‹ als die Differenz zweier Wortarten begreift (nämlich von Nomen und Verb), dann widerspricht dies unserer Behauptung, das ›onoma‹ sei das Wort schlechthin. Aber selbst wenn man die Deutung des ›onoma‹ als Wort schlechthin gelten läßt und das ›rhema‹ aufgrund seiner Eigenschaft, die Zeit mit anzuzeigen, als besonderes Wort und damit auch wieder als Wortart begreift – wenn m. a. W. das ›onoma‹ der Gattungsbegriff, das ›rhema‹ Artbegriff wäre –, selbst dann ergeben sich Ungereimtheiten: wie käme Aristoteles in diesem Fall dazu zu sagen, das ›rhema‹ sei, für sich allein ausgesprochen, ein ›onoma‹? Denn wenn das ›rhema‹ »Zeitwort« wäre, dann wäre es dies unabhängig davon, ob es für sich allein ausgesprochen wird oder nicht.

In der Beschreibung des ›rhema‹ fällt zunächst einmal auf, daß die positive Bestimmung, ›phone semantike kata syntheken‹ zu sein, wegfällt. Entweder man erklärt das Fehlen dieser Bestimmung beim ›rhema‹ wenn schon nicht mit Nachlässigkeit, so doch mit der Absicht, Selbstverständliches, Redundantes zu vermeiden; oder man vermutet darin einen Grund, der der Sache geschuldet ist. Dann aber droht ein weiterer Widerspruch: das ›rhema‹ wird ausdrücklich als nicht weiter teilbar beschrieben; das Kriterium der Teilbarkeit hat aber nur dann Sinn, wenn man es auf sprachliche Gebilde anwendet, die als ›phone semantike kata syntheken‹ vorausgesetzt werden.

Der Widerspruch klärt sich, wenn man in Rechnung stellt, daß dem ›rhema‹ die ihm eigene Bestimmtheit von der vom Wort kategorial verschiedenen sprachlichen Einheit des Satzes zuwächst und nicht von irgendeiner semantischen, d. h. die Zeichenbedeutung betreffenden Spezifikation (etwa als »Zeitwort«). Das ›rhema‹ ist immer Zeichen (›semeion‹) von etwas, was von einem anderen gesagt wird, genauer: was von einem Subjekt (›hypokeimenon‹) ausgesagt wird bzw. was an oder in einem

---

[24] Amirova, T. A. u. a. 1980, 37 ff.

Subjekt ist. Das ›rhema‹ erscheint so wesentlich als sprachlicher Ausdruck des Urteilsprädikats. Als solches ist es nicht ein »einfaches Sagen«, sondern Aussagen: nicht die ›noesis‹ als Verstandestätigkeit liegt ihm zugrunde, sondern die ›synthesis‹ des Urteils. Die Bestimmung des ›rhema‹ erfolgt von der höheren Einheit des ›logos apophantikos‹ her; sie folgt aus dem Sachverhalt, daß dieser in bestimmter Weise strukturiert ist. Als Ausdruck des Urteilsprädikats ist das ›rhema‹ Strukturglied des ›logos apophantikos‹; es verliert deshalb seine spezifische Bestimmtheit, wenn es anders als im das Urteil ausdrückenden Satz verwendet wird: dann ist es, da für sich allein gesprochen, ›onoma‹. Das ›rhema‹ ist das, was es ist, nicht aufgrund seiner Signifikativität (diese ist vorausgesetzt), sondern aufgrund seiner Funktion im Urteils-Satz, also aufgrund seiner Bestimmtheit, Prädikatsausdruck zu sein. Da, wie wir gleich sehen werden, für Aristoteles das Urteil Bestimmungsstruktur ist, in der das Subjekt durch das Prädikat seine Bestimmung erfährt, gehört es zu der wesentlichen Bestimmtheit des ›rhema‹, den spezifischen *Subjektbezug* des Urteilsprädikats in der Sprache auszudrücken. Darin aber kann unmöglich liegen, daß das ›rhema‹ den Gegenstand, von dem es ausgesagt wird, auch noch nennt; es ist nicht Name des zugrundeliegenden Urteilssubjekts, ist nicht »einfaches Sagen«. Bedenkt man, daß Aristoteles in dem Begriff ›phone semantike kata syntheken‹ die spezifische Signifikativität der Sprache zusammenfaßt und daß letztere sich im Modus des »einfachen Sagens« realisiert, dann liefert dieser Sachverhalt einen plausiblen Grund dafür, warum Aristoteles in der Bestimmung des ›rhema‹ eben jenen Begriff nicht ins Spiel bringt.

Bevor wir in der Analyse des ›rhema‹ fortfahren, müssen wir auf das Urteil selbst eingehen. Dies kann in aller Kürze geschehen. Für Aristoteles sind Urteile »im und vom Geiste gesetzte synthetische Einheiten zweier Denkinhalte«[25], zweier im Prozeß der ›noesis‹ herausgebildeten Begriffe. Diese Synthesis ist nicht beliebige Vereinigung, sie hat eine bestimmte Struktur. »So gehört zu der Urteilssynthesis als das eine Glied stets ein Gegenstand, der zugrunde gelegt wird, und als das andere Glied irgendeine Bestimmtheit (›pathos‹), durch die er, d. h. ein bestimmter Sachverhalt desselben, erkannt wird. Der Gegenstand bildet das Subjekt, die ihm zugesprochene oder abgesprochene Bestimmtheit das Prädikat des Urteils.«[26] Das Urteil ist also Bestimmungsstruktur, in dem ein zu Bestimmendes als Substrat oder Subjekt (›hypokeimenon‹) durch ein Bestimmendes als Bestimmungsdeterminante bestimmt wird. Urteilen ist bestimmen, ist »das Überführen eines Bestimmbaren in Bestimmtheit, genauer eines in gewisser Weise Bestimmtes in größere Bestimmtheit«[27].

[25] Geyser, J. 1917, 60.
[26] Geyser, J. 1917, 61.
[27] Geyser, J. 1917, 63.

Formal dargestellt werden kann die Urteilsstruktur in der Formel »S ist P«. Die Bestimmung selbst, die Prädikation, kommt hierin in dem »ist« zum Ausdruck. Das »ist« hat die Bedeutung der Kopula. Sie ist urteilsstiftender Funktor, d. h. sie verbindet die Begriffe in der beschriebenen Bestimmungsstruktur zur synthetischen Einheit des Urteils.

Vor dem Hintergrund des Urteils als Bestimmungsstruktur liefert die Bemerkung, das ›rhema‹ sei für sich allein gesprochen ›onoma‹, den Schlüssel zum vollen Verständnis des ›rhema‹. Das ›rhema‹ läßt sich analysieren in seine satzbildende Funktion einerseits und seine gegenständliche Bedeutung andererseits. Qua gegenständliche Bedeutung ist das ›rhema‹ bloß ›onoma‹. Ausgezeichnet ist das ›rhema‹ durch seine satzbildende Funktion. So ist das spezifische Moment, das das ›rhema‹ zu dem macht, was es ist, identisch mit der logischen Funktion der Kopula. Da der Satz der sprachliche Ausdruck des Urteils ist, muß dieser Funktor auch auf der Ebene der Sprache wirksam werden. Die Ebene der Sprache wird durch das Zeichenverhältnis etabliert; entsprechend sind die Sprachzeichen, die ›onomata‹, notwendig die Einheiten, auf denen der Funktor operiert, die er m. a. W. zur höheren Einheit des Satzes formiert. Betrachtet man das ›rhema‹ unter diesem Gesichtspunkt, so hat es seine Bestimmtheit in eben dieser Formierung: es ist, im Gegensatz zum bloßen ›onoma‹, zum Satz hin formiertes Zeichen. Dieses Formmoment kann selbst zeichenhaft vergegenständlicht werden, als sprachlicher Ausdruck, der Verkörperung der Kopula und sonst nichts ist: »ist« (als Existentialprädikation kommt »ist« in unserem Textstück nicht in Betracht[28]). Dieses »Zeichen« entbehrt dann freilich jeglicher gegenständlichen Bedeutung: »aber wenn (nur) ›ist‹ oder ›ist nicht‹ gesagt wird, so hat dies keine (Sach-)Bedeutung«. Dieses »Zeichen« ist »für sich allein ausgesprochen«, d. h. im Modus des »einfachen Sagens« gebraucht, sinnlos, »leer«[29]), »nichts«; es ist der Ausdruck der Urteilssynthesis, die es »ohne die verbundenen Stücke« nicht geben kann.

Damit sind wir in der Lage, die aristotelische Unterscheidung von ›onoma‹ und ›rhema‹ in ihrer Bedeutung für die Grammatik zu würdigen. ›onoma‹ und ›rhema‹ sind nicht die Wortarten Nomen und Verb im Sinne der späteren ars grammatica, und jeder Versuch, sie so zu deuten, führt in die Aporie, das ›onoma‹ als das Wort schlechthin und gleichzeitig als bestimmte Wortart denken zu müssen[30]. ›onoma‹ und ›rhema‹ sind vielmehr die Glieder einer Opposition, die sehr viel grundlegender ist als der

---

[28] Wagner, H. 1971 a, 113.
[29] Wagner, H. 1971 a, 103 f.
[30] In dieser Weise mißversteht Steinthal Aristoteles beispielhaft: »Aristoteles ist sich des Doppelsinns von ›onoma‹ und der Relativität von ›rhema‹ nicht in voller Klarheit bewußt geworden.« (Steinthal, H. 1863, 238)

Unterschied von Wortarten: Aristoteles setzt dem *Wort schlechthin* das *auf den Satz hin formierte Wort* gegenüber, konfrontiert die spezifische Signifikativität der Sprachzeichen mit ihrer grammatischen Formbestimmtheit. Diese Unterscheidung ist sicherlich unzulänglich, da sie mit der Unterscheidung von Subjekt und Prädikat gleichsam abgedeckt wird, da m. a. W. die Formierung des Subjektsausdrucks zum Satz hin nicht eingefangen ist. Dies hängt damit zusammen, daß die ›noesis‹ und mit ihr das »einfache Sagen« Urteil und Satz vorausgehen, daß die »Theorie der Benennung« und ihre erkenntnistheoretische Entsprechung, die Abbildtheorie, zwar als unzulänglich erwiesen, gleichwohl aber nicht in aller Konsequenz überwunden werden. In der Gleichsetzung von »Wort schlechthin« und »Subjektsausdruck« im ›onoma‹ bleibt die »Theorie der Benennung« partiell in Kraft. Dieser Mangel zählt aber um so geringer, als in dieser Opposition der Ansatz zu ihrer Aufhebung in einem umfassenden Begriff der sprachlichen Form bereits enthalten ist. Aristoteles zeigt, daß die Formierung von Sprachzeichen auf die Einheit des Satzes hin die Gewähr dafür bietet, daß der geltungsdifferente Gedanke und mit ihm das Wissen unter der Bedingung der spezifischen Signifikativität der Sprache zum Ausdruck gelangt; seine Leistung besteht darin, im grundlegenden Unterschied der Repräsentation von gegenständlicher Bedeutung und von geltungsdifferentem Gedanken und in der Notwendigkeit der Vermittlung beider *das* Formproblem des sprachlichen Zeichens erkannt zu haben. Dies ist anderes und mehr als die Klassifikation von Wortarten. Aristoteles »logifiziert« die Sprache nicht, vielmehr gibt er, indem er die Struktur des Satzes aus der Struktur des Urteils entwickelt, den Begriff ihrer *Grammatizität*.

2. Port-Royal: Grammatik und die Perfektion des Sprechens

Die »Grammaire générale et raisonnée« von Antoine Arnauld und Claude Lancelot[1], bekannt unter dem Namen »Grammatik von Port-Royal« und im folgenden kurz »Grammaire« genannt, war das berühmteste grammatische Werk des 17. und 18. Jahrhunderts. Sie erschien erstmals im Jahr 1660, erlebte allein bis 1679 vier Auflagen und wurde im 18. Jahrhundert z. T.

---

[1] Wir beziehen uns auf diejenige dritte Auflage von 1676, deren kritische Ausgabe durch Brekle den Text als Faksimile bringt. Diese Ausgabe wird hier geführt unter dem Kurztitel »Grammaire«. Diese Ausgabe unterscheidet sich vom reprographischen Nachdruck einer anderen dritten Auflage, die ebenfalls 1676, aber an einem anderen Ort, erschienen ist. Beide Ausgaben sind im Literaturverzeichnis aufgeführt.

umfangreich kommentiert neunmal nachgedruckt[2]. Man hat den großen Erfolg und den 150 Jahre andauernden Einfluß dieses kleinen Werks dadurch erklärt, daß es bis zu seinem Erscheinen »des grammaires et des grammairiens mais pas de ›théorie du langage‹« gegeben habe[3]. Dieses Urteil ist in seiner Allgemeinheit sicherlich nicht aufrechtzuerhalten, denn Sprachtheorie gab es auch vor 1660. Das Neue und das für die Zeitgenossen attraktive Moment der »Grammaire« besteht darin, daß in ihr in überzeugender Weise die Sprache und das Sprechen als methodisch bedingtes Ausdrucksmittel des universellen menschlichen Vernunftvermögens begriffen wird und daß eben die so begriffene Sprache den Gegenstand der Grammatik darstellt[4].

Die Präambel der »Grammaire« hat den folgenden Wortlaut: »La Grammaire est l'Art de parler. Parler, est expliquer ses pensées par des signes, que les hommes ont inventez à ce dessein. On a trouvé que les plus commodes de ces signes, estoient les sons & les voix. Mais parce que ces sons passent, on a inventé d'autres signes pour les rendre durables & visibles, qui sont les caracteres de l'écriture, que les Grecs appellent ›grammata‹[5], d'où est venu le mot de *Grammaire*. Ainsi l'on peut considerer deux choses dans ces signes: La premiere; ce qu'ils sont par leur nature, c'est à dire, en tant que sons & caracteres. La seconde; leur signification: c'est à dire, la maniere dont les hommes s'en servent pour signifier leurs pensées. Nous traiterons de l'vne dans la premiere partie de cette Grammaire, & de l'autre dans la seconde.«[6]

Derselbe Grundgedanke also wie in Aristoteles' »De Interpretatione«: hier wie dort als Ansatzpunkt die Feststellung, daß die Funktion der

---

[2] Grammaire, XIX f.

[3] Harnois, G. 1928, 15.

[4] Soweit wir sehen, ist dieses Moment der »Grammaire« kaum hinreichend herausgearbeitet worden, weder in der Monographie von Donzé (Donzé, R. 1971), noch bei Chomsky (Chomsky, N. 1971; Chomsky, N. 1973) und in der sich an Chomskys Bezugnahme auf die »Grammaire« anschließenden Diskussion (zu nennen sind: Aarsleff, H. 1970; Lakoff, R. 1969; Perceval, W. K. 1976; Chevalier, J.-Cl. 1967; Kretzmann, N. 1975), noch beim Herausgeber der kritischen Ausgabe (Brekle, H. E. 1964; Brekle, H. E. 1967).

[5] In der Quelle in griechischen Buchstaben notiert.

[6] Grammaire, 5. – »Die Grammatik ist die Kunst des Sprechens. Sprechen, das heißt seine Gedanken durch Zeichen dartun, die die Menschen eigens dafür erfunden haben. Man fand, daß die bequemsten Zeichen die Laute und die Stimmen waren. Aber weil die Laute vergehen, hat man andere Zeichen erfunden, um sie dauerhaft und sichtbar zu machen, nämlich die Schriftcharaktere, die die Griechen ›grammata‹ nennen, woher das Wort *Grammatik* stammt. Also kann man zweierlei in diesen Zeichen betrachten: zum ersten, was sie von Natur aus, als Laute oder Charaktere, sind; zweitens ihre Signifikation, d. h. die Art und Weise, in der sich die Menschen ihrer bedienen, um ihre Gedanken zu bezeichnen. Wir handeln vom ersten im ersten Teil dieser Grammatik, und vom anderen im zweiten Teil.«

Sprachzeichen darin besteht, die Gedanken zum Ausdruck zu bringen, und daß als Zeichen zum einen die von der Stimme gebildeten Laute, zum anderen die Schriftcharaktere dienen. Im Unterschied zu Aristoteles fehlt der Hinweis auf die erkenntnistheoretische Problematik, insbesondere auf das Problem der Geltungsdifferenz. Es ist ganz unspezifisch vom allgemeinen Verhältnis zwischen Zeichen und Gedanke die Rede. Dieses allgemeine Verhältnis gibt der »Grammaire« ihre Gliederung vor: man kann die Sprachzeichen daraufhin untersuchen, was sie »von Natur aus«, d. h. ihrer materiellen Beschaffenheit nach, sind – diese Untersuchung macht den ersten Teil der »Grammaire« aus; und man kann die Sprachzeichen untersuchen hinsichtlich ihrer »signification«, d. h. hinsichtlich ihres geistigen Aspekts[7] – diese Untersuchung macht den zweiten Teil der »Grammaire« aus. Diese Gliederung ist mit dem Aufbau der traditionellen Grammatik – Orthographie, Prosodie, Analogie, Syntax – durchaus verträglich: Orthographie und Prosodie sind im ersten Teil, Analogie und Syntax im zweiten Teil der »Grammaire« zusammengefaßt[8].

Für unsere Untersuchung ist offensichtlich nur der Teil der »Grammaire« relevant, in dem die Sprachzeichen hinsichtlich ihrer »signification« betrachtet werden. Was aber bedeutet »signification«? Der Ausdruck bedeutet hier – sein Gebrauch ist in der »Grammaire« nicht einheitlich – sicherlich nicht einfach »Zeicheninhalt« im Sinne von »Wortbedeutung«; dem steht die nähere Bestimmung von »signification« als »la maniere dont les hommes s'en servent pour signifier leurs pensées« entgegen[9]. »la maniere . . . pour signifier« verweist vielmehr auf die Lehre von den »modi significandi«, die in der Scholastik als »grammatica speculativa« durch die

---

[7] Im ersten Teil – heißt es an anderer Stelle – wird in der Rede (la parole) das betrachtet, »qu'elle a de materiel«, und im zweiten Teil das, »qu'elle a de spirituel«. (Grammaire, 26 f.)

[8] Vgl. Donzé, R. 1971, 16.

[9] Brekle behauptet, mit der Definition von »signification« als »la maniere dont les hommes s'en servent pour signifier leurs pensées« sei eine »Definition des Zeicheninhalts (signification)« gegeben. »Die Schlüsselwörter hierbei sind: ›la maniere‹ und ›. . . s'en servent‹; der Terminus ›maniere‹ impliziert, als Voraussetzung des Wie, der Art und Weise einer sozial (les hommes) konditionierten Sinngebung von Zeichen, einen ›context of cultural reality‹, dessen jeweils objektiv als relevant empfundene Phänomene (pensées) die Bedingungen und damit die semantischen Merkmale eines Zeichens bilden. Der Ausdruck ›s'en servent‹ deutet darauf hin, daß A.-L. nicht eine simple Gleichsetzung von Zeicheninhalt und ›absoluten Gegenständen, Ideen, referents etc.‹ postulieren, sondern darauf, daß sie damit einen operationellen Faktor in dem ständig sich wiederholenden und erneuernden Prozeß der Umsetzung von ›Welt‹ in Sprache vermuten. Zeicheninhalte werden also nicht als Äquivokationen (Äquivalente? – J. Z.) von absolut vorgegebenen Gegenständen, Ideen etc. verstanden, sondern als operable Größen, deren semantische Merkmale von jeweils relevanten Ausschnitten des sozio-kulturellen Kontexts konditioniert werden.« (Brekle, H. E. 1964, 105) Träfe Brekles Interpretation zu, dann wäre schlechthin unverständlich, was die Autoren der »Grammaire« bewogen haben soll, die Untersuchung der »signification« in die Grammatik zu verweisen.

Rezeption der logischen Schriften des Aristoteles im 12. und 13. Jahrhundert begründet und ausgearbeitet worden war[10]. Die Übernahme scholastischer Begriffe durch erklärte Cartesianer[11] ist nicht weiter verwunderlich, ist doch Descartes selbst in vieler Hinsicht der Scholastik verpflichtet[12]; auch die nicht minder berühmte »Logique« von Port-Royal – zwei Jahre nach der »Grammaire« erschienen[13] – übernimmt von der scholastischen Logik das, was ihr geeignet erscheint[14].

Die Lehre von den »modi significandi« war theologisch motiviert[15] und hat im Laufe ihrer Entfaltung etliche Wandlungen durchgemacht[16]. Motivation und Modifikation der Lehre müssen hier unberücksichtigt bleiben. Es ist aber möglich, die Problemstellung dieser Lehre kurz zu umreißen. Sie setzt an beim Erkenntnisverhältnis zwischen dem menschlichen Verstand und den Dingen. Der Verstand erfaßt die Dinge zunächst unter dem allgemeinen Begriff des Seienden (ens). »Erst logisch später zeigt dieses Seiende seine verschiedenen Differenzen und Formen. Die intellektuelle Aneignung und Erfassung des Seienden wird nun durch eine Reihe von Akten ermöglicht, die modi intelligendi heißen und denen ebenso viele (. . .) Formen in der Wirklichkeit oder im wirklich seienden Ding entsprechen (modi essendi).«[17] Das vom Verstand Erfaßte kommt im Wort zum Ausdruck. »Im Wort selbst kann man unterscheiden zwischen 1. dem durch einen physiologischen Prozeß der Stimme hervorgebrachten Laut *(vox); 2.* dem direkten und nächsten Zeicheninhalt, der die eine oder andere bestimmte Wirklichkeit ausdrückt (*dictio* oder *significatum speciale*); 3. der grammatischen Wortklasse oder Kategorie, in der dieses *significatum speciale* auftritt (*pars orationis* oder *modus significandi* oder *modus consignificandi*). Jedes Wort vereinigt also in sich drei Elemente: *vox, dictio* und *pars orationis.*«[18] Nach mittelalterlicher Auffassung gehören weder die Untersuchung der »vox« noch der »dictio« zum eigentlichen Gebiet der Grammatik, sondern zur Physik oder Physiologie bzw. zur Psychologie. Die Vernunft aber »gibt jedem Wort, jeder *dictio* außer der materiellen noch eine formelle Bedeutung«, indem sie es einer bestimmten Wortklasse zuweist. »Diese Wortklasse drückt eine ›Bewandtnis‹ aus, die es mit den Dingen hat. (. . .) Derselbe Sachverhalt kann durch das Wort *donum* oder

---

[10] Zu dieser Lehre vgl. Bursill-Hall, G. L. 1971; Pinborg, J. 1964 und 1972; Roos, H. 1946 und 1948.
[11] Logique 1965, 15 f.
[12] Vgl. Dalbiez, R. 1929; Gilson, E. 1925.
[13] Die erste Ausgabe der »Logique« erschien 1662.
[14] Donzé, R. 1971, 19.
[15] Vgl. Chenu, M. D. 1935/36.
[16] Vgl. Pinborg, J. 1964.
[17] Roos, H. 1946, 104.
[18] Roos, H. 1948, 212.

datum ausgedrückt werden. Die Verschiedenheit der Aussageweise ändert nicht den Bedeutungsinhalt, sondern drückt eine bestimmte Modalität des Inhalts aus: sie ›formt‹ ihn. Diese ›geformte‹ Bedeutung nun ist es, die die Scholastiker mit *modus significandi* bezeichnen. Sie ist das eigentliche Objekt der mittelalterlichen Grammatik. Sie interessiert sich nicht für das *significatum speciale*, sondern für das *con-significatum* oder den *modus significandi*, der eine Modalität des Dings (also ein modus essendi; J. Z.) entspricht.«[19] Bei den »modi significandi« geht es um die Bedeutung der Wortklassen und der grammatischen Kategorien, also genau um das, was in den Kapiteln 2 – 23 des zweiten Teils der »Grammaire« behandelt wird.

Die »Grammaire« übernimmt freilich nicht einfach den scholastischen Begriff; sie modifiziert ihn in entscheidender Weise. Der systematische Ort hierfür ist der Beginn jenes Teils der »Grammaire«, der das Sprachzeichen nach seiner geistigen Seite hin untersucht – das erste Kapitel des zweiten Teils. Zunächst wird dort die Erfindung der Sprachzeichen als Beweis der menschlichen Vernunft gepriesen. Dann wird präzisiert, worin die Leistung dieser Zeichen besteht: die Wörter, so die »Grammaire«, »qui n'ayant rien de semblable en eux-mesmes, à ce qui se passe dans nostre esprit, ne laissent pas d'en découvrir aux autres tout le secret, & de faire entendre à ceux qui n'y peuvent pénétrer, tout ce que nous concevons, & tous les divers mouvemens de nostre ame. (. . .) C'est pourquoy on ne peut bien comprendre les diverses sortes de significations, qui sont enfermées dans les mots, qu'on ait bien compris auparavant ce qui se passe dans nos pensées, puisque les mots n'ont esté inventez que pour les faire connoistre.«[20] Die verschiedenen Arten von »significations« – die »modi significandi« der Wörter – können demnach nur begriffen werden, wenn man »das, was in unserem Verstand vor sich geht«, begriffen hat. Die »modi significandi« der Wörter entspringen den Verfahrensweisen des menschlichen Verstands.

Bis zu diesem Punkt stimmen die Grammatiker von Port-Royal mit der scholastischen Lehre überein: auch die »modi significandi« der »grammatica speculativa« sind – da Entsprechungen der »modi intelligendi« – Entsprechungen von Verstandesformen. Damit aber endet die Gemeinsamkeit. Den »modi intelligendi« korrespondieren in der scholastischen Lehre die »modi essendi«, die ihrerseits den aristotelischen Kategorien gemäß

---

[19] Roos, H. 1948, 213.
[20] Grammaire, 27. – »obwohl sie in nichts dem, was in unserem Geist vor sich geht, gleichen, hören sie nicht auf, den anderen all das Verborgene zu entdecken und denjenigen, die dahin nicht vordringen können, all das verstehbar zu machen, was wir vorstellen, und all die übrigen Bewegungen unserer Seele. (. . .) Deshalb kann man die verschiedenen Bezeichnungsweisen, die in den Wörtern eingeschlossen sind, nur richtig verstehen, wenn man vorher das, was in unseren Gedanken vor sich geht, richtig verstanden hat, da ja die Wörter nur erfunden worden sind, um sie (= die Gedanken) uns bekannt zu machen.«

konzipiert waren. Die Philosophen und Grammatiker von Port-Royal halten die aristotelischen Kategorien für unnütz; sie anerkennen nur die Unterscheidung von Substanz und Akzidenz[21]. Letztere spielt in der »Grammaire« bei der Unterscheidung von »nom substantif« und »nom adjectif« tatsächlich eine Rolle, aber eine nachgeordnete. Vor allem: »das, was in unserem Verstand vor sich geht«, läßt sich von keinem Seinsmodus her begreifen; es ist die spezifische, dem Verstand eigene Art und Weise, zu der Erkenntnis der Dinge zu gelangen. Der »modus significandi« der Wörter ist von den Verstandestätigkeiten her und nur von daher begründete und zu begründende Form.

Die Tätigkeiten oder Operationen des Verstandes sind: Vorstellen, Urteilen, Schließen. »*Concevoir*, n'est autre chose qu'vn simple regard de nostre esprit sur les choses, soit d'vne maniere purement intellectuelle; comme quand je connois l'estre, la durée, la pensée, Dieu: soit avec des images corporelles, comme quand je m'imagine vn quarré, vn rond, vn chien, vn cheval. *Ivger*, c'est affirmer qu'vne chose que nous concevons, est telle, ou n'est pas telle. Comme lors qu'ayant conceu ce que c'est que la *terre*, & ce que c'est que *rondeur*, j'affirme de *la terre* qu'elle *est ronde*. *Raisonner*, est se servir de deux jugemens pour en faire vn troisiéme.«[22] Da das Schließen nur eine Erweiterung des Urteilens sei, könne auf seine Erörterung verzichtet werden. »Et ainsi il suffira pour nostre sujet de considerer les deux premieres, ou ce qui est enfermé de la premiere dans la seconde.«[23]

Ein Urteil der Form »la terre est ronde« werde »proposition« genannt: »& ainsi toute proposition enferme necessairement deux termes: l'vn appellé *sujet*, qui est ce dont on affirme, comme *terre*; & l'autre apellé *attribut*, qui est ce qu'on affirme, comme *ronde*: & de plus la liaison entre ces deux termes, *est*. Or il est aisé de voir que les deux termes appartiennent proprement à la premiere operation de l'esprit, parce que c'est ce que nous concevons, & ce qui est l'objet de nostre pensée; & que la liaison appartient

---

[21] Logique 1965, 41 ff.
[22] Grammaire, 27 f. – »Vorstellen ist allein der einfache Blick unseres Geistes, sei es in einer rein verstandesmäßigen Weise, wie wenn ich das Sein, die Dauer, das Denken, Gott vorstelle, sei es zusammen mit körperhaften (anschaulichen) Bildern, wie wenn ich mir ein Viereck, einen Kreis, einen Hund, ein Pferd einbilde. Urteilen, das ist bejahen, daß ein Ding, das wir uns vorstellen, so oder nicht so beschaffen ist. Wenn ich mir z. B. die Erde als solche und die Rundheit als solche vorgestellt habe, bejahe ich von der Erde, daß sie rund ist. Beim Schließen bedient man sich zweier Urteile, um daraus ein drittes zu machen.«
[23] Grammaire, 28. – »und daher genügt es für unsere Untersuchung (unseren Gegenstand), die beiden ersten zu betrachten bzw. das, was von der ersten in der zweiten enthalten (eingeschlossen) ist.«

à la seconde, qu'on peut dire estre proprement l'action de nostre esprit, & la maniere dont nous pensons.«[24]

Damit ist das Ziel der Argumentation fast erreicht: »Et ainsi la plus grande distinction de ce qui se passe dans nostre esprit, est de dire qu'on y peut considerer l'objet de nostre pensée; & la forme ou maniere de nostre pensée, dont la principale est le jugement. Mais on y doit encore rapporter les conjonctions, disjonctions, & autres semblables operations de nostre esprit; & tous les autres mouvemens de nostre ame; comme les desirs, le commendement, l'interrogation, & c.«[25] Da die Menschen für alles, was im Geist vor sich geht, Zeichen nötig gehabt hätten, folgt daraus, »que la plus generale distinction des mots, soit que les vns signifient les objets des pensées, & les autres la forme & la maniere de nos pensées (. . .). (. . .) Les mots de la premiere sorte sont ceux que l'on a appellez *noms, articles, pronoms, participes, prépositions, & adverbes.* Ceux de la seconde, sont *les verbes, les conjonctions, & les interjections.*«[26]

Der Gang der Argumentation ist also zusammengefaßt der folgende: die erfundenen Sprachzeichen repräsentieren das, was im Geist vor sich geht, also sowohl das, was wir uns vorstellen, als auch die übrigen Akte der Seele; sie leisten dies und machen so Verständigung möglich, obwohl sie in nichts dem gleichen, was sie repräsentieren; diese Leistung erbringen sie aufgrund ihrer verschiedenen Signifikationsmodi, die man nur dann begreifen kann, wenn man die verschiedenen Verstandestätigkeiten begriffen hat; von diesen sind drei entscheidend, nämlich Vorstellen, Urteilen, Schließen, aber nur Vorstellen und Urteilen sind für die grammatische Reflexion relevant;

---

[24] Grammaire, 29. – »Und daher enthält jeder Satz notwendigerweise zwei Termini: der eine wird ›Subjekt‹ genannt und ist der Terminus, von dem man bejaht, wie ›Erde‹; der andere wird ›Attribut‹ genannt und ist das, was bejaht wird, wie ›rund‹; und schließlich (enthält der Satz) die Verbindung zwischen den beiden Termini, ›ist‹. Man sieht leicht, daß die beiden Termini eigentlich der ersten Operation des Geistes angehören, weil es das ist, was wir uns vorstellen und was der Gegenstand unseres Denkens ist; und daß die Verbindung zur zweiten (Operation) gehört, von der man sagen kann, daß sie die eigentliche Tätigkeit unseres Geistes ist und die Art und Weise, in der wir denken.«

[25] Grammaire, 29. – »Also ist die größte (wichtigste) Unterscheidung, die man hinsichtlich dessen treffen kann, was in unserem Geist vorgeht, zu sagen, daß man dort (einerseits) das Objekt unseres Denkens betrachten kann und (andererseits) die Form oder die Art und Weise unseres Denkens, deren wichtigste das Urteil darstellt. Aber man muß dazu (= zur Form des Denkens) auch die Konjunktionen, Disjunktionen und andere ähnliche Operationen unseres Geistes rechnen und all die anderen Bewegungen unserer Seele wie die Wünsche, den Befehl, die Frage usw.«

[26] Grammaire, 29 f. – »daß die allgemeinste Unterscheidung der Wörter darin besteht, daß die einen die Gegenstände des Denkens und die anderen die Form und die Art und Weise unseres Denkens bezeichnen (. . .). (. . .) Die Wörter der ersten Art werden ›Nomina‹, ›Artikel‹, ›Pronomen‹, ›Partizipien‹, ›Präpositionen‹ und ›Adverbien‹ genannt. Die der zweiten sind die Verben, die Konjunktionen und die Interjektionen.«

das Urteil besteht aus zwei Termini – Subjekt und Attribut (Prädikat) – und ihrer Verbindung (Affirmation); die Termini gehören dem Vorstellen an, durch das die Gegenstände unseres Denkens gegeben werden, die Verbindung der Termini aber gehört dem Urteilen an und ist die »eigentliche« Tätigkeit des Geistes; in dem, was in unserem Geist vor sich geht, sind also die Gegenstände des Denkens von der Form des Denkens zu unterscheiden; diese Unterschiedenheit im Geist begründet zwei grund-sätzlich unterschiedene Signifikationsmodi und damit auch zwei grundsätz-lich unterschiedene Klassen von Wörtern, deren Hauptvertreter die Nomina auf der einen Seite, die Verba auf der anderen sind.

Vollendet werden diese Überlegungen in der Theorie des Verbs, die man später der »Grammaire« am meisten übelgenommen hat[27]. Sie läuft darauf hinaus, daß der Signifikationsmodus des Verbs der Ausdruck der Affirmation ist: »c'est proprement ce que c'est que le verbe, *vn mot dont le principal vsage est de signifier l' affirmation*«[28]. Da die Affirmation die »eigentliche« Tätigkeit des Geistes ist, folgt, daß nur das verbum substantivum »estre«, und auch dies nur als der Ausdruck der Kopula, als »est«, das Verb in »reiner« Form verkörpert; im Grunde käme jede Sprache mit einem einzigen Verb aus, eben »est«. Alle Bestimmungen der traditionellen Grammatik: Zeitbezug, Personenbezug, vor allem aber solche, die das Verb als Ausdruck von Handlung und von passiones bestimmen, werden von der »Grammaire« zurückgewiesen. Wenn man nämlich das Verb definiere als »vox flexilis cum tempore & persona«, dann sage man eben nicht, *was* das Verb signifiziere, sondern nur mit was zusammen (avec quoy) es signifiziere; was seine Bestimmtheit als Ausdruck von Handlungen oder passiones anbelangt, so gebe es zahlreiche Verben, die weder Handlungen noch passiones signifizieren; umgekehrt werde nicht jede Handlung oder passio durch ein Verb signifiziert[29]. ». . . sa seule vraye définition est, *vox significans affirmationem; vn mot qui signifie l'affirma-tion.*«[30] Selbstverständlich übersieht die »Grammaire« nicht, daß das im Satz verwendete Verb Zeit- und Personenbezug aufweist und außerdem Träger gegenständlicher Bedeutung ist; sie weigert sich aber, in diesen Merkmalen die »wahre Natur« des Verbs zu erblicken, also eben das, was den Signifikationsmodus des Verbs ausmacht. Die endgültige Definition des Verbs lautet entsprechend: »*Vox significans affirmationem alicujus attri-buti, cum designatione personae, numeri, & temporis. Vn mot qui marque*

---

[27] Arens, H. 1974, 92.
[28] Grammaire, 95. – »und genau dadurch ist das Verb bestimmt: als ein Wort, das in erster Linie dazu verwendet wird, die Bejahung zu bezeichnen.«
[29] Grammaire, 99 f.
[30] Grammaire, 101. – ». . . die einzig wahre Definition ist: vox significans affirmationem, ein Wort, das die Bejahung bezeichnet.«

l'affirmation de quelque attribut, avec designation de la personne, du nombre, & du temps.«[31]

Man hat diese Definition aufgrund des Wegs, auf dem sie gewonnen wird, als widersprüchlich bezeichnet, weil die Verfasser der »Grammaire« zunächst eine Definition des Verbs geben (»signifie l'affirmation«), dann diese Definition in ihrer Einfachheit den sonst in der Grammatik üblichen Definitionen gegenüberstellen, wobei sie die Unhaltbarkeit der letzteren beweisen, schließlich zur Ausgangsdefinition als der einzig wahren zurückkehren, gleichzeitig aber die Bestimmungen einbeziehend, die man eben verworfen hat[32]. Der Einwand ist indes nicht stichhaltig. Er verkennt, daß die »Grammaire« mit der »wahren Definition« des Verbs auf den »modus significandi« des Verbs zielt und daß sie gerade in der Bestimmung des Verbs diesen Ansatz konsequent durchhält. Was die Theorie des Verbs anbelangt, so ist diese in sich schlüssig; im Rahmen dieser Theorie gibt es keinen Grund für die Annahme, der »modus significandi« des Verbs – nämlich die Affirmation zu signifizieren – sei mit der zusätzlichen Bestimmtheit des Verbs – gegenständliche Bedeutung zu »designieren« (ausgenommen das verbum substantivum) – unverträglich. Im Gegenteil: wenn der Signifikationsmodus wie in der »Grammaire« in der Verstandstätigkeit begründet wird, wenn weiter der Signifikationsmodus des Verbs in der Verbindung zweier Termini besteht, dann gibt es keinen Grund, daß das Verb eine bestimmte gegenständliche Bedeutung nicht soll aufweisen können: diese gegenständliche Bedeutung ist dann einfach eines der beiden »significata speciales«, die im Urteil als Termini verbunden werden, und ist damit vom Signifikationsmodus des Verbs unabhängig.

Tatsächlich besteht ein Widerspruch. Aber dieser Widerspruch liegt *vor* der Theorie des Verbs. Schon gar nicht resultiert er daraus, daß – wie es der beschriebene Einwand nahelegt – die Verfasser der »Grammaire« ihrem Gegenstand – der Sprache – logifizierend Gewalt antun. Der Widerspruch resultiert aus den Mängeln des Logikkonzepts. Um dies zu zeigen, müssen wir nochmals auf das erste Kapitel des zweiten Teils zurückkommen. In diesem Kapitel werden zwei entscheidende Sachverhalte klargestellt: zum ersten, daß die Begründung der »modi significandi« aus den Tätigkeiten des Verstandes erfolgen muß, zum zweiten, daß die logisch gerechtfertigte Unterscheidung von Gegenstand des Denkens und Form des Denkens auch grammatisch relevant ist. Es stellt sich aber heraus, daß das in Anschlag

[31] Grammaire, 103. – »Vox significans affirmationem alicujus attributi, cum designatione personae, numeri & temporis. Ein Wort, das die Bejahung (das Aussagen) irgendeines Attributs bezeichnet, mit Angabe der Person, des Numerus und der Zeit.« Die »Grammaire« macht keinen systematischen Unterschied zwischen »marquer« und »signifier«, wie dies die Textstelle vielleicht nahelegen könnte. Vgl. dazu die Definition des verbum substantivum: »Vn mot qui signifie l'affirmation . . .«. (Grammaire, 102)
[32] Donzé, R. 1971, 33.

gebrachte Logikkonzept außerstande ist, diesen beiden Sachverhalten gerecht zu werden. Man macht sich dies klar, wenn man nach dem »modus significandi« des Nomens fragt, also der Wortart, mit deren Exemplaren in erster Linie die Gegenstände des Denkens bezeichnet werden. Die »Grammaire« verknüpft den Signifikationsmodus des Nomens mit der Operation des Vorstellens: durch diese Operation werden die Dinge zu den Gegenständen des Denkens. Der Signifikationsmodus des Nomens kann damit in nichts anderem bestehen als in der *Gegenstandsbezogenheit;* sie ist die formale Voraussetzung dafür, daß ein je besonderes Nomen einen je besonderen Gegenstand als sein »significatum speciale« signifiziert. Dies ist die Konsequenz aus dem Ansatz, die »maniere de signifier« aus den Operationen des Geistes, so wie sie in der »Grammaire« konzipiert sind, zu begreifen. Die »Grammaire« ist nur im Falle des Verbs konsequent verfahren, hat übersehen, daß der den Nomina zuzuweisende Signifikationsmodus notwendig in einem exklusiven Verhältnis zum Signifikationsmodus des Verbs steht. Das Verb ist als reines »Formwort« konzipiert, weil das Nomen als reines »Gegenstandswort« konzipiert ist. Das Verb kann ex definitione keine gegenständliche Bedeutung, kein »significatum speciale« haben, da es sonst gleichzeitig Nomen sein müßte. Nicht in der Definition des Verbs allein, wie sie in der Theorie des Verbs gegeben wird, sondern in der Konzeption von Nomen und Verb als reinem »Gegenstandswort« bzw. reinem »Formwort« liegt der Widerspruch der endgültigen Verbdefinition.

In dieser Widersprüchlichkeit findet der Mangel des Logikkonzepts seinen unmittelbaren Ausdruck: die Formbestimmtheit des Verbs wird zum unlösbaren Problem, da Gegenständlichkeit des Denkens allein qua Vorstellung und damit vor und unabhängig vom Urteil konzipiert ist. Ein solches Konzept läßt letztlich die logische Auszeichnung des Urteils unerklärt und kann erst recht keine Gründe dafür nennen, weshalb der gegenständlichen Bedeutung als solcher (der Idee) keine Wahrheit zukommt. Die »Grammaire« ist außerstande anzugeben, warum das Urteilen »proprement l'action de nostre esprit« ist; sie vermag die Referenz der Geltungsdifferenz zur Form des Urteils nicht herzustellen; der Begriff des Gegenstands des Denkens und der Begriff der Form des Denkens sind nicht miteinander vermittelt. So kann die »Grammaire« die Entscheidung, von den verschiedenen Operationen des Verstandes gerade das Urteil in den Mittelpunkt zu rücken, nur mit Hilfe eines praktischen Arguments rechtfertigen: »Car les hommes ne parlent gueres pour exprimer simplement ce qu'ils conçoivent; mais c'est presque toûjours pour exprimer les jugemens qu'ils font des choses qu'ils conçoivent.«[33]

---

[33] Grammaire, 28. – »Denn die Menschen sprechen nicht oft, um nur das auszudrücken, was sie vorstellen, sondern fast immer, um die Urteile auszudrücken, die sie sich über die Dinge machen, die sie vorstellen.«

Dieser Mangel im Logikkonzept der »Grammaire« schmälert ihre Bedeutsamkeit kaum, vor allem wenn man in Rechnung stellt, daß jedes Logikkonzept des 17. Jahrhunderts mit ihm behaftet war. Die Leistung der Grammatiker von Port-Royal besteht nach wie vor darin, daß sie den Versuch unternommen haben, die Formalität der Sprache systematisch aus den Verstandesformen zu begreifen, und daß sie damit Gegenstand und Intention der grammatischen Reflexion namhaft gemacht haben.

Auf diese Intention ist nun einzugehen. Sie wird im Vorwort der »Grammaire« dargelegt, das nach eigener Angabe von Lancelot verfaßt wurde. Er berichtet, daß er bei seiner bisherigen grammatischen Arbeit, die verschiedenen Sprachen gewidmet war[34], immer wieder auf das Problem gestoßen sei, welche Charakteristika allen Sprachen gemein seien und welche nur einigen besonderen zukommen. Er habe Arnauld mit dem Problem konfrontiert, der daraufhin, obwohl er sich mit grammatischen Fragen bisher nicht befaßt habe, verschiedene Überlegungen über die wahren Grundlagen der Grammatik angestellt habe. Er, Lancelot, habe weder bei den alten noch bei den neuen Grammatikern Überlegungen gefunden, die in vergleichbarer Weise bemerkenswert und richtig seien. Diese Gedanken, gesammelt und geordnet, habe er zu dem vorliegenden kleinen Traktat verarbeitet. Das Vorwort schließt mit den Worten: »Ceux qui ont de l'estime pour les ouvrages de raisonnement, trouveront peut-estre en celuy-cy quelque chose qui les pourra satisfaire, & n'en mépriseront peut-estre pas le sujet: puis que si la parole est vn des plus grands avantages de l'homme, ce ne doit pas estre vne chose méprisable de posseder cet avantage avec toute la perfecton qui convient à l'homme; qui est de n'en avoir pas seulement l'vsage, mais d'en penetrer aussi les raisons, & de faire par science, ce que les autres font seulement par coustume.«[35]

Aufgabe der Grammatik ist es demnach, zum perfekten Sprechen zu führen: es genügt nicht zu sprechen, es kommt darauf an, perfekt zu sprechen. Der Begriff des perfekten Sprechens nimmt den alten Gedanken der Sprachrichtigkeit auf. Für die Verfasser der »Grammaire« steht außer Zweifel, daß die Beschreibung der Sprache in der Grammatik mit dem Gedanken der Sprachrichtigkeit aufs engste verknüpft ist.

---

[34] Lancelot schrieb einige Lehrbücher zum Erlernen fremder Sprachen, so für das Lateinische, Griechische, Italienische und Spanische. Vgl. dazu die Bibliographie von Brekle in der Grammaire, XXII f.

[35] Grammaire, 4. – »Diejenigen, die Werke von Urteilskraft wertschätzen, finden in diesem hier vielleicht etwas, was sie zufriedenstellt, und verachten vielleicht seinen Gegenstand nicht: wenn nämlich das Sprechen einer der größten Vorzüge des Menschen ist, kann es keine geringzuschätzende Sache sein, diesen Vorzug mit der ganzen Perfektion zu beherrschen, die dem Menschen möglich ist (entspricht). Dies heißt aber, nicht nur gemäß dem Gebrauch zu sprechen, sondern zu den Vernunftgründen des Sprechens vorzudringen, und also mit Wissenschaft das zu betreiben, was die anderen nur aus Gewohnheit tun.«

Was aber soll das sein, perfektes oder richtiges Sprechen? In der Tradition der griechisch-römischen Grammatik war das richtige Sprechen immer an Vorbildern orientiert; richtig sprechen hieß soviel wie: sprechen wie die besten Schriftsteller. Der Grammatiker hatte die Werke der Schriftsteller zu studieren, um auf dieser Basis einen Kanon sprachlicher Regeln und Figuren aufzustellen. Sprachrichtigkeit war auf Autorität(en) gegründet. Eine Variante dieser Auffassung – »la doctrine du bon usage«[36] – herrscht zur Zeit der Abfassung der »Grammaire«; als das bekannteste Werk, in dem sie vertreten wird, gelten Vaugelas' »Remarques sur la langue françoise«, die 1647 erschienen waren. Vaugelas erkennt darin als regelgebende Instanz der Sprache nur den »usage« an: »l'vsage« ist »le Roy, ou le Tyran, l'arbitre, ou le maistre des langues«[37]. Aber nur der »bon usage« – die Sprechweise des Hofs und der besten Schriftsteller – ist vorbildlich; die Sprechweise der unteren Klassen und der Provinz wird als »mauvais usage« verworfen.

In der »Grammaire« wird keineswegs in Abrede gestellt, daß der »bon usage« normative Instanz ist. Er wird in dieser Rolle sogar ausdrücklich bestätigt: Sprechweisen, die allgemein und unumstritten anerkannt seien, sollen auch dann als gut gelten, wenn sie gegen die Regelhaftigkeit der Sprache verstoßen; man dürfe sie aber nicht als Argument dafür mißbrauchen, die Regelhaftigkeit überhaupt in Zweifel zu ziehen. Dies sei eine Maxime des Grammatikers, der über lebende Sprachen arbeite. »Autrement qui ne s'arrestera qu'aux bizarreries de l'vsage, sans observer cette maxime, ferra qu'vne Langue demeurera toûjours incertaine, & que n'ayant aucuns principes, elle ne pourra jamais se fixer.«[38]

Die Autoren der »Grammaire« verwerfen also nicht die Autorität des »usage«; sie stellen ihn vielmehr als Prinzip der Sprache, des richtigen Sprechens und der grammatischen Beschreibung der Sprache in Frage. Und eben dies – »le premier principe des langues«[39] – war der »usage« für Vaugelas. Eine solche Sprachauffassung aber läßt vom Standpunkt der

---

[36] Vgl. Donzé, R. 1971, 35 ff. Zum Begriff des »bon usage« vgl. auch Weinrich, H. 1960 und Perceval, W. K. 1976. – Der Begriff des »bon usage« als der vorbildlichen Norm ist keineswegs auf das Sprechen beschränkt. Ganz allgemein umfaßt er die Umgangs- und Ausdrucksformen der gesellschaftlichen Elite, handle es sich um den Gebrauch des »richtigen« Ausdrucks beim Sprechen oder um den Gebrauch des Messers beim Essen. Vgl. Elias, N. 1977, 164 ff. »Redewendungen, Worte und Nuancierungen sind gut, *weil* sie, die soziale Elite, sich ihrer bedient, und sie sind schlecht, *weil* die sozial Niedrigerstehenden in dieser Form sprechen.« (Elias, N. 1977, 149 f.)

[37] Vaugelas, C. F. de 1970, préface Abschn. I.

[38] Grammaire, 87. – »Wer sich dagegen nur mit den Bizarrerien des Gebrauchs aufhält und diese Maxime nicht beachtet, der wirkt daran mit (bewirkt), daß eine Sprache immer unbeständig und unbestimmt bleibt und mangels jeglicher Prinzipien niemals bestimmte Form annimmt.«

[39] Vaugelas, C. F. de 1970, préface Abschn. V.

»Grammaire« aus ihren Gegenstand unbegriffen und bleibt selbst begriffslos. Richtiges Sprechen setzt zwar die Kenntnis und Einhaltung der sozialen
Norm voraus: aber wer sich an die Norm des »bon usage« hält, spricht
deshalb noch lange nicht perfekt und richtig. Sprachrichtigkeit gibt es, da
die Sprache methodisch bedingtes Ausdrucksmittel ist; perfekt sprechen
heißt, den Gedanken adäquat zum Ausdruck bringen. »Parler, est expliquer
ses pensées par des signes, que les hommes ont inventez à ce dessein.«
»expliquer« ist nicht einfach mit »exprimer« gleichzusetzen; der Begriff
zielt auf die methodische Bedingtheit des Sprechens. Sicher, Sprechen ist
Ausdruck des Gedankens, aber dieser Ausdruck des Gedankens muß nicht
selbst gedankenlos erfolgen, sondern kann »Explikation« sein. Indem der
Gedanke ausgedrückt wird, wird er in adäquater Weise ausgelegt, in
reflektierter und überprüfbarer Weise faßbar gemacht. Das Thema des
richtigen Sprechens ist daher ein vom Sprechen selbst her gerechtfertigtes
Thema; vom Sprechen handeln heißt letztlich immer, vom richtigen
Sprechen und den Gründen des richtigen Sprechens handeln.

Von dieser Konzeption der Sprache aus ist auch der in der »Grammaire«
immer wieder herangezogene Topos zu verstehen, die Menschen hätten die
Sprachzeichen erfunden, um in ihnen ihre Gedanken darzutun. Der Rekurs
auf diesen Topos ist keineswegs »maladroit«[40]. Vielmehr wird durch diesen
Topos immer wieder ins Bewußtsein gerufen, daß die grammatischen
Formen der Sprache nicht einfach so sind, wie sie sind, und nichts weiter; es
wird daran erinnert, daß in ihnen die Vernunft eine Verwendungsbestimmt-
heit niedergelegt hat und daß die Sprachzeichen, soll Sprechen richtiges
Sprechen sein, entsprechend benutzt werden sollen. Der Topos von der
Erfindung der Sprachzeichen in ihrer spezifischen Verwendungsbestimmt-
heit (d. h. in ihrem Signifikationsmodus) ist keine Theorie des Sprachur-
sprungs, sondern die Rechtfertigung für die Art der grammatischen
Reflexion; er ist Rechtfertigung für die »grammaire *raisonnée*«. Die
»grammaire raisonnée« ist der Versuch, die Vernunftgründe der Sprache zu
rekonstruieren. Nur damit wird die Grammatik zu dem, als was sie
definiert ist: »art de parler«.

In der »Logique« – der Kunst des Denkens – ist davon die Rede, daß
diese Kunst nicht darin bestehe, das Mittel zur Durchführung der
Verstandesoperationen zu finden; dieses Mittel liefere die Natur, indem sie
dem Menschen die Vernunft gebe. Die Kunst des Denkens bestehe darin,
einen guten Gebrauch von der Vernunft zu machen, Irrtümer zu
korrigieren und die Natur des Geistes besser kennenzulernen[41]. Denken ist
dem Menschen von der Natur gegeben; zum perfekten Denken aber bringt
es der Mensch nur mittels der Reflexion über das Denken, durch die Logik.

---

[40] Donzé, R. 1971, 50.
[41] Logique 1965, 24 f.

Dasselbe Motiv klingt, auf die Sprache übertragen, in der »Grammaire« an. Die Kunst des Sprechens besteht nicht darin, die Sprache zu erfinden; die Sprache ist eine Schöpfung der Vernunft und als solche den Menschen gewohnheitsmäßig mitgegeben. Die Kunst des Sprechens besteht darin, guten Gebrauch von der Sprache zu machen. Dies ist nur möglich, wenn man zu ihren Vernunftgründen vordringt; erst aufgrund dieser Leistung spricht man perfekt, d. h. »par science«, und nicht nur »par coustume«. Die Grammatik als die Kunst des Sprechens hat zu den Vernunftgründen der Sprache vorzudringen, um perfektes, richtiges Sprechen zu ermöglichen. Sie ist deshalb *Methodenlehre* des richtigen Sprechens.

3. Ausblick

Mit Aristoteles' »De Interpretatione« und der Grammatik von Port-Royal haben wir zwei historische Ansätze vorgestellt, die für die grammatische Reflexion musterhaft sind. Bei aller Verschiedenheit des Erkenntnisinteresses und des historischen Kontextes stimmen sie in wichtigen Strukturmomenten ihrer Argumentation überein: beide gehen aus von der Signifikativität der Sprache, d. h. sie entwickeln den Begriff des sprachlichen Zeichens, stellen dann die Referenz des Sprachzeichens zum Urteil her und gelangen zu Aussagen über die grammatische Formbestimmtheit der Sprachzeichen. Darüber hinaus ist in Port-Royal ein Bewußtsein dafür vorhanden, daß die Sprache als Ausdrucksmittel des Gedankens methodisch bedingt ist und daß diese methodische Bedingtheit direkten Bezug zur sprachlichen Form aufweist.

Beiden Ansätzen aber gelingt es nicht, die Signifikativität der Sprache mit der Grammatizität der Sprache zufriedenstellend zu vermitteln. Aristoteles stellt dem ›onoma‹ das ›rhema‹ gegenüber, dem Wort schlechthin das auf den Satz hin formierte Wort. Gleichwohl läßt er das ›onoma‹ als Subjektsausdruck gelten. Der Widerspruch in der Bestimmung des ›onoma‹, auf der einen Seite Wort schlechthin, auf der anderen Seite Satzglied zu sein, bleibt ungelöst. – Die »Grammaire« versucht, Nomen und Verb aufgrund ihrer spezifischen, sich gegenseitig ausschließenden Signifikationsmodi zu bestimmen, und gerät dadurch in letzter Konsequenz in die Schwierigkeit, mit Ausnahme des verbum substantivum das Verb nur in widersprüchlicher Weise erfassen zu können.

Diese Ungereimtheiten lassen einen grundlegenden Mangel des Logikkonzepts vermuten. Und sie lassen auch vermuten, worin dieser Mangel gründet: in dem Unvermögen, gegenständliche Erkenntnis, die als solche immer an das geltungsdifferente Gebilde, das Urteil, gebunden ist, mit der

Gegenstandsbezogenheit der Begriffe oder gegenständlichen Bedeutungen oder Ideen zu vermitteln. Für die »Grammaire« ist die grundlegende Form der Erkenntnis die Idee; sie konstituiert sich in der Operation des Vorstellens und ist als solche »véritable«[1]. Worin der Wert der Urteilsform für die Erkenntnis besteht, bleibt unklar. Aristoteles bindet zwar Geltungsdifferenz ausdrücklich an die Form des Urteils; aber auch bei ihm konstituiert sich der Gegenstandsbezug der Begriffe in der ›noesis‹ und damit unabhängig vom Urteil. Weder bei Aristoteles noch in der »Grammaire« ist deshalb die Gegenstandsbezogenheit der Sprachzeichen einer grammatischen Erklärung zugänglich.

Es gilt also im folgenden, den hier nur vermuteten Mangel dieses Logikkonzepts nachzuweisen und, sofern dies gelingt, ein anderes, mit diesem Mangel nicht behaftetes Konzept anzubieten. Dieses ist in der grammatischen Reflexion, in der der Satz als der methodisch bedingte Ausdruck des Urteils begriffen wird, fruchtbar zu machen. Über den Gang dieser Reflexion ist hier nicht zu entscheiden.

---

[1] Logique 1967, 59.

II. Grammatische Form

1. Zeichen und Wahrheit in der modernen Logik: der semantische Wahrheitsbegriff

Bisher sind wir davon ausgegangen, daß die These, der Satz sei als sprachliche Einheit von der Struktur des Urteils her zu begreifen, vor allem gegenüber der sprachwissenschaftlichen Doktrin von der Autonomie der Sprache zu verteidigen sei. Ein Blick auf die moderne, insbesondere moderne »formale« oder »symbolische« Logik aber zeigt, daß diese These auch mit Annahmen kollidiert, die in dieser Disziplin über den Gegenstand der Logik häufig gemacht werden. Hier ist es üblich geworden, die traditionelle Definition der Logik als der Wissenschaft von den Gesetzen des richtigen Denkens zurückzuweisen und mit ihr die Auffassung, die Logik beschäftige sich mit Begriffen und Urteilen (oder – in angelsächsisch inspirierter Terminologie – Propositionen) als gedanklichen, als »geistigen« Gebilden. Als Grund für solche Zurückweisung wird meist der Umstand genannt, daß gedankliche Gebilde »keine wahrnehmbaren Objekte«[1] seien, daß es in hohem Maße unklar sei, was man genau unter einem »Begriff« oder »Urteil« zu verstehen habe, und daß hierfür statt der Logik andere Wissenschaften wie Psychologie oder Metaphysik zuständig seien[2]. Dieser Schwierigkeit begegnet man dadurch, daß man an die Stelle gedanklicher Gebilde sprachliche Gebilde setzt: statt von »Begriffen« redet man von »Termini« oder gar von »Termen«, statt von »Urteilen« (oder »Propositionen«) von »Aussagen«, »Aussagesätzen« oder einfach von »Sätzen«. Es versteht sich von selbst, daß von einem solchen Standpunkt aus jeder Versuch, Urteil und Satz zu unterscheiden und die grammatische Formbestimmtheit des Satzes an die Formbestimmtheit des Urteils anzuschließen, sich als methodischer Fehlgriff darstellt.

Diese Verlagerung des Gegenstandsbereichs der Logik bringt es mit sich, daß das Prädikat »wahr« Sätzen als sprachlichen Gebilden zugeschrieben werden muß. Dies ist nicht weiter problematisch, wenn man gleichzeitig unterstellt, daß ein Satz wahr ist, wenn er ein wahres Urteil bzw. eine wahre Proposition ausdrückt, wenn er m. a. W. wahr ist aufgrund seiner

[1] Sinowjew, A. u. H. Wessel 1975, 521 Anm. 1.
[2] Stegmüller, W. 1972, 16 f.

Bedeutung. Allein, eine solche Unterstellung unterliefe die ursprüngliche Intention, in der Logik ohne gedankliche, nicht-wahrnehmbare Gebilde auskommen zu wollen: sämtliche Unklarheiten, die man hatte ausräumen wollen, kämen durch die Hintertür wieder herein. Wenn die Gegenstände der Logik in Abgrenzung zu Gedankengebilden durch Wahrnehmbarkeit definiert werden, dann ist der Rückgriff auf Gedankengebilde oder Bedeutungen nicht mehr erlaubt. Geltungsdifferenz konstituiert sich dann ursprünglich auf der Ebene der Sprache: im Satz als physischem Gebilde. »Die ganze Entwicklung der symbolischen Logik wie überhaupt der modernen Wissenschaftslogik ist nur möglich gewesen, weil diese Logik eine Logik des Satzes und nicht eine den ›geistigen Inhalt‹ der Sätze zum Objekt nehmende Urteilslogik war. Es ist das Verdienst TARSKIs, durch Einordnung des Wahrheitsproblems in das Problem einer logischen Sprachanalyse in vielen Punkten Klarheit geschaffen – man kann sagen: erstmals eine wirklich korrekte Definition des Begriffs der wahren Aussage aufgestellt – zu haben, während die früheren Untersuchungen in diesen Punkten nicht zu einer Klarheit gelangten.«[3]

Der Hinweis auf Tarski ist wohlbegründet. Seinen Arbeiten »Der Wahrheitsbegriff in den formalisierten Sprachen«[4] und »The Semantic Conception of Truth and the Foundations of Semantics«[5] dürfte es zu verdanken sein, daß im Bereich der modernen Logik die Behauptung, man habe es mit Sätzen und nicht mit Urteilen zu tun, meist nur noch als Topos wiederholt, aber kaum mehr begründet wird[6].

[3] Stegmüller, W. 1972, 17.
[4] Tarski, A. 1935.
[5] Tarski, A. 1944.
[6] Sinowjew/Wessel ist das Problem gerade eine Anmerkung wert. »Unter Termini und Aussagen verstehen wir ausschließlich sprachliche Gebilde. Diese Bemerkung ist deshalb erforderlich, weil verschiedene Autoren der Auffassung sind, die Logik untersuche Begriffe und Aussagen (Urteile), wobei sie unter Begriffen und Aussagen (Urteilen) irgendwelche nichtsprachlichen, geistigen Gebilde verstehen. Eine solche Auffassung ist ein Überbleibsel des Psychologismus in der Logik, der nur zu einer Verunsicherung der Grundlagen der Logik führt, da solche nichtsprachlichen Gebilde keine wahrnehmbaren Objekte und Aussagen über sie nicht intersubjektiv überprüfbar sind.« (Sinowjew, A. u. H. Wessel 1975, 521 Anm. 1) Sowohl die Ablehnung eines jeglichen Psychologismus in der Logik als auch die Forderung nach intersubjektiver Überprüfbarkeit sind methodologische Erwägungen und als solche wohl motiviert. Es ist freilich nicht einzusehen, daß sie zu den von den Verfassern gezogenen Konsequenzen führen. Zum einen nämlich impliziert es keineswegs Psychologismus, wenn man Begriffe und Urteile, also »geistige Gebilde«, als die Gegenstände der Logik bestimmt. Der Vorwurf des Psychologismus wäre erst dann gerechtfertigt, wenn man die logischen Regeln und Gesetze aus der Psychologie des Denkens erklären wollte, wie dies vor allem im 19. Jahrhundert versucht worden war. Diesen Versuch hat schon Husserl in den »Logischen Untersuchungen« erfolgreich zurückgewiesen. Derselbe Vorwurf könnte mit derselben Berechtigung auch gegen die Auffassung von Sinowjew/Wessel erhoben werden, indem man nämlich folgert, daß Aussagen und Termini, da sie immer Produkte eines psychologischen Aktes darstellen, nur

Dabei setzt sich Tarski nicht mit dem Begriff des Urteils bzw. der Proposition auseinander, sondern bescheidet sich mit der gängigen Auskunft, daß dieser Begriff weder klar noch eindeutig sei[7]. Tarski diskutiert diesen Begriff nicht, er macht ihn vielmehr praktisch überflüssig: seine Arbeiten sind konzipiert als demonstratio ad oculos, daß es möglich ist, eine »sachlich zutreffende« (»materially adequate«) und »formal korrekte« (»formally correct«) Definition der Wahrheit zu konstruieren, ohne auf irgendwelche »geistigen Gebilde« zurückgreifen zu müssen. Und genau dies macht Tarskis Wahrheitskonzeption für den modernen Logiker attraktiv. Sie entlastet ihn von der philosophischen, d. h. erkenntnistheoretischen Reflexion des Wahrheitsproblems (bzw. sie bringt das Problem der Erkenntnis für den Logiker zum Verschwinden) und gestattet es ihm gleichwohl, am Begriff der Wahrheit, ohne den es keine Logik geben kann, fraglos festzuhalten[8]. Tarskis Wahrheitskonzeption hat indes ihren Preis,

vom psychologischen Standpunkt aus untersucht werden dürfen. Zum anderen ist es ein Irrtum anzunehmen, die intersubjektive Überprüfbarkeit der Aussagen der Logik sei mit der Wahrnehmbarkeit des »Objekts« Sprache gewährleistet. Wahrnehmbar im strengen Sinne sind die sinnlichen Qualitäten der Sprachzeichen, und schon die Wahrnehmung von Zeichengestalten (Typen) setzt Selektion und Abstraktion voraus (vgl. Bühler, K. 1978, 28). Schlechterdings unmöglich aber ist es, ein »Objekt« qua Wahrnehmungsobjekt als Zeichen oder gar als Terminus oder Aussage zu bestimmen; weder die sinnlichen Qualitäten des Objekts noch die Wahrnehmung seiner Gestalt liefern den geringsten Anhaltspunkt dazu. Für die Symbolsysteme der formalen Logik gilt dies erst recht. Die Zeichengestalten müssen hier ebenso wie die Regeln ihrer Verwendung festgelegt werden; erst dann lassen sich intersubjektiv überprüfbare Operationen mit ihnen durchführen. Die korrekte Wahrnehmung ist hierfür nur eine notwendige, niemals aber hinreichende Bedingung. Die berechtigte Ablehnung des Psychologismus erfolgt bei Sinowjew/Wessel von der Position des Physikalismus, der – ebenso wie der Psychologismus – ein methodologisches Fossil darstellt. Vgl. auch die übernächste Anmerkung.

[7] »... as regards the term ›proposition‹, its meaning is notoriously a subject of lengthy disputations by various philosophers and logicians, and it seems never to have been made quite clear and unambiguous.« (Tarski, A. 1944, 342)

[8] Beispielhaft demonstriert wird dies wiederum von Sinowjew/Wessel. Schon der Titel »Logische Sprachregeln« verweist auf den von ihnen vertretenen Standpunkt. Im Vorwort heißt es dann: »Wir betrachten logische Regeln (. . .) als Regeln zum Operieren mit sprachlichen Gebilden (Konstruktionen, Ausdrücken) bestimmter Art. Die von der traditionellen Logik übernommene und heute noch häufig anzutreffende Definition der Logik als einer Wissenschaft von den Gesetzen des richtigen Denkens ist nur insofern berechtigt, als richtiges Denken dabei als eine Durchführung bestimmter Operationen mit sprachlichen Ausdrücken nach logischen Regeln verstanden wird. In diesem Falle ist die angegebene Definition aber aufgrund ihres Charakters praktisch sinnlos. Faßt man hingegen das Denken als die sich im menschlichen Kopf vollziehenden Prozesse auf, so haben die logischen Regeln zu ihm nur folgende Beziehung: Sie sind Regeln, die ein Mensch beim Operieren mit der Sprache verwenden kann, sie steuern aber in keiner Weise die Prozesse, die sich im menschlichen Kopf vollziehen.« (Sinowjew, A. u. H. Wessel 1975, 15) Diese Bestimmung des Gegenstandsbereichs der Logik ergibt sich aus der Grundannahme, daß Wahrheit bzw. Falschheit sprachlichen Gebilden ursprünglich zukommen. Dabei stellt sich freilich das Problem, wie sich logische Regeln von anderen Sprachregeln, von grammati-

den auch jene Logiker, die implizit oder explizit auf dieser Konzeption aufbauen, bezahlen müssen: er besteht im notwendigen Verzicht auf eine hinreichende Strukturanalyse des geltungsdifferenten Gebildes – sei dies nun Satz oder Urteil – bzw. in der notwendigen Beschränkung dieser Analyse auf einfache und oberflächliche semiotische Relationen. Die Folge ist, daß die Frage »Was ist ein Satz?« nicht mehr sinnvoll gestellt werden kann.

Um dies aufzuzeigen, wenden wir uns nun den relevanten Aspekten von Tarskis Definition zu. Tarskis erklärtes Ziel ist es, »die Intentionen« (oder, in der Arbeit von 1944: »the intuitions«[9]) »zu erfassen, welche in der sog. ›klassischen‹ Auffassung der Wahrheit enthalten sind«, nämlich, daß »wahr« soviel bedeutet wie »mit der Wirklichkeit übereinstimmend«[10]. Diese Intention oder Intuition läßt, so formuliert, an »formale(r) Korrektheit, Klarheit und Eindeutigkeit« viel zu wünschen übrig[11]. Um

schen Regeln nämlich, unterscheiden lassen, denn auch grammatische Regeln operieren auf sprachlichen Ausdrücken. Sind beispielsweise die Regeln, nach denen der Satz »Die Häuser, die hinter der Kirche liegen, sind im Barockstil erbaut.« in den Satz »Die Häuser hinter der Kirche sind im Barockstil erbaut.« umgeformt wird, logische Regeln, weil bei der Umformung offenbar das Kriterium der Äquivalenz eine Rolle spielt? Oder wie kann umgekehrt logisch entschieden werden, daß es sich bei den sprachlichen Gebilden »Holz brennt.« und »Veni.« jeweils um Sätze handelt? Sinowjew/Wessel gehen auf dieses Problem kurz ein: »Termini, Aussagen und die in ihnen enthaltenen logischen Operatoren sind immer Elemente einer speziellen Sprache – etwa der deutschen, französischen, englischen oder der russischen Sprache, bzw. einer Umgangssprache oder der Sprache der Mathematik, der Physik, der Biologie, der Soziologie, der Rechtswissenschaft usw. Die Logik betrachtet jedoch nicht die Besonderheiten dieser Sprachen. Sie untersucht nur solche Eigenschaften von Termini, Aussagen und der in ihnen enthaltenen logischen Operatoren, die unabhängig von der jeweiligen Sprache sind, in der sie verwendet werden. Für die Logik sind alle Sprachen in einem bestimmten Sinne nur Bestandteile einer einzigen (summarischen) Sprache.« (Sinowjew, A. u. H. Wessel 1975, 19) Und: »Die Logik untersucht die allgemeinen Eigenschaften von Aussagen mit einer solchen Struktur, die nicht davon abhängig sind, welche Form die Termini s und P (in dem Ausdruck ∀(s) (s←P); J. Z.) haben und durch welche sprachlichen Mittel die logischen Operatoren ∀ und ← ausgedrückt werden.« (Sinowjew, A. u. H. Wessel 1975, 19) Um von den »Besonderheiten konkreter Sprachen generell abstrahieren« zu können (Sinowjew, A. u. H. Wessel 1975, 21), gleichzeitig sich aber »ausschließlich« auf sprachliche Gebilde beziehen zu können (Sinowjew, A. u. H. Wessel 1975, 521 Anm. 1), benötigen die Autoren das Konstrukt einer »einzigen (summarischen) Sprache« – Konstrukt deshalb, weil es eine solche Sprache nicht gibt, will man den Ausdruck »Sprache« nicht doppelsinnig verwenden. Damit aber dürfte klar geworden sein, wovon die Autoren reden, wenn sie im Zusammenhang mit der Logik den Ausdruck »sprachlich« verwenden: sie reden von den konstruierten Symbolsystemen der (formalen) Logik. Die Rede, diese »Sprache« sei durch »generelle Abstraktion von den konkreten Sprachen« gewonnen, ist solange nichtssagend, solange nicht angegeben wird, wie solche »Abstraktion« zustandekommt. Über diesen Punkt aber schweigen sich die Autoren aus.

[9] Tarski, A. 1944, 342.
[10] Tarski, A. 1935, 265.
[11] Tarski, A. 1935, 268.

Abhilfe zu schaffen, versucht Tarski zunächst, diese Intention für einen konkreten Satz umzusetzen, d. h. er versucht, die Bedingungen zu formulieren, unter denen einem konkreten Satz das Prädikat »wahr« zugesprochen werden kann. Das Resultat seiner Überlegungen demonstriert er an dem nachgerade klassisch gewordenen Beispielsatz, den wir der Einfachheit halber in einer deutschen Übersetzung wiedergeben:

Der Satz »Schnee ist weiß« ist wahr g. d. w. Schnee weiß ist[12].

Tarski möchte diesen Satz so verstanden wissen, daß der auf der linken Seite der Äquivalenz in Anführungszeichen stehende Ausdruck als Name des Satzes »Schnee ist weiß« fungiert (also, in scholastischer Terminologie, in materialer Supposition auftritt), da in Aussagen *über* Gegenstände – in diesem Fall über den Satz »Schnee ist weiß« – gesprochen wird und deshalb die *Namen* dieser Gegenstände und nicht die Gegenstände selbst verwendet werden müssen. Durch Verallgemeinerung gelangt Tarski zu der Formel (T):

(T) X ist wahr g. d. w. p[13].

Jede solche Äquivalenz, in der »p« durch einen Aussagesatz und »X« durch den Namen dieses Satzes ersetzt wird, nennt Tarski »Äquivalenz der Form (T)«[14].

Die Äquivalenz der Form (T) verdankt ihre Plausibilität der einfachen Tatsache, daß die Wahrheitswerte der Aussagen »p« und »›p‹ ist wahr« notwendig identisch sind. In dem Maß, in dem die Form (T) plausibel ist, ist sie auch trivial. Stegmüller trägt diesem Sachverhalt, durchaus in affirmativer Absicht, mit der Feststellung Rechnung, daß das Prädikat »wahr« »an Gehalt jenem Satze, dem es zugesprochen wird, nichts hinzufügt: zu behaupten, daß ein bestimmter Satz wahr sei, bedeutet dem Gehalt nach nicht mehr und nicht weniger, als den betreffenden Satz selbst behaupten«[15]. Genau dies ist die Intention Tarskis: »wahr« ist, so wie es in der Form (T) im Definiendum erscheint, in der Tat das überflüssigste Prädikat, das sich denken läßt. Niemand hat dies besser gesehen als Quine: »Wenn wir von der Wahrheit eines Satzes sprechen, ist das nur ein Umweg; besser sprechen wir einfach den Satz aus und reden so nur über die Welt und nicht über die Sprache. Solange wir nur über die Wahrheit einzelner Sätze

---

[12] »The sentence ›snow is white‹ is true if, and only if, snow is white.« (Tarski, A. 1944, 343)
[13] »X is true if, and only if, p.« (Tarski, A. 1944, 344)
[14] »equivalence of the form (T).« (Tarski, A. 1944, 344) – Zu beachten ist, daß diese Äquivalenz nicht schon die Definition der wahren Aussage darstellt, sondern lediglich das Schema für die Definition der Wahrheit einer jeweils konkreten Aussage. Von einer adäquaten Definition der Wahrheit ist deshalb zu verlangen, daß sie dieser Form genügt, daß sie m. a. W. alle Äquivalenzen der Form (T) impliziert.
[15] Stegmüller, W. 1972, 23.

sprechen, ist die beste Theorie der Wahrheit, wie Wilfrid Sellars sagte, die Theorie des Verschwindens der Wahrheit.«[16]

Tatsächlich kann man Tarskis Definition der Wahrheit als einen Versuch betrachten, das Problem der Wahrheit mit Hilfe einer »Theorie des Verschwindens der Wahrheit« zu lösen. Diese »Theorie des Verschwindens der Wahrheit« hat es ausschließlich mit der »sachlichen Angemessenheit«, nicht mit der »formalen Korrektheit« der Definition zu tun, obwohl sie für letztere die Grundlage bereitstellt. Die Basissätze dieser Theorie haben wir schon erwähnt, ohne freilich ihr Zusammenwirken deutlich sichtbar zu machen. Es sind a) die These, daß es möglich sei, von der Wahrheit von Sätzen ohne Rückgriff auf »geistige Gebilde« zu reden (die These also, daß Wahrheit Sätzen als sprachlichen Gebilden ursprünglich zukomme), und b) die These, daß »wahr« soviel wie »mit der Wirklichkeit übereinstimmend« bedeute – also das, was man häufig als die »korrespondenztheoretische« Auffassung der Wahrheit bezeichnet. Beide Sätze zusammengenommen konstituieren den *semantischen* Wahrheitsbegriff Tarskis. Wahrheit ist bestimmt im Rahmen einer Relation, die zwischen sprachlichen Ausdrükken auf der einen Seite und den Gegenständen auf der anderen Seite – allgemeiner: zwischen der Ebene der sprachlichen Ausdrücke und der Ebene der Gegenstände – besteht.

Es ist aufschlußreich, in Tarskis Argumentationsgang die schrittweise Etablierung dieses semantischen Wahrheitsbegriffs bis hin zu seiner Realisierung in der Form (T) zu verfolgen. Ausgehend von der bekannten aristotelischen Wahrheitsdefinition der »Metaphysik« gibt Tarski die folgende Bestimmung:

> Die Wahrheit eines Satzes besteht in seiner Übereinstimmung mit der Wirklichkeit[17]).

Diese Bestimmung der Wahrheit ist in hohem Maße interpretationsbedürftig, da zumindest die Termini »Übereinstimmung« und »Wirklichkeit« einer näheren Erläuterung bedürfen. Tarski sieht dies und bietet eine Neuformulierung an, in der die fraglichen Termini ersetzt sind:

> Ein Satz ist wahr, wenn er einen bestehenden Sachverhalt bezeichnet[18].

---

[16] Quine, W. v. O. 1973, 19.

[17] (Tarski, A. 1944, 343) »The truth of a sentence consists in its agreement with (or correspondence to) reality.« Tarskis Interpretation der »Intuition« Aristoteles' stützt sich auf die folgende Passage der »Metaphysik«: »Falsch ist es, vom Seienden zu sagen, es sei nicht, und vom Nichtseienden, es sei. Wahr ist es, vom Seienden zu sagen, es sei, und vom Nichtseienden, es sei nicht.« (Metaphysik Γ 7) Zumindest aus dem 1. Kapitel von »De Interpretatione« geht hervor, daß Aristoteles Wahrheit in erster Linie Gedanken und erst dann und darauf basierend sprachlichen Gebilden zukommen läßt, daß also das korrespondenztheoretische Moment bei Aristoteles aus der Relation Dinge–Gedanken und nicht aus der Relation Dinge–Sprache resultiert.

[18] »A sentence is true if it designates an existing state of affairs.« (Tarski, A. 1944, 343)

In diese Neuformulierung gehen zwei Voraussetzungen ein, die Tarski zwar nennt, aber nicht weiter begründet: daß nämlich erstens der Ausdruck »bezeichnet« nicht nur auf Namen, sondern auch auf Sätze angewendet werden kann und daß zweitens das, was Sätze bezeichnen, »Sachverhalte« sind[19]. Ein wahrer Satz stimmt jetzt nicht mehr mit etwas überein, sondern er »bezeichnet« etwas, und dieses »etwas« ist nicht die Realität, sondern ein »bestehender Sachverhalt«. Aus dem Prädikat »mit der Wirklichkeit übereinstimmend« wird das Prädikat »einen bestehenden Sachverhalt bezeichnend«. Damit ist die Relation, in der sich Wahrheit konstituiert, präzisiert als die *Bezeichnungsrelation;* es ist jene semiotische Relation, die zwischen Sprache als sinnlich wahrnehmbarem Zeichen und bezeichnetem Gegenstand besteht. Der semantische Charakter der Wahrheitsdefinition ist unmißverständlich herausgearbeitet; die Form (T) ist die konsequente Anwendung.

Hier wird eine Aporie sichtbar, die dem Unternehmen Tarskis von vornherein anhaftet. Ein *Satz* – so Tarski – bezeichnet einen *Sachverhalt,* ein *wahrer* Satz bezeichnet einen *bestehenden* Sachverhalt. Die Wahrheit eines Satzes hängt damit vom Bestehen (von der Existenz) des von ihm bezeichneten Sachverhalts ab – und nicht von der Tatsache, daß der Satz einen Sachverhalt bezeichnet, wie man Tarskis Formulierung ebenso entnehmen könnte. Die Neuformulierung der Definition hätte korrekter z. B. folgendermaßen lauten müssen:

> Ein Satz ist wahr, wenn der Sachverhalt, den er bezeichnet, besteht.

Wenn aber ein wahrer Satz einen bestehenden Sachverhalt bezeichnet und wenn dieses Bestehen des Sachverhalts die spezifische Differenz des wahren Satzes darstellt, wenn weiter die Menge der Sätze sich vollständig in wahre und falsche Sätze aufteilen läßt (eine Voraussetzung, die wir hier ohne weiteres machen dürfen), dann erhebt sich die Frage, welche Art von Sachverhalt ein falscher Satz bezeichnet. Nach dem Vorausgegangenen kann die Antwort nur lauten:

> Ein Satz ist falsch, wenn der Sachverhalt, den er bezeichnet, nicht besteht.

Was aber soll das sein – ein Sachverhalt, der nicht besteht? Von einem Gegenstand kann man nur dann sagen, er existiere nicht, wenn mit »existieren« ein Seinsmodus (»ist wirklich«) gemeint ist. In Tarskis Konzeption ist ein Sachverhalt notwendig auf der Gegenstandsebene angesiedelt; von ihm zu sagen, er bestehe nicht, ist in Analogie zu den Gegenständen nur dann möglich, sofern wiederum der Seinsmodus gemeint

---

[19] »If (. . .) we should decide to extend the popular usage of the term ›designate‹ by applying it not only to names, but also to sentences, and if we agreed to speak of the designata of sentences as ›states of affairs‹, we could possibly use (. . .) the following phrase (. . .)« (Tarski, A. 1944, 343)

ist. Tarskis Formulierung legt es in der Tat nahe, Bestehen mit Wirklich-Sein gleichzusetzen. Ein Satz wäre dann wahr, wenn er einen wirklichen, d. h. in der Wirklichkeit bestehenden Sachverhalt bezeichnet, und er wäre falsch, wenn er einen nicht wirklichen, d. h. nicht in Wirklichkeit bestehenden Sachverhalt bezeichnet. Dieser Ausweg ist indes wenig überzeugend, da danach Aussagen, in denen die Nicht-Wirklichkeit eines Gegenstands ausgesagt wird (»Teufel gibt es in Wirklichkeit nicht«), von vornherein falsch wären.

Die Wahrheit bzw. Falschheit eines Satzes kann also nicht durch den Seinsmodus des Gegenstands bzw. des Sachverhalts bestimmt sein; entsprechend taugt die Bestimmung des Bestehens oder Nicht-Bestehens, sofern darunter ein Seinsmodus verstanden wird, zur Definition des wahren bzw. falschen Satzes nicht. Gibt man aber »bestehen« (oder gar »existieren«) nicht diesen Sinn, dann blieben nur zwei Möglichkeiten: entweder ist die Rede von einem »bestehenden Sachverhalt« tautologisch, die von einem »nicht bestehenden Sachverhalt« eine contradictio in adiecto, oder man muß sich dazu entschließen, auf der Ebene der Gegenstände zwei Arten von Sachverhalten – »bestehende« und »nicht bestehende« – zu unterscheiden. Das letztere wäre ungefähr so, als wollte man die Gegenstände in Gegenstände und Nicht-Gegenstände einteilen – ein absurdes Unterfangen. Bleibt nur mehr die erste Möglichkeit, das Wort »bestehend« als redundant zu streichen. Das Ergebnis ist indes nicht weniger unbefriedigend, da nun die Definition des wahren Satzes lauten müßte:

> Ein Satz ist wahr, wenn er einen Sachverhalt bezeichnet.

Diese Ungereimtheiten sind die direkte Folge des semantischen Wahrheitsbegriffs, für den die Relation der Bezeichnung fundamental ist. Merkwürdigerweise scheint diese Relation in der Form (T), in der der semantische Wahrheitsbegriff logisch umgesetzt und in eine Definition gebracht ist, keine Rolle mehr zu spielen: das semantische Prädikat »bezeichnet« erscheint nicht mehr. Voraussetzungsgemäß bezeichnet hier der Satz »p«, also X, einen Sachverhalt, und dies allein – d. h., ohne daß von einem »bestehenden Sachverhalt« oder von »bezeichnet« die Rede ist – reicht aus, um die Wahrheit von »p« bzw. X zu definieren. Man kann aber ohne weiteres das semantische Prädikat »bezeichnet« in die Form (T) »zurückbringen«, ohne der Tarskischen Argumentation Gewalt anzutun. Dazu braucht man sich nur klarzumachen, daß eine Äquivalenz die logische Form der notwendigen und hinreichenden Bedingung darstellt. Analog zu (T) läßt sich dann feststellen:

> Der Sachverhalt, der von X bezeichnet wird, ist notwendige und hinreichende Bedingung für die Wahrheit von X.

Setzt man das Beispiel »Schnee ist weiß« ein, dann ergibt sich:

> Der Sachverhalt, der von »Schnee ist weiß« bezeichnet wird, ist notwendige und hinreichende Bedingung für die Wahrheit von »Schnee ist weiß«.

Die zugrundeliegende Äquivalenz aber lautet:

> Der Satz »Schnee ist weiß« ist wahr g. d. w. der Satz »Schnee ist weiß« bezeichnet den Sachverhalt Y.

»Y« ist in dieser Äquivalenz der Platzhalter für den Namen des betreffenden Sachverhalts: das zweistellige Prädikat »bezeichnet« (bzw. die Aussagefunktion »x bezeichnet y«) fordert für beide Leerstellen die Einsetzung von Namen, nicht von Sätzen. Der Name »›Schnee ist weiß‹« kann nur in die erste Leerstelle eingesetzt werden, da er der Name des betreffenden Satzes, nicht der Name des von diesem bezeichneten Sachverhalts ist. Als Name für den betreffenden Sachverhalt bietet sich »Weiß-Sein von Schnee« an, so daß die Äquivalenz jetzt lautet:

> Der Satz »Schnee ist weiß« ist wahr g. d. w. der Satz »Schnee ist weiß« das Weiß-Sein von Schnee bezeichnet.

Verallgemeinert ergibt sich die zu (T) analoge Form (T'):

> (T') X ist wahr g. d. w. X bezeichnet Y.

wobei »X« durch den Namen eines Satzes und »Y« durch einen Namen des von diesem Satz bezeichneten Sachverhalts zu ersetzen wären[20].

Die Äquivalenz der Form (T') entspricht genau jener Definition des wahren Satzes, zu der wir in der Diskussion des »bestehenden Sachverhalts« gelangt sind und in der sich der Ausdruck »bestehend« als redundant erwies: ein Satz ist wahr, wenn er einen Sachverhalt bezeichnet. Die Problematik dieser Definition sowie der Form (T') liegt auf der Hand; man braucht in (T') nur den falschen Satz »Schnee ist flüssig« einzusetzen, und man erhält als unerfreuliches Ergebnis:

> Der Satz »Schnee ist flüssig« ist wahr g. d. w. der Satz »Schnee ist flüssig« das Flüssig-Sein von Schnee bezeichnet.

Das Hinterglied der Äquivalenz (T'), nämlich »X bezeichnet Y«, ist per definitionem tautologisch, da festgesetzt wurde, daß »Y« den von »X« bezeichneten Sachverhalt bezeichnet. Die Einsetzung eines falschen Satzes führt damit immer zur Kontradiktion, da das Vorderglied der Äquivalenz falsch, das Hinterglied aber wahr ist. Es muß festgehalten werden, daß die für »X bezeichnet Y« getroffene Festsetzung keinesfalls weniger legitim ist als die von Tarski für (T) vorgenommene (nämlich, daß »p« ein Aussagesatz und »X« der Name dieses Satzes sein sollen). Formal wurde die Möglichkeit in Anspruch genommen, einem eindeutig identifizierten Gegenstand, i. e.

---

[20] Wir spielen hier Tarskis eigenes Verfahren durch, das auf der Annahme beruht, daß Sätze Namen sind.

dem von »X« bezeichneten Gegenstand, einen Eigennamen »Y« zuzuordnen; inhaltlich wurde die Behauptung, ein Satz bezeichne etwas, zugrunde
gelegt. Wenn aber »X bezeichnet Y« per definitionem immer wahr ist, ganz
gleich, von welchem Satz »X« der Name sein soll, dann ist – soll die
Definition gelten – auch »X ist wahr« immer wahr – und das heißt: Jeder
beliebige Satz ist wahr. Der Bezeichnungsbegriff führt den Begriff des
wahren Satzes ad absurdum.

In Tarskis Äquivalenz der Form (T) wird diese Schwierigkeit scheinbar
umgangen. Sie reproduziert sich freilich in einer anderen, auf die Tarski
selbst aufmerksam gemacht hat. Angenommen, in einem Buch auf S. 347,
Zeile 31, findet sich der folgende Satz und sonst nichts:

> (a) Der Satz, der in diesem Buch auf S. 347, Zeile 31, gedruckt ist, ist nicht wahr.

Kürzt man diesen Satz aus Gründen der Übersichtlichkeit mit »s« ab und
wendet die Form (T) an, um das Prädikat »wahr« für diesen Satz zu
definieren, dann erhält man:

> (b) »s« ist wahr g. d. w. der Satz, der in diesem Buch auf S. 347, Zeile 31, gedruckt ist,
> nicht wahr ist.

Empirisch kann nun die folgende Feststellung getroffen werden:

> (c) »s« ist identisch mit dem Satz, der in diesem Buch auf S. 347, Zeile 31, gedruckt ist.

Nach dem Gesetz der Identität ergibt sich, daß in (a) der Ausdruck »der
Satz, der in diesem Buch auf S. 347, Zeile 31, gedruckt ist« durch »»s««
ersetzt werden kann, so daß sich für die Form (T) in (b) ergibt:

> (d) »s« ist wahr g. d. w. »s« ist nicht wahr.

Als Grund für diese Antinomie nennt Tarski die »semantische Geschlossenheit« der verwendeten Sprache: es wurde zugelassen, daß die Sprache die
Namen der in ihr bildbaren Ausdrücke und das Prädikat »wahr« enthält,
das auf Sätze dieser Sprache angewendet wird, und daß alle Sätze, auf die
»wahr« korrekt angewendet werden kann, in dieser Sprache behauptet
werden können. Um die Antinomie zu beheben, schlägt Tarski vor, zwei
verschiedene Sprachen zu verwenden: eine »Objektsprache«, i. e. die
Sprache, *über* die geredet wird und für deren Sätze die Definition von
»wahr« gesucht wird, und eine »Metasprache«, i. e. die Sprache, *in* der
geredet wird und die Definition von »wahr« konstruiert wird. Aus diesem
logischen »Zwei-Sprachen«-Modell ergibt sich die Schwierigkeit, daß
einerseits jede Äquivalenz der Form (T) einen Satz der Metasprache
darstellen muß, andererseits aber das Symbol »p« für einen Satz der
Objektsprache steht. Tarski begegnet dieser Schwierigkeit mit der Festsetzung, daß die Metasprache die Objektsprache als Teil enthalten muß und
darüber hinaus Ausdrücke zur Verfügung hat, die auf Ausdrücke der
Objektsprache Bezug nehmen: das sind zum einen Namen, vor allem
Namen für objektsprachliche Sätze, zum anderen »semantische« Prädikate

wie »wahr«, »bezeichnet« oder »erfüllt«. Diesen über die Objektsprache hinausgehenden Teil der Metasprache kann man den »semantischen Teil« der Metasprache nennen[21].

Die so konstruierte Metasprache erlaubt es, alle in der Objektsprache formulierbaren Ausdrücke zu formulieren und damit auch alle in der Objektsprache bezeichenbaren Gegenstände zu bezeichnen, alle Ausdrücke der Objektsprache zu bezeichnen und schließlich das Verhältnis zwischen objektsprachlichen Ausdrücken und den Gegenständen bzw. Sachverhalten, auf die die Ausdrücke Bezug nehmen, mit Hilfe der »semantischen« Prädikate zu spezifizieren. Damit sichergestellt ist, daß die Metasprache dem Postulat des Verzichts auf »semantische Geschlossenheit« genügt, also gegenüber Antinomien nicht anfällig ist, muß die Anwendung dieser Prädikate auf ausschließlich objektsprachliche Ausdrücke beschränkt sein. Die metasprachlichen »semantischen« Prädikate »wahr«, »bezeichnet« usw. sind dann zu präzisieren als »wahr in O«, »bezeichnet in O«[22], was ohne weiteres möglich ist, da »O« als Name der Objektsprache in der Metasprache per definitionem bildbar ist. Die Äquivalenz der Form (T) lautet dann exakt:

(T) X ist wahr in O g. d. w. p.

Das Symbol »p« steht hier für einen beliebigen Satz der Objektsprache, allerdings in dessen metasprachlicher Formulierung, was durch die getroffene Festsetzung, daß die Metasprache die Objektsprache als einen Teil enthalten muß, möglich wird[23].

Die Bezeichnungen »Objektsprache« und »Metasprache« drücken das korrelative Verhältnis der beiden Sprachen zueinander aus; sie gelten nicht in einem absoluten Sinn. Jede Metasprache kann ihrerseits zum Gegenstand semantischer Beschreibung werden. In diesem Fall rückt sie in die Rolle der Objektsprache, während die neue Beschreibungssprache die Metasprache darstellt – eine Metasprache höherer Ordnung allerdings als die ursprüngliche Metasprache. Auf diese Weise erhält man »a whole hierarchy of languages«[24]. Eine jede solche Hierarchie ist durch zwei Strukturmomente charakterisiert: zum einen durch das sukzessiv aufsteigende korrelative Verhältnis von beschriebener und beschreibender Sprache, zum anderen durch das Postulat des Verzichts auf »semantische Geschlossenheit«. Dieses Postulat gilt durchgängig, nicht nur »nach oben«, sondern auch »nach unten«. Für den Fall nämlich, daß in der Objektsprache bereits semantische Termini – Namen für sprachliche Ausdrücke und »semantische« Prädikate – vorhanden sind, wird gefordert, daß diese Termini nur auf sprachliche

---

[21] Vgl. Stegmüller, W. 1972, 46.
[22] Vgl. Stegmüller, W. 1972, 42.
[23] Vgl. Tarski, A. 1944, 350.
[24] Tarski, A. 1944, 350.

Ausdrücke einer anderen Sprache Bezug nehmen dürfen, die von niederer Ordnung als die Objektsprache selbst ist. Würde man nämlich auf irgendeiner Stufe der Hierarchie eine Sprache zulassen, die »semantisch geschlossen« ist, dann hätte dies aufgrund der Festsetzung des Enthaltenseins der Objektsprache in der Metasprache die unangenehme Folge, daß von dieser Stufe an das Postulat des Verzichts auf »semantische Geschlossenheit« verletzt wäre. Die Scheidung von Objekt- und Metasprache verlöre so ihren Sinn. Gerade dieser Punkt wird häufig nicht beachtet, wenn von Objektsprache und Metasprache die Rede ist. Es zeigt sich, daß das Fundament einer jeden solchen Hierarchie eine Sprache nullter Ordnung sein muß, eine Objektsprache also, die keinerlei semantische Termini enthält und damit a fortiori dem Postulat des Verzichts auf »semantische Geschlossenheit« genügt.

Faßt man die Möglichkeit einer solchen Sprache ins Auge, dann muß diese zwei Bedingungen genügen. Zum einen muß die Beziehung, die zwischen den Gegenständen auf der einen Seite und den Namen und Prädikaten auf der anderen Seite besteht, umkehrbar eindeutig sein. Dies bedeutet, daß der Gegenstandsbereich dieser Sprache in irgendeiner Weise vorab bestimmt ist bzw. daß er – und das läuft auf dasselbe hinaus – durch die gegenstandsbezogenen Ausdrücke festgelegt ist. Die zweite Bedingung besteht darin, daß sowohl die syntaktischen Kategorien (z. B. »Satz in O«) als auch die erlaubten syntaktischen Operationen vorab definitorisch festgelegt werden. Man sieht sofort, daß diese beiden Bedingungen nur von den sog. künstlichen Sprachen erfüllt werden – jenen konventionellen formalisierten Zeichensystemen, deren sich die Wissenschaften bedienen, um die theoretischen Erkenntnisse über ein genau bestimmtes Wissensgebiet exakt zu formulieren. Tatsächlich trägt Tarskis erste Arbeit den Titel »Der Wahrheitsbegriff in den formalisierten Sprachen«, was keineswegs erkenntnistheoretische Bescheidenheit bedeutet, sondern die These impliziert, daß nur in bezug auf die formalisierten Wissenschaftssprachen der Begriff der Wahrheit hinreichend exakt bestimmt werden kann[25]. In der Behandlung solcher »Sprachen« kann man mit einem gewissen Recht von »geistigen Gebilden« absehen, da diese Sprachen so konstruiert sind, daß in ihnen die erkenntnistheoretischen Probleme ausgeklammert bleiben. Wenn der Gegenstandsbezug der einzelnen Termini von vornherein festgelegt ist, dann dispensiert man sich bewußt von der Frage nach der Rechtfertigung

---

[25] »The languages (. . .) which are used in scientific discourse do not have to be semantically closed. This is obvious in case linguistic phenomena and, in particular, semantic notions do not enter in any way into the subject-matter of a science; for in such a case the language of this science does not have to be provided with any semantic terms at all.« Wegen der Gefahr semantischer Antinomien glaubt sich Tarski berechtigt »not to use any language which is semantically closed (. . .)«. (Tarski, A. 1944, 349)

dieser Festlegung; wenn durch eine formale (z. B. rekursive) Definition festgelegt ist, welcher sprachliche Ausdruck in O einen Satz in O darstellt, dann sieht man bewußt von der Frage ab, welche Eigenschaften ein sprachliches Gebilde zum Satz machen. Sowohl die Rechtfertigung des Gegenstandsbezugs der sprachlichen Ausdrücke als auch die Frage nach dem logischen Status bestimmter Ausdrücke werden bei der Konstruktion künstlicher »Sprachen« *methodisch begründet* ausgeklammert. Dies bedeutet nicht, daß sich die Probleme nicht stellen würden; man tut aber bewußt so, als hätten sie für die konstruierte Sprache jede Bedeutung verloren.

Der systematische Ort der Festsetzung und Rechtfertigung einer so konstruierten Objektsprache ist eine Metasprache (wenigstens in letzter Instanz), in der Methode und Methodologie, die die Konstruktion der Objektsprache leiten und begründen, ihren Ausdruck finden. In der »Hierarchie der Sprachen« auf dem Fundament einer Objektsprache nullter Ordnung, wie sie Tarski vorschwebt, ist dem nicht Rechnung zu tragen. Tarskis Metasprachen sind, gleich welcher Ordnung, nach dem Muster der Objektsprache nullter Ordnung konstruiert: sie sind »semantisch nicht geschlossen« und unterscheiden sich von Sprachen niederer Ordnung nur durch einen erweiterten Gegenstandsbereich, in dem die Ausdrücke der Sprache der nächstniederen Ordnung und deren Relation zu den Gegenständen dieser Sprache als neue Gegenstände hinzukommen. Dies hat zwei Konsequenzen. Die eine ist, wie bereits erwähnt, daß die »semantischen Prädikate« jeweils so spezifiziert werden müssen, daß sie nur auf *eine* Sprache der Hierarchie anwendbar sind: »wahr in O«, »bezeichnet in M_1« usw. Zu Recht wird man sich indes fragen, wie es möglich sein soll, von »wahr in O« zu reden, ohne zu wissen, was unter »wahr« zu verstehen ist. Diese Schwierigkeit wird unüberwindlich, wenn man die zweite Konsequenz ins Auge faßt. Die Art der Konstruktion einer jeden solchen »Hierarchie der Sprachen« auf dem Fundament einer Objektsprache nullter Ordnung führt dazu, daß sämtliche nicht-semantischen Termini wenigstens tendenziell in dieser Objektsprache nullter Ordnung vorkommen und daß es gleichwohl selbst durch die Konstruktion einer ganzen Hierarchie von Metasprachen nicht möglich ist, den Bezug der nicht-semantischen Termini zu den bezeichneten Gegenständen festzulegen. Man kann sich dies vergegenwärtigen, indem man analog zu (T) eine Aussage der folgenden Art bildet:

»Haus« bezeichnet in O_n Haus.

Diese Aussage, die in der Metasprache zu O_n formuliert ist, ist nur dann verständlich, wenn man weiß, worauf sich der metasprachliche Ausdruck »Haus« (nicht »›Haus‹«) bezieht; dies darzutun, erforderte eine metametasprachliche Aussage usw. Man stiege auf von einer Metasprache zur nächsten, ohne an ein Ende zu kommen, ohne jemals angeben zu können,

was unter »Haus« in auch nur einer Sprache der Hierarchie verstanden
werden soll. Die methodisch vom Postulat des Verzichts auf semantische
Geschlossenheit geforderte Eindeutigkeit der Objektsprache würde faktisch durch eben dieses Postulat unmöglich gemacht. Dies wirft ein neues
Licht auf die zugelassenen semantischen Prädikate »wahr in O_n« usw., die
ihre spezifische Form ebenfalls der Geltung dieses Postulats verdanken.
»wahr in O« oder »bezeichnet in M_1« unterscheiden sich in nichts von
anderen gegenstandsbezogenen Termini: sie beziehen sich auf eine als
umkehrbar eindeutig unterstellte Relation zwischen Gegenständen und
objektsprachlichen Ausdrücken, eine Relation also, die vorgängig zwischen
eindeutig identifizierten Gegenständen und anderen ebenfalls eindeutig
identifizierten Gegenständen, nämlich sprachlichen Ausdrücken, besteht.
In dem Moment, in dem die Eindeutigkeit der objektsprachlichen Termini
wegen des durchgängigen Verzichts auf semantische Geschlossenheit nicht
mehr gegeben ist, ist auch nicht mehr auszumachen, was genau mit den
spezifizierten semantischen Prädikaten bezeichnet ist.

Zusammengefaßt: Das Postulat des Verzichts auf semantische Geschlossenheit führt zur Etablierung einer Hierarchie von Sprachen auf dem
Fundament einer »semantikfreien« Objektsprache; eine solche ist nur dann
möglich, wenn zwischen Gegenständen und sprachlichen Ausdrücken eine
umkehrbar eindeutige Relation besteht; gerade diese Relation ist eben
wegen der durchgängigen Gültigkeit jenes Postulats nicht durch Festsetzung etablierbar; dadurch aber verlieren sämtliche semantischen Prädikate
ihren geforderten eindeutigen Bezug. Tarskis Sprachenhierarchie mutet an
wie ein exakt gefügter riesiger Aufbau, dem das Fundament fehlt.

An der Form (T) sind diese aus dem semantischen Wahrheitsbegriff
resultierenden Schwierigkeiten nicht ohne weiteres ablesbar; sie werden
offensichtlich, wenn man, wie wir dies getan haben, diesen Begriff mit Hilfe
des Prädikats »bezeichnet« in (T) hineinträgt. Allerdings verwendet Tarski
im Fortgang seiner Argumentation, deren Ziel es ja ist, den Begriff der
Wahrheit mit Hilfe eines semantischen Terminus zu definieren, nicht den
Begriff der Bezeichnung, sondern den der Erfüllung. Erfüllung ist eine
Relation zwischen Gegenständen und Satzfunktionen: ein Gegenstand
erfüllt eine Satzfunktion genau dann, wenn der Satz, der bei Einsetzung des
Namens des Gegenstands in die Satzfunktion entsteht, wahr ist[26]. So

---

[26] Hier wird der Begriff der Erfüllung durch den des wahren Satzes bestimmt. In der
Durchführung der Definition geht Tarski genau umgekehrt vor und definiert den Begriff
des wahren Satzes mit Hilfe des Erfüllungsbegriffs, den er seinerseits durch rekursive
Definition einführt. Diese Umkehrung ist nur dann möglich, wenn vorher angegeben wird,
»which objects satisfy the simplest sentential functions« (Tarski, A. 1944, 353), wenn
m. a. W. der Gegenstandsbereich vorab festgelegt wird. Eine solche Festsetzung wird in der
Regel notwendig mit Hilfe eines Begriffs bzw. Appellativums getroffen, indem z. B. (für die
Aussagenlogik) gesagt wird, der zu untersuchende Gegenstandsbereich seien *Aussagen*. Zu

erfüllen beispielsweise Goethe die Satzfunktion »x ist ein Dichter« und Tarski die Satzfunktion »x ist Logiker«.

Daraus wird ersichtlich, daß die Erfüllungsrelation die Umkehrung der Bezeichnungsrelation darstellt. Charakterisiert das zweistellige Prädikat »bezeichnet« eine nichtsymmetrische Relation, die zwischen sprachlichen Ausdrücken und Gegenständen besteht, so charakterisiert umgekehrt das zweistellige Prädikat »erfüllt« eine nichtsymmetrische Relation zwischen Gegenständen und sprachlichen Ausdrücken. Auf diese Beziehung der beiden Prädikate zueinander macht Tarski ausdrücklich aufmerksam: »Zu sagen, dass der Name x einen gegebenen Gegenstand a bezeichnet, ist dasselbe, wie festzustellen, daß der Gegenstand a (. . .) eine Aussagefunktion[27] von einem bestimmten Typus erfüllt; in der Umgangssprache handelt es sich hier um Aussagefunktionen, die aus drei Teilen in dieser Reihenfolge bestehen: aus einer Variablen, aus dem Wort ›ist‹ und aus dem gegebenen x.«[28] Aus dem Zitat geht auch hervor, daß die Erfüllungsrelation nur dann die Umkehrung der Bezeichnungsrelation darstellt, wenn das Bezeichnete *ein* Gegenstand (ein Individuum im logischen Sinne) ist und das Bezeichnende ein Klassenname bzw. Appellativum ist, wenn also ein Gegenstand qua Klassenname/Appellativum bezeichnet wird. Zu sagen, ein Gegenstand erfülle eine bestimmte Satzfunktion, bedeutet daher zunächst nichts anderes als die Einführung eines Klassennamens/Appellativums.

Mit dieser Bestimmung ist die Rolle, die der Erfüllungsbegriff im Rahmen von Tarskis Argumentation spielt, noch nicht voll charakterisiert. Zu beachten ist nämlich, daß die Glieder, zwischen denen diese Relationen jeweils statthaben, nicht dieselben sind. Zwar ist der Gegenstand als das eine Glied in beiden Relationen identisch; jedoch sind die sprachlichen Ausdrücke als das andere Glied unterschiedlicher Natur: in der Bezeichnungsrelation ist es ein Name, in der Erfüllungsrelation eine Satzfunktion. Über die Satzfunktion bringt Tarski den Satz in die Zeichenrelation ein, ohne vom Satz selber etwas aussagen zu müssen – etwa, daß er einen Sachverhalt bezeichnet, was, wie wir sahen, im Rahmen des theoretischen

---

beachten ist dabei, daß sowohl diese Festsetzung des Gegenstandsbereichs als auch die Feststellung einer Erfüllungsrelation gleichermaßen metasprachlicher Natur sind. Die Folge ist, daß in der Objektsprache, in der über die Gegenstände geredet wird, der bestimmte Begriff dieser Gegenstände selbst nicht gebildet werden kann. Um es pointiert auszudrücken: die Objektsprache weiß nicht, worüber sie redet. Was aber für die Objektsprache gilt, gilt, wie wir gesehen haben, wegen des Postulats des Verzichts auf semantische Geschlossenheit auch für die Metasprache – und so ad infinitum. In letzter Konsequenz läuft das Tarskische logische »Zwei-Sprachen-Modell« darauf hinaus, daß völlig unbestimmt bleiben muß, was der so häufig gebrauchte Terminus »Gegenstand« bezeichnet.

[27] In Tarski, A. 1935 redet Tarski von »Aussagefunktionen«, nicht von »Satzfunktionen«.
[28] Tarski, A. 1935, 53 Anm. 42.

Entwurfs Tarskis zu Ungereimtheiten und Widersprüchen führt. Durch die
Einführung der Erfüllungsrelation scheint die Frage aufgehoben, worin die
spezifische Funktion des Satzes besteht, welches sein logischer Status oder,
wie wir auch sagen werden, welches sein struktureller Sinn ist.

Immerhin läßt sich an der Satzfunktion die syntaktische Grundform des
Satzes ablesen. Berücksichtigt man, daß die freie Variable in der
Satzfunktion Individuenvariable und damit Platzhalter eines Individuennamens ist, so besteht die syntaktische Grundform eines Satzes in der
Verknüpfung eines Individuennamens mit einem Klassennamen[29]. Damit ist
freilich wenig über den Struktursinn des Satzes ausgesagt. Denn es ist nicht
einzusehen, weshalb zwei Namen, durch bloße Verknüpfung nebeneinan-
dergestellt, ein anderer logischer Status zukommen sollte als einem Namen
allein. Die Angabe einer Formregel $S \rightarrow N_i + \text{ist} + N_k$, mit deren Hilfe die
Sätze mit syntaktischer Grundform konstruiert werden können, ist nicht
schon die Explikation des strukturellen Satzsinns selbst. Dieser ergibt sich
erst aus der Spezifik dieser Verknüpfung und also aus der Klärung der
Frage, wie diese Verknüpfung notwendig beschaffen sein muß, damit ihrem
Resultat, dem Satz, der Status der Wahrheitsdifferenz zukommt.

Ist der Erfüllungsbegriff in irgendeiner Weise in der Lage, die in Frage
stehende Verknüpfung zu spezifizieren? Die Antwort scheint positiv zu
sein, da der Erfüllungsbegriff unter Einschluß der Satzform die Bedingungen enthält, unter denen ein Satz wahr ist. Bedenkt man, daß die
Erfüllungsrelation in gewisser Hinsicht die Umkehrung der Bezeichnungsrelation darstellt (»Dichter« bezeichnet Goethe) und daß im Satz außerdem
der Individuenname Bezeichnungsfunktion ausübt, dann kann man sagen,
ein Satz sei wahr, wenn die in ihm enthaltenen Namen dasselbe Individuum
bezeichnen oder, was auf dasselbe hinausläuft, wenn das vom Individuennamen Bezeichnete in dem vom Klassennamen Bezeichneten enthalten ist[30].

---

[29] Dem scheinen die »Sätze« der formalen Logik entgegenzustehen, in denen die freien
Variablen in der Regel nicht durch Individuennamen ersetzt, sondern durch Quantoren
»gebunden« werden. Ein prinzipieller Unterschied besteht aber nicht. Zu beachten ist
nämlich, daß die Überführung einer Satzfunktion in einen Satz mit Hilfe von Quantoren
den Begriff des einzelnen Gegenstandes ebenso voraussetzt wie die Einsetzung von
Individuennamen.

[30] Strenggenommen müßte man, da hier eine auf die Klassenlogik verengte Interpretation des
Satzsinnes vorliegt, zwischen Elementbeziehung und Inklusionsbeziehung unterscheiden.
Inklusionsbeziehung läge dann erst bei Sätzen ohne Individuennamen vor (»Lyriker sind
Dichter«). Die in dieser Unterscheidung angedeutete Problematik von Besonderem und
Allgemeinem wird indes von Tarski gerade mit Hilfe des Bezeichnungsbegriffs überspielt.
Auch für unsere Argumentation ist diese Unterscheidung nicht notwendig, da sich die
Argumente, die im Text gegen eine Deutung des strukturellen Satzsinnes als Inklusionsver-
hältnis vorgebracht werden, in gleicher Weise gegen eine Deutung des strukturellen
Satzsinnes als Element-Klasse-Verhältnis richten lassen. Die klassenlogische Ausdeutung
des strukturellen Satzsinnes gehört in die Tradition nominalistisch-empiristischer Erkennt-

Doch das kann nicht darüber hinwegtäuschen, daß dieses Inklusionsverhältnis kein Spezifikum der *Satzverknüpfung* ist und sein kann. Als Verhältnis der bezeichneten Gegenstände zueinander besteht es nämlich unabhängig von der Verknüpfung; es wird nicht erst durch diese hergestellt. Dies zeigt sich schon daran, daß es zur Konstatierung dieses Verhältnisses eines weiteren Satzes bedarf, in dem das Prädikat »ist enthalten in« vorkommt.

Man könnte einwenden, daß, obgleich das Inklusionsverhältnis von der Satzverknüpfung unabhängig ist, dieses Verhältnis durch die Satzverknüpfung wiedergegeben oder, wenn nicht wiedergegeben, so doch supponiert wird und daß eben dies den strukturellen Sinn des Satzes ausmacht. Dieser Einwand wird schon dadurch hinfällig, daß es in Tarskis Theorierahmen keinen »Ort« gibt, in dem diese Supposition ihren Platz haben könnte. Auf der Gegenstandsebene kann ex definitione nichts supponiert werden. Aber auch auf der Sprachebene ist dies nicht möglich, müßte doch sonst jeder falsche Satz ein Inklusionsverhältnis bezeichnen und gleichzeitig nicht bezeichnen. Es handelt sich um dieselbe Schwierigkeit, auf die wir bei der Diskussion um den Begriff des bestehenden Sachverhalts gestoßen sind. – Eine andere Überlegung aber ist weitaus gewichtiger. Begreift man den strukturellen Sinn des Satzes als Inklusionsverhältnis, dann bedeutet dies, daß der strukturelle Sinn zugleich gegenständlicher Sinn ist: ein Verhältnis zwischen Gegenständen gehört selbstverständlich ebenfalls auf die Gegenstandsseite und kann so unmöglich das Moment sein, das dem Satz den Status der Wahrheitsdifferenz verleiht. Hier wird die volle Widersprüchlichkeit all der Positionen deutlich, die den Wahrheitsbegriff in semiotischen Termini zu explizieren versuchen: jeder konkrete Satz wäre so *unabhängig von seinem Inhalt* bzw. unabhängig von dem, was er bezeichnet, durch die Tatsache der bloßen Verknüpfung zweier Namen selbst wiederum ein Name, nämlich der Klassenname des Inklusionsverhältnisses.

Der Erfüllungsbegriff hat nur dann »weiter nichts Problematisches«[31], wenn man erkennt, daß er zur Explikation der logischen Spezifik des Satzes nichts beiträgt und daß er damit auch nicht zur Bestimmung des wahren Satzes taugt. Die Funktion, die Tarski dem Erfüllungsbegriff zumißt, ist indes höchst problematisch. Hier hat der Erfüllungsbegriff die Aufgabe, den Unterschied zwischen dem semiotischen Begriff der Bezeichnung

---

nistheorien. Voll ausgebildet liegt sie schon bei Hobbes vor. Ein Satz ist nach Hobbes »eine sprachliche Äußerung, welche aus zwei durch eine Kopula verbundenen Namen besteht und durch welche der Sprechende ausdrücken will, daß er den zweiten Namen als Namen für dasselbe Ding versteht, das auch der erste bezeichnet; oder (was dasselbe ist) daß der erste Name in dem zweiten enthalten ist.« (De corpore I, Kap. 3, 2; Hobbes, Th. 1967, 27 f.)

[31] Stegmüller, W. 1972, 58.

(»Goethe« bezeichnet Goethe) und dem logischen Begriff des Zutreffens (»Dichter« trifft auf Goethe zu) zugunsten des semiotischen Begriffs aufzuheben. Damit aber werden jeder Rückgang auf das Problem der Erkenntnis abgeschnitten und die Strukturanalyse des geltungsdifferenten Gebildes selbst paralysiert.

Wir sind damit in unserer Argumentation an einem entscheidenden Punkt angelangt. Waren wir anfangs bemüht zu zeigen, daß der (sprachliche) Satz nicht das ursprüngliche wahrheitsdifferente Gebilde sein kann, so zeichnet sich jetzt immer deutlicher ab, daß die entscheidende Schwäche in Tarskis Wahrheitskonzeption gar nicht sein »Nominalismus« ist, sondern in etwas ganz anderem besteht. Die Schwäche des Tarskischen Wahrheitsbegriffs ist die Schwäche eines Wahrheitsbegriffs, der seit Aristoteles eine ungebrochene Tradition hat und dessen nominalistische Formulierung als *semantischer* Wahrheitsbegriff in der Tat keine Schwierigkeiten bereitet. In der Form (T) findet dieser Wahrheitsbegriff seinen exemplarischen Ausdruck. Geht man davon aus, daß Erkenntnis immer wahre Erkenntnis und als solche wahre Erkenntnis vom Gegenstand ist, so besagt die Form (T), daß Erkenntnis des Gegenstandes genau dann vorliegt, wenn der Gegenstand erkannt ist. Dies ist so wahr wie trivial. Die Form (T) setzt den Gegenstand immer schon als erkannten Gegenstand voraus. Sie ist die konsequente Durchführung eines Wahrheitsbegriffs, der zwar durchaus zutreffend annimmt, daß die Erkenntnis des Gegenstands dem Gegenstand entsprechen muß, der aber die erkennende Bezugnahme auf diesen Gegenstand als eine dem Urteil (Satz) logisch vorgängige Operation – als Vorstellung – konzipiert. Dabei ist es ganz unerheblich, wie diese Bezugnahme letztlich erklärt wird: psychologisch als Zeichengebrauch, wie dies in der nominalistisch-empiristischen Tradition geschieht, oder metaphysisch als Repräsentation durch (angeborene) Ideen, wie dies in rationalistischer Tradition üblich war. Hier wie dort ist die logische Vorgängigkeit dieses Bezugs die entscheidende Schwachstelle.

In der Untersuchung von Aristoteles' »De Interpretatione« und der Grammatik von Port-Royal gelangten wir zu der Vermutung, daß die dort unterstellte logische Vorgängigkeit des Gegenstandsbezugs einen grundsätzlichen Mangel des Logikkonzepts darstellt. Diese Vermutung findet in der Kritik des semantischen Wahrheitsbegriffs ihre Bestätigung. Die Vorgängigkeit des Gegenstandsbezugs läßt keine andere Wahl, als das wahrheitsdifferente Gebilde als bloße Verknüpfung zweier Entitäten gegenständlichen Sinns (Begriff bzw. Idee, Namen) aufzufassen. Dies führt auf der einen Seite dazu, daß nicht erklärt werden kann, was diese Verknüpfung im Hinblick auf die Erkenntnis an spezifischer Leistung erbringt, inwiefern sie prinzipiell über das in der Vorstellung Geleistete hinausgeht; auf der anderen Seite taucht das Dilemma auf, daß der strukturelle Sinn des Urteils (Satzes) selbst wieder gegenständlicher Sinn wäre. Der überkommene Wahrheitsbegriff vermag die altbekannte Tatsache nicht zu erklären, warum nur das Urteil (der Satz) unter die Alternative wahr/falsch fällt, obwohl ganz unzweifelhaft ist, daß sowohl das Urteil als auch der Begriff (Satz als auch die richtige Verwendung des Namens) Resultat des Erkenntnisaktes sind. Er vermag es m. a. W. nicht, die Form der Erkenntnis mit dem Begriff der Erkenntnis, die Gegenstandserkenntnis ist, zu vermitteln. Ausgeführt werden kann er in der Tat nur als eine »Theorie des Verschwindens der Wahrheit«, die den erkannten Gegenstand bereits voraussetzt und gerade deshalb erkenntnistheoretisch ohne jede Relevanz ist.

Aus dieser Sackgasse findet man nur heraus, wenn man in Ansatz bringt, daß sich Erkenntnis nicht zusätzlich zum Gegenstandsbezug konstituiert, daß die erkennende Bezugnahme auf den Gegenstand der Erkenntnis nicht logisch vor dem und unabhängig vom ursprünglich wahrheitsdifferenten Gebilde möglich ist. Dies aber bedeutet, daß der strukturelle Sinn des wahrheitsdifferenten Gebildes, der nicht selbst gegenständlicher Sinn sein kann und doch den Gegenstand zum Ziel haben muß, nur darin bestehen kann, gegenständlichen Sinn zu ermöglichen. Gegenständlicher Sinn konstituiert sich im Modus der Wahrheit, d. h. er ist nur möglich unter der Voraussetzung seiner Geltung. Wäre dem nicht so, so gäbe es keinen Irrtum (und der Begriff der menschlichen Erkenntnis könnte somit nicht gedacht werden): Irrtum setzt Wahrheit, also Geltung, notwendig voraus, nicht umgekehrt. Das wahrheitsdifferente Gebilde ermöglicht die erkennende Bezugnahme zum Gegenstand, ohne diesen schon als erkannt voraussetzen zu müssen, und es ermöglicht sie, weil es Struktur der Geltung des gegenständlichen Sinns ist. Es ermöglicht gegenständlichen Sinn qua Struktur.

Damit aber wird vollends klar, daß der sprachliche Satz nicht das ursprünglich geltungsdifferente Gebilde sein kann. In einem Satz (Aussagesatz) wird etwas behauptet, artikuliert sich ein gegenständlicher Sinn als geltend. Von einem solchen Satz könnte explizit gesagt werden, er sei wahr, wenn sein Gehalt seinen Modus einlöst. Zu den notwendigen Bedingungen, die ein sprachlicher Ausdruck erfüllen muß, um wahr sein zu können, gehört fundamentalerweise, daß er im Modus der Geltung auftritt. Erst diese Bedingung erlaubt Konstruktionen der Form (T) und verleiht ihnen ihre Plausibilität. Diese Bedingung kann in der Wahrheitsreflexion nicht übergangen oder durch ein semantisches Prädikat im Tarskischen Verstand ersetzt werden, da ein solches den Gegenstand als erkannten Gegenstand voraussetzt. Daraus folgt, daß die Bestimmung, geltungsdifferent zu sein, dem sprachlichen Ausdruck niemals dank Gegenstandsbezug qua Signifikativität zukommen kann, sondern nur dank jenem »geistigen« Gebilde, in dem sich Geltungsdifferenz ursprünglich konstituiert. Dieses Gebilde ist das Urteil. Sein Ausdruck ist die sprachliche Einheit des Satzes.

2. Ein geltungstheoretisches Urteilskonzept

Aufgrund dieser Sachlage ist in einer Theorie, die den Satz als den Ausdruck des Urteils begreift, also zunächst nach der Struktur des Urteils zu fragen. Es ist ein Urteilskonzept zu entwickeln, in dem das Urteil als das ursprünglich wahrheitsdifferente Gebilde erfaßt ist, das gegenständlichen Sinn qua Struktur ermöglicht. Insofern ist die zu entwickelnde Konzeption eine geltungstheoretische Urteilskonzeption. Dies kommt so: Die Wahrheit einer Erkenntnis, so sagten wir oben, besteht darin, daß die Erkenntnis dem Gegenstand entspricht. Entspricht ein Urteil dem Gegenstand, über den geurteilt wird, dann gibt es Erkenntnis vom Gegenstand. Das Urteil ist wahr. Es gilt. Aber nicht jedes Urteil ist eo ipso wahr; es gibt auch falsche Urteile. Das Urteil entspricht dann dem Gegenstand nicht, es gibt keine Erkenntnis. Es ist aber deshalb nicht sinnlos. In ihm wird der Gegenstand gedacht, aber nicht gegenstandsentsprechend; es ist falsch, gilt nicht. Das wahre Urteil unterscheidet sich vom falschen Urteil nicht dadurch, daß das wahre Urteil auf den Gegenstand bezogen ist, das falsche aber nicht; das wahre Urteil unterscheidet sich vom falschen Urteil, daß es gilt (weil es dem Gegenstand entspricht), während das falsche Urteil nicht gilt (weil es dem Gegenstand nicht entspricht). Aus diesem Grund ist die zu entwickelnde Urteilskonzeption eine geltungstheoretische Urteilskonzeption; entsprechend reden wir vom Urteil als dem geltungsdifferenten Gebilde[1].

Das Urteil also ermöglicht gegenständlichen Sinn qua Struktur. Dazu muß es zwei Bedingungen genügen: es muß erstens den *Gegenstand* der Erkenntnis ermöglichen, und es muß zweitens die *Erkenntnis* des Gegenstands ermöglichen. Es muß den Gegenstand ermöglichen, da Erkenntnis immer Erkenntnis des Gegenstands, gegenständliche Erkenntnis ist. Ohne Gegenstand gibt es keine Erkenntnis, und ohne Erkenntnis gibt es keinen Gegenstand. Denn was immer der Gegenstand in seinem Ansichsein sein mag, Gegenstand ist er nur, sofern auf ihn erkennend Bezug genommen wird. Einen nicht auf die Erkenntnis (auf das Denken) bezogenen Gegenstand denken, das hieße einen Gegenstand denken, der, obwohl er doch gedacht wird, nicht Gegenstand des Denkens (der Erkenntnis) sein soll: der Gegenstandsbegriff würde so nachgerade zerstört. Dies bedeutet nicht, daß Gegenstand und Erkenntnis zusammenfielen; Gegenstand und Erkenntnis des Gegenstands sind wohlunterschieden. Der Gegenstand ist, was er ist, kraft der Bestimmtheit, die er an ihm selbst hat. Wegen dieser Unterschiedenheit von Gegenstand und Erkenntnis muß das Urteil qua Struktur nicht nur den Gegenstand, sondern auch seine

---

[1] Zum Begriff der Geltungsdifferenz vgl. Wagner, H. 1980, 33 f.

Bestimmung ermöglichen. Denn den Gegenstand erkennen, heißt immer, den Gegenstand bestimmen, ihn so denken, wie er in seiner Bestimmtheit an ihm selbst ist. Zu betonen ist, daß weder der Ermöglichung des Gegenstands noch der Ermöglichung der Bestimmung des Gegenstands ein logisches Prius zukommt. Sonst müßten wir anerkennen, was wir bereits verworfen haben: daß nämlich die Bezugnahme zum Gegenstand nicht immer schon erkennende Bezugnahme ist.

Die Logik-Forschung, die aus Kants grundlegenden erkenntniskritischen Einsichten, denen wir uns mit diesen Überlegungen ersichtlicherweise genähert haben, die unumgänglichen Lehren zieht, bietet dementsprechend ein Urteilskonzept an, in welchem das Urteil in dezidierter Weise als die Ermöglichungsstruktur gegenständlichen Sinns verstanden wird. In den folgenden Ausführungen haben wir uns dieses Konzept zunutze gemacht. Als Ermöglichungsstruktur gegenständlichen Sinns ist das Urteil diesem Konzept zufolge Struktur der Gegenstandsbestimmung. Dazu muß es die folgenden Strukturglieder aufweisen: »erstens (. . .) ein Strukturglied, das den Gegenstand ermöglicht, Bestimmungssubstrat oder Urteilssubjekt genannt, zweitens (. . .) ein Strukturglied, das die Bestimmtheit des Gegenstands ermöglicht, Bestimmungsdeterminante oder Urteilsprädikat genannt, drittens (. . .) ein Strukturglied, das die Einheit von Gegenstand und Bestimmtheit des Gegenstands, also den gegenständlichen Sinn ermöglicht, Bestimmungseinheit von Bestimmungssubstrat und Bestimmungsdeterminante oder Urteilsrelation genannt«[2]. Dies heißt, daß der Subjektsbegriff als der zu bestimmende Begriff grundsätzlich bestimmbarer Begriff ist und daß der Prädikatsbegriff als der bestimmende Begriff grundsätzlich bestimmter Begriff ist, und zwar vorgängig bestimmter Begriff ist. Mit dem Urteilssubjekt steht das Problem der Bestimmbarkeit, mit dem Urteilsprädikat das Problem der vorgängigen Bestimmtheit zur Diskussion.

Bestimmbar ist der Gegenstand, da er Bestimmtheit an ihm selbst besitzt. Ohne Bestimmtheit an ihm selbst könnte der Gegenstand im Denken nicht bestimmt, d. h. erkannt werden. Die Bestimmtheit des Gegenstands an ihm selbst ist notwendigerweise durchgängige, d. h. vollständige Bestimmtheit; sie ist dies, weil der Gegenstand als seiender Gegenstand einzelner Gegenstand ist. Schon Aristoteles ging davon aus, daß Sein nur dem einzelnen, dem vollkommen Individuellen zukommt. In der durchgängigen Bestimmtheit an ihm selbst ist der Gegenstand mit sich identisch, oder, pointiert, »jeder Gegenstand (muß), um ›ein‹ Gegenstand zu sein, ›derselbe‹ Gegenstand sein«[3]. Um überhaupt gedacht zu werden, muß der Gegenstand

---

[2] Flach, W. 1974, 1559.
[3] Rickert, H. 1911, 34.

als identischer gedacht werden; nur so wird er gedacht als Gegenstand in der durchgängigen Bestimmtheit an ihm selbst. Das logische *Fundamental-prinzip der Identität* ermöglicht die funktionale Leistung, die das Urteil mit dem Strukturglied des Subjekts erbringt. Qua Subjektsbegriff wird der Gegenstand als identischer Gegenstand gedacht; das Urteilssubjekt ist, was immer es sonst noch sein mag, identischer Begriff. Die Identität des Subjektsbegriffs ist der Grund dafür, daß dem Urteilssubjekt »die Funktion der Substratbindung«[4] zukommt.

Dadurch, daß der Subjektsbegriff der eine, identische Begriff ist, ist das Urteil von seiner Konstitution her Reihenstruktur. Dem einen, identischen Subjekt werden viele Prädikate zugesprochen. Sie bilden eine Bestim-mungsreihe, die kraft ihres Bezugs auf das identische Subjekt eine Einheit darstellt. In der Einheit der Bestimmungsreihe wird das Subjekt in der Bestimmtheit erkannt, die es an ihm selbst hat. Dies bedeutet, daß die Bestimmtheit des Subjekts eins ist »mit der Bestimmtheit, welche mit der ganzen Reihe der bestimmenden Begriffe gegeben ist«[5]. Die Bestimmtheit der Einheit der Bestimmungsreihe erst stellt sicher, daß das Subjekt grundsätzlich bestimmbarer Begriff ist. Bestimmbarkeit nämlich ist mögli-che Bestimmtheit; sie kommt dem Subjekt zu dank der Einheit und Bestimmtheit der bestimmenden Begriffe.

Ist das Urteilssubjekt das grundsätzlich Bestimmbare, so ist das Urteilsprädikat als Bestimmungsdeterminante das grundsätzlich Bestimmte. Die Bestimmtheit des bestimmenden Begriffs muß sichergestellt sein. Sie ist sichergestellt durch das *Prinzip des Widerspruchs*. Der Einheitsbezug der bestimmenden Begriffe auf das Subjekt besagt, daß sich die Begriffe der Bestimmungsreihe nicht wechselseitig ausschließen dürfen; sie müssen miteinander vereinbar sein. Das Urteil ist so »seiner Konstitu-tion nach die Struktur des Widerspruchsausschlusses«[6]. Um aber grund-sätzlich bestimmter Begriff zu sein, was der Prädikatsbegriff als bestimmen-der Begriff notwendig sein muß, muß er sich von allen anderen Begriffen unterscheiden. Seine Bestimmtheit muß vorgängig sein. Hinsichtlich der eigenen notwendig vorgängigen Bestimmtheit ist der Widerspruch des bestimmenden Begriffs zu anderen Begriffen gefordert. Dies ist nur dann möglich, wenn die bestimmenden Begriffe »hinsichtlich ihrer eigenen Bestimmtheit ein totum« bilden, ein System, »dessen Ordnung der Widerspruch ist«[7]. Jeder einzelne Begriff ist der Gesamtheit der übrigen Begriffe des totum entgegengesetzt.

Aber dies genügt nicht. Das totum der bestimmenden Begriffe ist nämlich unendlich. Der bestimmte Begriff steht im Verhältnis der Entgegensetzung

---

[4] Flach, W. 1974, 1560.
[5] Flach, W. 1974, 1560.
[6] Flach, W. 1974, 1561.
[7] Flach, W. 1974, 1561.

(Disjunktion) nicht nur zur Gesamtheit, zum Inbegriff der übrigen Begriffe des totum; er steht im Verhältnis der vollständigen Disjunktion zum Inbegriff aller möglichen bestimmenden Begriffe überhaupt. Zum Ausdruck kommt dies im »unendlichen« oder limitativen Urteil: X ist non-a. Die Disjunktion zwischen a und non-a ist vollständig, vollständig auch in dem Sinn, daß das non-a den Inbegriff der möglichen bestimmenden Begriffe ausmacht. Das *Prinzip der Limitation* ermöglicht die vorgängige Bestimmtheit des bestimmenden Begriffs im Verhältnis der Unendlichkeit. »Sie ist unendliches Verhältnis, das Verhältnis allseitiger und durchgängiger Bezogenheit.«[8]

Als drittes und letztes Strukturmoment des Urteils steht die Urteilsrelation, die Bestimmungseinheit von Bestimmungssubstrat und Bestimmungsdeterminante in Frage. Wodurch ist in der Urteilsrelation die Einheit von Gegenstand und Bestimmtheit des Gegenstands ermöglicht? Die Antwort lautet: dadurch, daß jede Bestimmung »zugleich und in einem Begründung ist«[9]. In der klassischen Logik wurde dieser Aspekt in der Lehre vom Verhältnis von Gattung und Art artikuliert, wenngleich nicht immer in zulänglicher Deutlichkeit, d. h. mit dem Wissen um das Prinzip, das diesem Verhältnis zugrunde liegt. Gattung und Art bilden ein Ordnungsmuster, nach dem sich das Verhältnis, in dem die Begriffe zueinander stehen, systematisch entwickeln läßt. Die Art ist in der Gattung enthalten; sie ist bestimmt durch den Gattungsbegriff und die spezifische Differenz. Die Arten einer Gattung stehen zueinander im Widerspruch, ihr Verhältnis zueinander ist das der vollständigen Disjunktion. Gleichzeitig aber ist die Gattung der gemeinsame Grund der im Widerspruch zueinander stehenden Arten: in der Gattung ist der Widerspruch der Arten zueinander aufgehoben. Diese Ordnung der Begriffsverhältnisse als notwendiger Widerspruch und ebenso notwendige Aufhebung des Widerspruchs ist dem *Prinzip der Dialektik* geschuldet[10]. In der Bestimmungsstruktur des Urteils, genauer: in der Urteilsrelation ist dieses Prinzip wirksam, da hier ein bestimmender Begriff einen zu bestimmenden Begriff bestimmt und damit auch begründet, »insofern als die in dieser Bestimmung dem Urteilssubjekt verschaffte Bestimmtheit qua Bestimmtheit des Urteilsprädikats prinzipiell systematische Bestimmtheit, Bestimmtheit unter der Bedingung des Systems aller überhaupt möglichen Urteilsprädikate ist«[11]. Die Begründung verläuft allerdings nicht einsinnig nur »von oben nach unten« oder »von unten nach oben«, ist also nicht nur Begründung durch immer allgemeinere und höhere Begriffe oder nur Begründung durch immer weniger allgemeine

---

[8] Flach, W. 1974, 1561.
[9] Flach, W. 1974, 1561.
[10] Zum Prinzip der Dialektik vgl. Wagner, H. 1980, 106 ff. u. bes. 114 ff.
[11] Flach, W. 1974, 1562.

und tiefere Begriffe; sie ist beides. Die Systematik der Urteilsprädikate verleiht »der Begründung gleichsam eine doppelte Richtung«[12].

Damit ist – soweit dies unser Thema erfordert – klargestellt, was es heißt, daß das Urteil die Ermöglichungsstruktur gegenständlichen Sinnes, also Bestimmungsstruktur ist: das Urteil ist seiner Konstitution nach die Einheit oder Synthesis eines Bestimmungssubstrats – des Subjekts – und einer Bestimmungsdeterminante – des Prädikats, ermöglicht jeweils durch die logischen Fundamentalprinzipien der Identität, des ausgeschlossenen und eingeschlossenen Widerspruchs, der Limitation und der Dialektik. Damit ist auch die Form des Urteils gegeben. Das Urteil hat prinzipiell, wie schon Aristoteles wußte, die Form »S ist P«. Dabei ist zu beachten, daß Subjekt und Prädikat im strengen Sinn korrelativ sind, daß es kein Subjekt ohne Prädikat und kein Prädikat ohne Subjekt geben kann. Darin liegt, daß – strukturanalytisch gesehen – die Kopula *Funktor* ist, und zwar der Funktor, der die Synthesis des Urteils stiftet. Dieser Funktor ist – dies wurde von den Grammatikern von Port-Royal richtig gesehen, aber falsch interpretiert – in allen Urteilen derselbe. Nachdrücklich sei darauf hingewiesen, daß wir hier den Begriff des Funktors anders verwenden, als dies in der Prädikatenlogik üblich ist: dort hat der Funktor immer schon auch gegenständliche Bedeutung, ist Aussagefunktion; hier ist der Funktor »reiner« Funktor, ist der Exponent der Struktur, die gegenständliche Bedeutung erst ermöglicht.

Wir haben damit ein geltungstheoretisches Urteilskonzept zur Verfügung, von dem zu erwarten ist, daß es eine tragfähige Grundlage für die grammatische Reflexion abgibt.

3. Der Begriff der signifikativen Einheit

Nimmt man den Gedanken ernst, daß der Satz als sprachliche Einheit Ausdruck des Urteils ist, dann kann es nur die Struktur des Urteils selbst sein, in der die fundamentale Struktur des Satzes gründet. Entsprechend der prinzipienlogischen Analyse des Urteils bedeutet dies: die Einheit des Satzes, intuitiv stets präsent, gründet in der Einheit des Urteils. Ist aber der Satz in der Einheit des Urteils begründete sprachliche Einheit, ist m. a. W. diese Einheit ein Strukturmoment am Satz, so müssen sich im Satz notwendigerweise auch die Strukturglieder des Urteils artikulieren, da die in Frage stehende Einheit Synthesis von funktional Unterschiedenem, von Subjekt und Prädikat, ist. Der Satz ist die fundamentale sprachliche Einheit, die er ist, da sich im Satz und nur im Satz die Strukturglieder Subjekt und

[12] Flach, W. 1974, 1562.

Prädikat sprachlich artikulieren. Der Satz ist also nicht beliebige Einheit, sondern Einheit der funktionalen Artikulation von Subjekt und Prädikat. Wie immer die konkrete sprachliche Form des Satzes aussehen mag: er besteht aus Subjekt und Prädikat in ihrer notwendigen synthetischen Einheit. Wäre dem nicht so, dann wäre der Satz nicht Ausdruck des Gedankens, sondern bestenfalls Bezeichnung eines Gedankens und als solche, obzwar Wahres bzw. Falsches bezeichnend, weder wahr noch falsch. Erkenntnis vermöchte sich nicht zu artikulieren.

Als Ausdruck des geltungsdifferenten Gedankens ist der Satz demzufolge näherhin Ausdruck eines Subjekts, Ausdruck eines Prädikats und Ausdruck der Einheit von Subjekt und Prädikat. Wie die elementare Analyse des Urteils ergab, läßt sich die Einheit der Urteilsrelation begreifen als die Leistung des *einen* urteilsstiftenden Funktors, dem man in der traditionellen Logik den Namen »Kopula« beigelegt hat. Der sprachliche Ausdruck der Einheit von Subjekt und Prädikat und der sprachliche Ausdruck des einen urteilsstiftenden Funktors sind also ein und dieselbe Sache. Es stellt sich also die Frage, wie und worin der eine urteilsstiftende Funktor sprachlich ausgedrückt ist. Die Beantwortung dieser Frage ist von zentraler Bedeutung. Auskünfte wie die, der urteilsstiftende Funktor werde durch das verbum substantivum (»est«), durch die Finitheit des Verbs oder durch irgendeine die Prädikation anzeigende Partikel ausgedrückt, sind zwar nicht rundweg falsch; sie verkürzen aber das Problem erheblich, ja, sie verhindern geradezu eine befriedigende Lösung. Übersehen wird nämlich der grundlegende Aspekt, der mit der Frage nach dem sprachlichen Ausdruck des urteilsstiftenden Funktors ansteht. Dieser grundlegende Aspekt besteht darin, daß sprachliche Form, soweit diese unter den Titel der Grammatik fällt (unter »Form« also nicht etwa die phonologische Formierung des Lautmaterials verstanden wird), sich ihrem Ursprung nach als Ausdruck des urteilsstiftenden Funktors begreifen läßt, ja, daß sie so begriffen werden muß, soll sie anderes und mehr sein als ein Aggregat zufälliger und willkürlicher, methodologisch nicht zu rechtfertigender Ordnungsschemata. Der Begriff der sprachlichen (grammatischen) Form findet seine letzte Begründung im Einheitsbezug von Subjekt und Prädikat, der sich sprachlich als Satz manifestiert. Anders ausgedrückt: der bestimmte Begriff des Satzes als Ausdruck des geltungsdifferenten Gedankens impliziert den bestimmten Begriff der sprachlichen Form als den Inbegriff all der Momente der Sprache (und also einer jeden Sprache), die in letzter Instanz den Einheitsbezug von Subjekt und Prädikat im sprachlichen Ausdruck konstituieren. Insofern kann man sagen, daß Grammatizität die spezifische sprachliche Formbestimmtheit ist.

Ein solcher Begriff der sprachlichen Form unterscheidet sich erheblich von dem, was in der Sprachwissenschaft üblicherweise unter »Form« verstanden wird. Ob man mit Bloomfield die sprachliche Form als die

Lautgestalt des Sprachzeichens im Gegensatz zu seinem Inhalt konzipiert[1] oder mit Saussure und Hjelmslev als relationale Struktur – beiden im Grunde gegensätzlichen Begriffen der sprachlichen Form[2] ist doch gemeinsam, daß Form einer weiteren Begründung nicht fähig erscheint. Sprachliche Form ist hier grundsätzlich individuelle einzelsprachliche Form; sie gründet in ihr selbst. Der Gedanke von der Autonomie der (Einzel-)Sprache manifestiert sich in methodologisch konsequenter Gestalt. Dem wird hier entgegengehalten, daß die Grammatizität der Sprache begründbare, begründete und zu begründende Formbestimmtheit ist und daß die spezielle Grammatik jeder speziellen Sprache ihren Ursprung in der unumgänglich formal ausgezeichneten zeichenhaften Artikulation des Urteils hat.

Diese Auffassung von sprachlicher Form und Grammatik schließt die Bestimmung ein, daß jede Grammatik vom Satz in seiner funktionalen Artikulation auszugehen hat. Der Satz ist Ausdruck des Urteils; die Einheit des Satzes gründet in der Einheit der Urteilsrelation, in der Einheit von Subjekt und Prädikat. Funktionale Artikulation des Satzes heißt also die Artikulation seiner beiden Glieder, der *Satzglieder* Subjekt und Prädikat, in der Einheit des Satzes. Damit ist der Begriff des Satzgliedes etabliert und gleichzeitig dahingehend näher bestimmt, daß die Satzglieder des Satzes Subjekt und Prädikat sind. Neben dem Begriff des Satzes als dem Inbegriff grammatischer Geformtheit bilden die funktionalen Begriffe des Subjekts und des Prädikats die fundamentalen grammatischen Begriffe.

Mit der Einführung der Satzglieder des Subjekts und des Prädikats scheint sich die grammatische Reflexion, die auf das Urteil und auf seine Struktur zurückgreift, zu erschöpfen, da die Urteilsanalyse nur die Strukturmomente des Subjekts, des Prädikats und der Einheit von Subjekt und Prädikat erbringt. Und sie wäre in der Tat erschöpft, wenn Urteil und Urteilsausdruck identisch wären. Urteil und Urteilsausdruck sind aber mitnichten identisch. Schon immer haben gerade jene Autoren, die den Satz als Urteilsausdruck definierten, dieser wesensmäßigen Differenz durch die Betonung der Zeichenhaftigkeit Rechnung zu tragen versucht. Sowohl Aristoteles als auch die Verfasser der »Grammaire générale« von Port-Royal lassen die grammatische Reflexion mit einem Hinweis auf den Zeichencharakter der Sprache beginnen. Dieser Hinweis ist ernst zu nehmen und – konsequenter als dies Aristoteles oder die Grammatiker von Port-Royal taten – in die grammatische Reflexion einzubringen. Es ist daran festzuhalten, daß grammatische Reflexion ihr Ziel verfehlt, wenn sie die Zeichenhaftigkeit der Sprache als ein »ungrammatisches« oder »vor-

---

[1] Der terminus technicus für »Lautgestalt« ist bei Bloomfield »vocal features«. Vgl. Bloomfield, L. 1926, 155.
[2] Vgl. Lyons, J. 1973, 138 f.

grammatisches« Moment glaubt abhandeln oder gar ausklammern zu können. Zeichenhaftigkeit kommt der Sprache, also auch dem Satz als dem sprachlichen Ausdruck des Urteils, wesensmäßig zu, und allein deshalb ist zu gewährleisten, daß sämtliche grammatischen Begriffe – wie vermittelt auch immer – eine Referenz zum Begriff des Sprachzeichens aufweisen.

Wir trafen oben die Feststellung, daß der Satz Ausdruck des Urteils ist und daß die Einheit der Urteilsrelation die synthetische Einheit des Satzes begründet. Um die Referenz zum freilich noch zu präzisierenden Begriff des Sprachzeichens herzustellen, ist dieser Sachverhalt so zu formulieren: die Einheit der Urteilsrelation begründet den Satz als signifikative Einheit (Zeicheneinheit). Soll der Satz Ausdruck des Urteils sein, müssen die Strukturglieder Subjekt und Prädikat ebenfalls ihren spezifischen sprachlichen Ausdruck erfahren. Entsprechend gilt also, daß die Strukturglieder des Urteils die Satzglieder Subjekt und Prädikat jeweils als signifikative Einheit begründen.

Es entspricht sicherlich nicht der vorherrschenden linguistischen Praxis, Satzglieder als signifikative Einheiten zu bestimmen[3]. Der Grund hierfür ist methodologischer Natur. Seitdem das Problem der linguistischen Einheit ins Bewußtsein gerückt ist, seit dem Erscheinen des »Cours de linguistique générale«, wird das Problem der sprachlichen Einheit als Zeicheneinheit fast ausschließlich als Problem der Abgrenzung, als Problem der Distinktheit, gesehen, am deutlichsten da, wo es darum geht, bestimmte Lautkomplexe oder -ketten im Gegensatz zu anderen Lautkomplexen oder -ketten als sprachliche Einheiten ausfindig zu machen[4]. Hier wird als der die Einheit stiftende Grund die Zeichenhaftigkeit selbst in Anschlag gebracht; die Einheit wird aufgefunden, indem gefragt wird, ob der jeweilige Lautkomplex Bedeutung hat, ob er etwas bezeichnet – kurz: ob er Zeichen ist. Methodologisch gerechtfertigt ist eine solche Prozedur dadurch, daß sie es erlaubt, die »kleinsten bedeutungstragenden Einheiten« – die Morpheme – einer bestimmten Sprache ausfindig zu machen – im übrigen ganz

---

[3] Gelegentlich hat man den Satz ausdrücklich als signifikative Einheit zu fassen versucht. Einen bemerkenswerten Vorschlag in dieser Hinsicht verdanken wir M. Lucidi. Er schlägt vor, den Begriff des Zeichens dem Satz vorzubehalten. In bezug auf den Satz untersucht die Linguistik die funktionalen Elemente des Satzes, die Hyposeme (»iposeme«), worunter Lucidi allerdings nur Wörter und Morpheme, nicht Satzglieder versteht. Mit der Unterscheidung von Zeichen und Hyposem bindet Lucidi den Begriff des sprachlichen Zeichens an den Begriff der grammatischen Form. Vgl. Lucidi, M. 1950.
[4] Beispielhaft dafür der »Cours«: »En résumé la langue ne se présente pas comme un ensemble de signes délimités d'avance, dont il suffirait d'étudier les significations et l'agencement; c'est une masse indistincte où l'attention et l'habitude peuvent seules nous faire trouver des éléments particuliers. L'unité n'a aucun caractère phonique spécial, et la seule définition qu'on puisse en donner est la suivante: une tranche de sonorité qui est, à l'exclusion de ce qui précède et de ce qui suit dans la chaîne parlée, le signifiant d'un certain concept.« (Saussure, F. de 1975, 146. Die Definition ist im Original gesperrt.)

unabhängig davon, ob man ganz traditionell das sprachliche Zeichen als »bedeutsamen Laut« oder mit Saussure als die korrelative Einheit von signifiant und signifié definiert. Die methodologische Begründung des strukturalistischen Morphembegriffs ist gegeben mit dem Begriff der Zeicheneinheit, die durch Zeichenhaftigkeit selbst konstituiert ist.

Diese Zeicheneinheiten sind allerdings bar jeder grammatischen Bestimmtheit und damit vom Standpunkt der Grammatik und der grammatischen Methodenlehre aus wertlos. Dies zeigt sich gerade da, wo der Begriff des Grammatischen ins Spiel kommt: bei den sog. »grammatischen Morphemen«. »Grammatische Morpheme« werden gewöhnlich den »lexikalischen Morphemen« gegenübergestellt. Beide Morphemklassen unterscheiden sich aufgrund der Art der Bedeutung, die ihre Elemente jeweils tragen. »Lexikalische Morpheme« haben begrifflich-gegenständliche Bedeutung; »grammatische Morpheme« haben, wie der Name schon sagt, grammatische Bedeutung mit »operativem Charakter« und erfüllen die Aufgabe, die Bedeutungen der »lexikalischen Morpheme« zu einer »Gesamtbedeutung« zu strukturieren[5]. Nun ist bekannt, daß sich »grammatische Bedeutungen« nicht nur in Zeicheneinheiten, sondern auch in Wortstellung, Wortformänderung (Ablaut z. B.) oder Intonation manifestieren können. Von den Bedeutungen der »lexikalischen Morpheme« läßt sich ein gleiches nicht sagen; sie manifestieren sich grundsätzlich in Zeicheneinheiten. Die Suche nach den »kleinsten bedeutungstragenden Einheiten« ist somit genaugenommen nur vom Begriff der gegenständlichen Bedeutung her gerechtfertigt, und alles, was sich von der Methode der Morphemanalyse her über die »grammatischen Morpheme« sagen läßt, ist, daß man bei der Ermittlung der kleinsten lexikalischen Einheiten auf Elemente stößt, die sich zwar isolieren lassen, die aber keine »lexikalischen Morpheme« darstellen. Der Grund ist einfach anzugeben: die Morphemanalyse geht von einem Zeichenbegriff aus, der von vornherein von grammatischer Bestimmtheit absieht. Die gleichsam unfreiwillig aufgefundenen »grammatischen Morpheme« verdanken ihre Existenz methodisch eben diesem Zeichenbegriff und werden so notwendig vom Standpunkt dieses Zeichenbegriffs aus interpretiert[6]. Sie sind zutiefst »ungrammatisch«.

Etwas ganz anderes liegt vor, wenn wir die Satzglieder als signifikative Einheiten bestimmen. Auch wenn wir hier noch über keinen präzisen Zeichenbegriff verfügen, so dürfte der Unterschied doch deutlich sein: Satzglieder als signifikative Einheiten sind nicht Einheiten, gebildet »als

---

[5] Vgl. beispielsweise Bondzio, W. u. a. 1980, 117 ff.

[6] Vom Standpunkt dieses Zeichenbegriffs aus muß für die »grammatischen« Morpheme der deutschen Sprache ein hohes Maß an Synonymie und Homonymie festgestellt werden – Erscheinungen, die im Lexikon Ausnahmen darstellen.

Zeichen« wie die Morpheme, sondern Einheiten, gebildet »aus Zeichen«[7]. Was aber bedeutet dies näherhin? Um diese Frage beantworten zu können, müssen wir nochmals auf die Ergebnisse der prinzipienlogischen Analyse des Urteils zurückgreifen. Dort zeigte sich, daß die Einheit der Urteilsrelation kein sekundäres, nachgeordnetes Strukturmoment am Urteil ist, sondern daß Subjekt und Prädikat in der Einheit der Urteilsrelation streng korrelativ sind. Also nicht etwa erst das Denken eines Gegenstands qua Subjekt, dann das Denken eines bestimmenden Begriffs qua Prädikat und in einem letzten Schritt das Denken der synthetischen Einheit von Subjekt und Prädikat – sondern: das Subjekt ist Subjekt nur in strenger Korrelation zum Prädikat, und das Prädikat ist Prädikat nur in strenger Korrelation zum Subjekt; die Korrelativität von Subjekt und Prädikat und die Einheit von Subjekt und Prädikat sind ein und dieselbe Sache. Es gibt hier kein logisches Prius, sonst wäre die Rede, daß die Bezugnahme zum Gegenstand immer schon erkennende Bezugnahme ist, sinnlos. Wenn wir oben sagten, daß die signifikative Einheit des Satzes in der Einheit der Urteilsrelation und die signifikative Einheit der Satzglieder in den Strukturgliedern Subjekt und Prädikat begründet sind, so darf das Moment der strengen Korrelativität nicht verlorengehen. Die signifikative Einheit des Subjekt-Satzglieds besteht in Korrelativität zur signifikativen Einheit des Prädikat-Satzglieds; dies macht die signifikative Einheit des Satzes aus. Nichts anderes sollte zum Ausdruck kommen, als wir sagten, der Satzgliedbegriff sei funktionaler Begriff. Die Satzglieder sind signifikative Einheiten als korrelative Einheiten und als solche funktional eindeutig festgelegt. Wenn wir den Begriff der sprachlichen Form aufgreifen, den wir oben eingeführt haben, dann können wir sagen, daß die Satzglieder signifikative Einheiten sind, weil sie geformte Einheiten sind – und das heißt: weil sie grammatisch geformte Einheiten sind. Ihre Formbestimmtheit ist Formbestimmtheit als Satzglied und gründet, wie Grammatizität überhaupt, im einen urteilsstiftenden Funktor.

Bisher haben wir von der Zeichenhaftigkeit der Sprache und vom sprachlichen Zeichen geredet, ohne anzugeben, was unter dem sprachlichen Zeichen eigentlich verstanden werden soll. Dies ist um so unbefriedigender, als wir gerade das Zeichenargument ins Feld geführt haben, um zu begründen, warum die Entfaltung grammatischer Begrifflichkeit, obgleich dem Urteil und seiner Struktur geschuldet, nicht mit dem Satzgliedbegriff erschöpft ist. Wir haben weiterhin den Begriff der »bedeutungstragenden Einheit«, der die Morphemanalyse rechtfertigt, als »ungrammatisch« zurückgewiesen. Und dennoch kommen wir nicht ohne ihn aus. Wir können der Sprache nicht Zeichencharakter zuerkennen und gleichzeitig

---

[7] Dies gilt auch da, wo ein Satzglied nur aus einem Wort oder Morphem besteht.

dasjenige Moment ignorieren, das den Zeichencharakter wesentlich konstituiert. Das Zeichen, so lautet die alte Bestimmung, der wir uns hier bedenkenlos anschließen, ist ein sinnlich wahrnehmbarer Gegenstand (Prozeß), der für etwas anderes, als er selbst ist, steht, der – wie wir sagen werden – dieses andere repräsentiert. Was ist dieses andere im Falle der Sprachzeichen? Für Aristoteles sind es die in der Seele vorhandenen Abbilder der Dinge, für den jede Abbildtheorie bekämpfenden Philosophen von Port-Royal, Arnauld, sind es Vorstellungen oder Ideen. Wie die Erörterung des Wahrheitsbegriffs ergab, sind sowohl die aristotelische Konzeption als auch die von Arnauld im Hinblick auf das geltungsdifferente Gebilde nicht haltbar; es gibt keine dem Urteil logisch vorgängige Erkenntnis. Dem steht keineswegs entgegen, mit Aristoteles und Arnauld anzunehmen, daß das Sprachzeichen etwas Gedachtes repräsentiert und nicht irgendeinen außerhalb des Denkens existierenden Gegenstand. Das Sprachzeichen repräsentiert nicht den realen Baum, an den ich denke, sondern den wenn auch nicht notwendig klaren Begriff dieses Baums. Wir werden uns auch hier der Tradition anschließen und von »Bedeutung« reden. Wenn wir sagen, das Sprachzeichen habe Bedeutung, dann ist »Bedeutung« hier immer soviel wie »gegenständliche begriffliche Bedeutung«, da Denken nichts anderes sein kann als Denken eines Gegenstands (in seiner Bestimmtheit). Für das sprachliche Zeichen ist also genau das konstitutiv, was das Bestimmungsmerkmal des »lexikalischen Morphems« ausmacht: Bedeutung, gegenständliche Bedeutung zu haben.

Im so bestimmten Begriff des sprachlichen Zeichens sind zwei Momente enthalten, die nicht immer ausreichend gewürdigt werden. Das eine betrifft den Bedeutungsbegriff selbst. Er besagt, daß bestimmte Bedeutungen gegenüber anderen bestimmten Bedeutungen abgegrenzt sind. So verschwommen und unscharf Bedeutungen auch sein mögen – von ihrer Konstitution her, gegenständliche Bedeutung zu sein, sind sie gegeneinander abgegrenzt[8]. Von daher ist der Begriff der Repräsentation überhaupt erst gerechtfertigt: ein Sprachzeichen repräsentiert *etwas*, und dieses Etwas ist, was immer es sonst ist, ein identisches und somit von anderem Identischen unterschieden. Dies heißt nicht, daß eine bestimmte gegenständliche Bedeutung sich nicht »zerlegen« ließe in andere gegenständliche Bedeutungen; dies ist im Gegenteil fast immer der Fall. Es heißt nur so viel, daß die durchgängige Abgrenzung einer Bedeutung allen anderen (mögli-

---

[8] Klarheit und Deutlichkeit sind Eigenschaften von Begriffen. Ein Begriff ist klar, wenn er »ausreichend bestimmt ist, um den Gegenstand von allen übrigen Gegenständen zu unterscheiden«. Ein Begriff ist deutlich, wenn »jedes der ihn aufbauenden Bestimmungsstücke für sich erfaßt« ist – ein Ideal, das, wenigstens für empirische Begriffe, »eine unabschließbare Aufgabe« darstellt. (Wagner, H. 1973, 199 f.) Klarheit und Deutlichkeit sind also Eigenschaften von Begriffen hinsichtlich der begriffenen Gegenstände. In ihrem erkenntnistheoretischen Status sind Wortbedeutungen und Begriff nicht unterschieden.

chen) Bedeutungen gegenüber notwendige Bedingung der gegenständlichen Bedeutung überhaupt ist. – Das zweite Moment betrifft das Zeichen als sinnlich wahrnehmbare Repräsentation. Sinnlich Wahrnehmbares existiert in Raum und Zeit. In diesem Moment liegt der Grund dafür, daß es *kleinste repräsentierende Einheiten* geben muß. Dieser strukturelle Sachverhalt hat auf der Bedeutungsseite keine Entsprechung: noch niemand ist auf die absurde Idee verfallen, von »kleinsten Bedeutungen« zu sprechen.

Betrachtet man die Sprache allein unter dem Gesichtspunkt der Repräsentation gegenständlicher Bedeutung durch Zeichen, dann konzipiert man sie in der Tat als Zeicheninventar – ganz gleich, ob man diesem Inventar Systemcharakter zuspricht oder nicht. Die »ideale« Sprache wäre dann die, die für jede gegenständliche Bedeutung genau eine Zeicheneinheit zur Verfügung stellen würde. Keine Sprache ist so organisiert. Der Grund hierfür wird sofort klar, wenn man die Bedingungen, denen sprachliche Repräsentation unterworfen ist, in Rechnung stellt. Der Mensch spricht, so Arnauld und Lancelot, um anderen Menschen seine Gedanken zu »explizieren«. Dies wirft ohne Zweifel das Problem der Zuordnung von Zeichen und Gedanken auf, ein Problem, das in seiner gnoseologischen Dimension durch die Lehre von der Arbitrarität des sprachlichen Zeichens gelöst ist. Aber dieses Problem hat nicht nur eine gnoseologische Dimension. Die vom Prinzip der Arbitrarität her unbegrenzte Möglichkeit der Zuordnung von Zeichen und Gedanken ist von vornherein durch eine ganze Reihe von Bedingungen eingeschränkt, die mit den physischen, physiologischen, psychischen, gesellschaftlichen Verhältnissen der Sprechenden gegeben sind. Die Sprachzeichen müssen, um unterschiedliche Bedeutungen repräsentieren zu können, sich nicht nur selbst voneinander unterscheiden, sondern auch für die Sprechenden unterscheidbar sein; sie müssen verhältnismäßig einfach reproduzierbar sein; sie müssen innerhalb einer Sprachgemeinschaft dasselbe bedeuten und also normiert sein; sie müssen innerhalb eines begrenzten Zeitabschnitts erlernt werden können; sie müssen von ihrer Bedeutung her für die Sprechenden relevant sein usw. Die Erforschung dieser einschränkenden Bedingungen kann nicht ohne Rückgriff auf kommunikationstheoretische, neurologische, psychologische, gesellschafts- und geschichtswissenschaftliche Methoden vorgenommen werden. Die Summe dieser Bedingungen liefert den zureichenden Grund dafür, daß die kleinsten repräsentierenden Einheiten einer Sprache eine endliche, allerdings variable Liste[9] darstellen. Damit ist eines der hauptsäch-

---

[9] So wenig es angeht, die kleinsten repräsentierenden Einheiten und ihre Bedeutungen als geschlossenes System (»système serré«) im Sinne Saussures zu begreifen, so wenig ist es gerechtfertigt, der variablen Liste dieser Einheiten Unendlichkeit zuzuschreiben. Die grundsätzliche Erweiterbarkeit des Zeicheninventars ist mit dem Merkmal der faktischen Endlichkeit, das im Begriff des Lexikons notwendig enthalten ist, durchaus kompatibel.

lichen Bestimmungsstücke am Begriff des Lexikons gewonnen. Das
Lexikon einer Sprache ist von seiner methodologischen Konzeption her
grundsätzlich endlich. Der Begriff des sprachlichen Zeichens als der
Repräsentation gegenständlicher Bedeutung führt, da es kleinste Repräsen-
tationseinheiten geben muß, zum methodologisch fundierten *Begriff des
Lexikons.*

Nun kann kein Zweifel bestehen, daß die Satzglieder Subjekt und
Prädikat gegenständliche Bedeutung repräsentieren und daß es deshalb
berechtigt ist, sie als *signifikative* Einheiten aufzufassen. Jedes konkrete
Subjekt und jedes konkrete Prädikat in einem konkreten Satz hat eine
bestimmte gegenständliche Bedeutung. Und doch führt vom Begriff des
Satzglieds kein Weg zum Begriff des Lexikons. Es hat keinerlei Sinn, in
Sätzen »kleinste Subjekte« oder »kleinste Prädikate« segmentieren zu
wollen. Und ebenso unsinnig wäre der Gedanke an ein Lexikon der
Subjekte und der Prädikate einer Sprache oder, was auf dasselbe
hinausläuft, der Sätze einer Sprache. Der Grund hierfür liegt keineswegs in
der Unhandlichkeit oder mangelnden Ökonomie eines solchen Lexikons,
sondern darin, daß sich der Begriff des Satzes von vornherein gegen die
Beschreibungsform der Auflistung sperrt. Dies wird klar, wenn man in
Rechnung stellt, daß der Satz als die dem Urteil geschuldete signifikative
Einheit nicht über die Alternative bedeutungsdifferent/nicht bedeutungsdifferent, sondern über die Alternative geltungsdifferent/nicht geltungsdifferent bestimmbar ist. Der Satz ist eine strukturierte Zeicheneinheit, deren
bestimmter gegenständlicher Sinn, den sie notwendig hat, ihr gegenüber
gleichwohl kontingent ist. Dies ist die zwingende Folge des Umstands, daß
das Urteil Ermöglichungsstruktur gegenständlichen Sinnes ist.

Was für den Satz als Zeicheneinheit gilt, gilt auch für die Satzglieder als
Zeicheneinheiten. Obgleich nämlich die Satzglieder Subjekt und Prädikat
für sich genommen nicht geltungsdifferent sind, entziehen sie sich einer
positiven Bestimmung durch die Alternative bedeutungsdifferent/nicht
bedeutungsdifferent, da sie prinzipiell aus verschiedenen bedeutungsdiffe-
renten Einheiten bestehen können. Als die korrelativen Glieder des
geltungsdifferenten Gebildes sind sie auf das geltungsdifferente Gebilde hin
geformte Einheiten; d. h. das Formmoment, das ihre Einheit jeweils stiftet,
bestimmt diese Einheit gleichzeitig als in der Einheit des Satzes aufhebbare
und aufzuhebende Einheit. Sie sind signifikative Einheiten, gewiß, aber sie
sind Einheiten in ihrem Bezug zur Geltungsdifferenz, nicht zur Bedeutungsdifferenz. Ihre bestimmte gegenständliche Bedeutung ist ihnen
gegenüber grundsätzlich kontingent. Zieht man den Begriff der Repräsentation heran, so läßt sich pointiert sagen, daß Subjekt und Prädikat als
grammatisch geformte signifikative *Einheiten* ihrer Möglichkeit nach jede
von unendlich vielen verschiedenen, in ihrer Unendlichkeit prinzipiell nicht
inventarisierbaren gegenständlichen Bedeutungen repräsentieren können.

Damit wird es möglich, die Differenz zwischen dem Urteil und seinem sprachlichen Ausdruck näher zu bestimmen. Das *Urteil* ist Ermöglichungsstruktur gegenständlichen Sinns: Gegenstandsbezug und Erkenntnis des Gegenstands sind logisch nicht voneinander zu trennen. Geltungsdifferenz und Begriffsbestimmtheit stehen im Verhältnis der wechselseitigen Implikation: Urteil und Begriff bedingen sich gegenseitig. Die konstitutive Bestimmtheit des Begriffs gründet in den Prinzipien des Widerspruchs und der Limitation; sie ist garantiert im unendlichen Verhältnis, in dem der bestimmte Begriff zum Inbegriff aller übrigen möglichen Begriffe steht. Die einschränkenden Bedingungen, denen das Erkenntnissubjekt unterworfen ist, spielen hier keine Rolle, denn diese Einschränkungen sind Einschränkungen des logisch Kontingenten. – In der Sprache, im *Satz*, liegen die Verhältnisse anders. Die logisch kontingente gegenständliche Bedeutung ist hier, fixiert im Zeichen, konstitutiv. Dies macht, wie wir sahen, die grundsätzliche Endlichkeit des Lexikons aus. Aber darin liegt nicht nur die Endlichkeit des Lexikons. Der Begriff des Zeichens impliziert den Begriff der Verwendung des Zeichens durch die Sprecher. Um aber verwendet werden zu können, ist das Zeichen als bestimmtes Zeichen mit bestimmter gegenständlicher Bedeutung den Sprechern notwendig vorgegeben, und zwar verbindlich vorgegeben[10]. Zu den einschränkenden Bedingungen, denen der Ausdruck des Urteils als sprachlicher Ausdruck unterliegt, gehört die Vorgegebenheit eines verbindlichen Lexikons. M. a. W.: die Bedeutungsdifferenz, ermöglicht durch die konstitutive Bestimmtheit der Begriffe, etabliert sich für die Sprecher über das endliche und verbindlich vorgegebene Lexikon.

Der sprachliche Ausdruck des Urteils folgt damit *zwei einander zuwiderlaufenden Prinzipien*. Das erste Prinzip ist die allgemeingültige Subjekt-Prädikat-Struktur, die die signifikativen Einheiten des Subjekts und des Prädikats formt oder *schafft* – Einheiten, deren gegenständliche Bedeutung ihnen gegenüber kontingent ist und die damit Bedeutungsdifferenz in unendlicher Mannigfaltigkeit ermöglichen. Das zweite Prinzip besteht in der notwendigen Vorgegebenheit eines endlichen Lexikons, das die Zeichen gegenständlicher Bedeutung *bereitstellt* und damit Bedeutungsdifferenz auf ein endliches Maß begrenzt. In dieser Spannung zwischen der Möglichkeit unendlich vieler gegenständlicher Bedeutungen und ihrer notwendig endlichen Beschränkung entfaltet sich die Grammatik einer Sprache. Über die Grammatizität des Satzes, über die Formbestimmtheit der Satzglieder als grammatische Konstituiertheit wird die grundsätzliche Endlichkeit des Lexikons virtuell aufgehoben.

Damit ist die geforderte Referenz vom grammatischen Begriff des Satzes

---

[10] Daran ändert die Möglichkeit der Modifikation des Lexikons durch die Sprecher nichts; modifizieren läßt sich nur Vorhandenes.

und des Satzglieds zum Begriff des Zeichens als der sinnlich wahrnehmbaren Repräsentation gegenständlicher Bedeutung hergestellt. Die dabei
angestellten Überlegungen nötigen freilich zu einer Präzisierung des
Begriffs vom sprachlichen Zeichen. Ein Zeichen, so lautete die Bestimmung, repräsentiert gegenständliche Bedeutung. Gerade diese Bestimmung
aber erwies sich unter dem Methodenaspekt der Grammatik als unzureichend und führte lediglich zum »grammatikneutralen« Vorbegriff des
Lexikons. Wegen dieser unzureichenden Bestimmung haben wir im
Hinblick auf Subjekt und Prädikat stets von »signifikativen Einheiten«
geredet, um so wenigstens terminologisch einen Unterschied zu markieren.
Dabei haben wir es in Kauf genommen, den Terminus »Einheit« in
doppelter Bedeutung zu verwenden. Wir taten dies bewußt, da gerade diese
doppeldeutige Verwendung die Problemlage erschließt. Subjekt und
Prädikat sind signifikative Einheiten einmal im Sinne von Grundeinheiten
oder funktionalen Einheiten, Einheiten also, in die sich die größere Einheit
des Satzes gliedert und die nur in bezug auf diese größere Einheit Bestand
haben. Subjekt und Prädikat sind als Einheiten bestimmt durch ein
Formmoment, das sie auf das jeweilige andere komplementäre Satzglied
und damit auf das Satzganze bezieht. In diesem Sinne sind sie aufhebbare
und aufzuhebende Einheiten. – Subjekt und Prädikat sind signifikative
Einheiten aber auch im Sinne einer strukturierten Ganzheit, die ihrerseits
aus signifikativen Einheiten »niederer Ordnung« besteht und in der diese
niederen Einheiten aufgehoben sind. Subjekt und Prädikat sind also auch
aufhebende Einheiten. Subjekt und Prädikat verhalten sich zum Satz wie
sich diese niederen signifikativen Einheiten jeweils zu Subjekt oder Prädikat
verhalten, und der Satz verhält sich zu Subjekt und Prädikat, wie sich diese
zu ihren niederen signifikativen Einheiten verhalten. Nun wäre es ganz
verkehrt, der aufhebenden signifikativen Einheit die aufzuhebende signifikative Einheit schroff gegenüberzustellen; beide sind der sprachlichen
Form geschuldet. Nur so viel kann gesagt werden, daß es eine signifikative
Einheit gibt, die selbst nicht aufhebbar und aufzuheben ist, und daß es eine
signifikative Einheit gibt, in der selbst keine signifikativen Einheiten
aufgehoben sind. Die erste ist der Satz, die zweite ist das Wort[11]. Von daher
ist es berechtigt, Satz und Wort als fundamental verschiedene sprachliche
signifikative Einheiten zu begreifen.

Was damit gesagt werden soll, ist dies: Jedes sprachliche Zeichen hat,
insofern es *sprachliches* Zeichen ist, ein Formmoment an sich, das es (mit
Ausnahme des Satzes) als aufzuhebende Einheit konstituiert – aufzuhebend
letztlich in der Einheit des Satzes. Die Bestimmung, gegenständliche
Bedeutung zu repräsentieren, ist im Hinblick auf das Sprachzeichen

---

[11] Dies gilt cum grano salis, d. h. unter Vernachlässigung der Möglichkeit der Wortbildung.

unzureichend, da sie nur eine notwendige, nicht hinreichende Bedingung des Sprachzeichens darstellt. Sprachliche Zeichen gegenständlicher Bedeutung sind immer und wesensmäßig grammatisch affiziert[12]. Begreift man die sprachlich zu artikulierende Synthesis des Urteils als den Ursprung sprachlicher Form überhaupt, dann kann man sagen, daß jede sprachliche signifikative Einheit, auch die kleinste, ein Formmoment aufweist, das diese Einheit, wie vermittelt auch immer, auf die Einheit des Satzes bezieht. Der Inbegriff dieser Bezüge ist die Grammatik einer Sprache.

Wir fassen zusammen. Der Satz ist der sprachliche Ausdruck des Urteils. Das Urteil ist als Struktur Ermöglichungsstruktur gegenständlichen Sinnes. Gegenständlicher Sinn ist stets bestimmter gegenständlicher Sinn; daher ist das Urteil näherhin Bestimmungsstruktur. Gerade darin aber liegt, daß der bestimmte gegenständliche Sinn der Urteilsstruktur gegenüber kontingent ist. Als Bestimmungsstruktur weist das Urteil drei Strukturmomente auf: das Subjekt (das zu Bestimmende), das Prädikat (das Bestimmende) und die Einheit von Subjekt und Prädikat in der Urteilsrelation (die Bestimmung). Als Ausdruck des Urteils repräsentiert der Satz diese drei Strukturmomente: jeder Satz besteht aus den fundamentalen Satzgliedern Subjekt und Prädikat, die Subjekt und Prädikat nur sind in ihrem Bezug zur Einheit des Satzes. In diesem Einheitsbezug von Subjekt und Prädikat hat der Begriff der sprachlichen Form, die unter den Titel der Grammatik fällt, ihren Grund. – Als sprachlicher Ausdruck ist der Satz Zeichen, signifikative Einheit. Entsprechend sind die Satzglieder Subjekt und Prädikat signifikative Einheiten – genauer: grammatisch geformte signifikative Einheiten. Ihrer Möglichkeit nach repräsentieren sie jede von unendlich vielen gegenständlichen Bedeutungen. – Mit der Zeichenhaftigkeit der Sprache aber sind einschränkende Bedingungen gegeben, denen die Artikulation des Satzes unterworfen ist. Zum Begriff des Zeichens gehört der Begriff seiner Verwendung durch die Sprecher. Daraus entspringt die Notwendigkeit eines vorgegebenen normierten und endlichen Inventars »kleinster« signifikativer Einheiten – die Einheiten des Lexikons. Diese Einheiten sind nicht »formlos«; sie haben von vornherein ein Formmoment an sich, das sie auf höhere signifikative Einheiten, letztlich auf die Einheit des Satzes, bezieht. Die Artikulation des Satzes vollzieht sich so im Spannungsfeld zweier gegensätzlicher Prinzipien: das erste Prinzip verlangt die Möglichkeit der Repräsentation einer jeden von unendlich vielen gegenständlichen Bedeutungen, das zweite Prinzip ist das der Eingeschränktheit auf die vom Lexikon bereitgestellten »Grundzeichen«. Die Grammatik einer Sprache kann begriffen werden als die geregelte Produktionsmöglichkeit signifikativer Einheiten, die aus den »Grundzeichen« des Lexikons »zusammenge-

---

[12] Die Morphologie, die von einem »vorgrammatischen« Zeichenbegriff ausgeht, kann dieses Moment – wie gezeigt – nur unzulänglich erfassen.

setzt« sind, gleichzeitig aber die Beschränktheit des Lexikons transzendieren. Sie ermöglicht diese Produktion durch eine Struktur durchgängiger Formbezogenheit, in der die vorgegebenen kleinsten signifikativen Einheiten in der größten grammatischen signifikativen Einheit, im Satz, aufgehoben werden.

Damit ist ein Begriff von Grammatik gewonnen, in dem die sprachliche Formbestimmtheit begründet und gleichzeitig die Referenz zum Zeichen als der Repräsentation gegenständlicher Bedeutung hergestellt ist. Dieser Grammatikbegriff nimmt den Gedanken ernst, daß Sprache Ausdruck des menschlichen Denkens ist und daß eben darum die Struktur des geltungsdifferenten Gedankens, die Struktur der Ermöglichung gegenständlichen Sinnes ist, in der Sprache ihren unverwechselbaren Ausdruck finden muß; gleichzeitig aber berücksichtigt er, daß der Ausdruck des geltungsdifferenten Gedankens, weil er Repräsentation ist, mit dem geltungsdifferenten Gedanken nicht identisch sein kann. Damit widersetzt er sich gleichermaßen der Vorstellung von der Autonomie jeder Sprache wie der Vorstellung von der logischen Defizienz jeder (natürlichen) Sprache: er begreift vielmehr die Differenz zwischen dem Gedanken und seinem sprachlichen Ausdruck als systematische Differenz, die einer Begründung und Erklärung fähig ist. Darin liegen sein methodologischer Ausweis und seine theoretische Bedeutung.

Mit der Signifikativität der Sprache, mit der Repräsentation gegenständlicher Bedeutung, steht aber auch das Problem des Gegenstandsbezugs an, das, wie wir sahen, weder in »De Interpretatione« noch in der Grammatik von Port-Royal einer zufriedenstellenden Lösung zugeführt wird. Erst dann nämlich, wenn Gegenstandsbezug und Grammatizität miteinander vermittelt sind, ist ein zureichender Begriff der Signifikativität der Sprache gewonnen. Ist das Urteil die Ermöglichungsstruktur gegenständlichen Sinns, ist weiter der Satz als signifikative Einheit der Ausdruck des Urteils, ist schließlich das je konkrete Urteil je konkrete Gegenstandsbestimmung, dann ist es ausgeschlossen, daß der Gegenstandsbezug, den der Satz als Ausdruck des Urteils notwendig aufweist, zur »virtus significandi« der gegenständliche Bedeutung repräsentierenden Lexikoneinheiten gehört. Das Problem des Gegenstandsbezugs ist das Problem der Referenz, dem wir uns im folgenden Kapitel zuwenden.

4. Der Begriff der Referenz

Die Etablierung der beiden Satzglieder Subjekt und Prädikat in ihrer durchgängigen Formbezogenheit auf die Einheit des Satzes ist Ausdruck des urteilsstiftenden Funktors, insoweit dieser die Urteilsrelation als die Einheit eines Subjektsbegriffs mit einem Prädikatsbegriff stiftet. Man pflegt diese Funktion als die »formale«[1] oder »copulative«[2] Funktion der Kopula zu bezeichnen. Aber die Kopula hat nicht nur eine formale Funktion, sie hat auch *gegenständliche* Funktion. Indem sie nämlich den Subjektsbegriff mit dem Prädikatsbegriff verbindet, allerdings nur dadurch, bezieht sie den Bestimmungsbegriff auf den Gegenstand: »sie bezieht den Urteilssinn (Urteilsinhalt, Urteilsgehalt) auf den Gegenstand und läßt ihn im Modus der Behauptung vom Gegenstand gelten: sie behauptet und setzt die Geltung des Urteilssinnes mitbezug auf den Gegenstand.«[3]

Für den Satz als Ausdruck des Urteils bedeutet dies: der Satz ist signifikative Einheit nicht nur als geformtes Gebilde, er ist auch Einheit in Bezug auf den Gegenstand. Er ist, wenn man so will, die kleinste gegenstandsbezogene sprachliche Einheit. Dies bedeutet nicht mehr und nicht weniger, als daß es eine Beziehung zwischen sprachlichem Ausdruck und Gegenstand nur durch den Satz gibt. Nennt man diesen Bezug in Anknüpfung an die herrschende Terminologie die Relation der Referenz, so heißt dies, daß die semiotische Relation der Referenz eine Funktion grammatischer Geformtheit ist.

Dieser Begriff der Referenz unterscheidet sich erheblich von dem Referenzbegriff, der in der linguistischen Literatur üblich geworden ist[4]. Zwar wird auch dort bemerkt, daß die Referenzfunktion von Sprache etwas mit grammatischer Geformtheit zu tun hat; man beläßt es aber bei der bloßen Konstatierung und versucht nicht, den Sachverhalt zu erklären. Als selbstverständlich nimmt man an, daß Sätze »zwei oder mehrere referierende Ausdrücke enthalten (können)«[5]. So werden in Sätzen wie »Cäsar eroberte Gallien« oder »Das Haus liegt am Ufer des Sees« die Ausdrücke »Cäsar« und »Gallien« bzw. »das Haus« und »am Ufer des Sees«[6] als referierend gewertet, während »eroberte« bzw. »liegt« keine referierenden Ausdrücke, sondern »prädikative Ausdrücke«[7] darstellen. Den theoreti-

[1] Wagner, H. 1980, 95.
[2] Freytag-Löringhoff, B. B. v. 1972, 66.
[3] Wagner, H. 1980, 95.
[4] Genannt seien: Strawson, P. F. 1950; Searle, J. R. 1971, 114–149 u. 235–260; Johnson, F. G. 1976; Wimmer, R. 1979; Lyons, J. 1980, 187 ff.
[5] Lyons, J. 1980, 190 f. – Eine Begründung hierfür wird nicht gegeben, ebensowenig dafür, daß in Sätzen, die nur einen referierenden Ausdruck enthalten, eben dieser Ausdruck »typischerweise das Subjekt des Satzes« (190) ist.
[6] Wimmer, R. 1979, 21 f., führt den folgenden Beispielsatz an: »Der schwarze Reiter hat uns am Rande der Stadt eingeholt.« Sein Kommentar: »Man kann mit Hilfe von *uns* und *am Rande der Stadt* in ähnlicher Weise auf Gegenstände referieren wie mit *der schwarze Reiter.*« (22)
[7] Lyons, J. 1980, 190.

schen Rahmen für diese Auffassung liefert die moderne Prädikaten- bzw. Relationenlogik, in der die Prädikate und Relationen als ein- oder mehrstellige Funktoren[8] (oder Aussagefunktionen) aufgefaßt werden, aus denen durch Einsetzung von Argumenten Aussagen (Sätze) entstehen. Die Argumente werden durch Namen oder durch (zu bindende) Variablen repräsentiert, die Funktoren eben durch Prädikate oder Relationen (formal: P(a) oder R(a,b))[9]. So erhält man durch Einsetzung der Namen »Cäsar« und »Gallien« in die Argumentstellen des Funktors »eroberte« einen (wahren) Satz. Dies zeigt, daß die logische Unterscheidung von Namen und Funktor und die linguistische Unterscheidung von referierendem Ausdruck und prädikativem Ausdruck äquivalent sind.

Eine solche Behandlung des Referenzproblems ist indes wenig stichhaltig. Sie setzt, ähnlich wie dies in Tarskis Wahrheitsdefinition der Fall war, nicht nur Urteil und Satz unerklärt voraus; sie vermag auch nicht, dem Ausdruck »Bezug zum Gegenstand« einen präzisen Sinn zu verleihen. Der Grund hierfür liegt in einer Fehleinschätzung des Namens und seiner Funktion, verursacht und begünstigt durch die schwer zu durchschauende Natur des Eigennamens. Üblicherweise wird der Name definiert als »ein Ausdruck, der ein bestimmtes Objekt (einen konkreten oder abstrakten Gegenstand, ein Lebewesen oder eine Person) bezeichnet«[10]. Diese Bestimmung, die seit der Antike gilt und an der auch die moderne Logik festhält[11], ist nicht falsch; sie ist aber ergänzungsbedürftig. Es fehlt die Angabe der Bedingungen, unter denen ein Ausdruck einen Gegenstand bezeichnet. Die Bestimmung wird dann aber falsch, wenn man die Fähigkeit, einen Gegenstand zu bezeichnen, als eine Art innere »virtus significandi« des Namens auffaßt. Gerade diese Auffassung ist die verbreitete. Zugrunde liegt die naive Vorstellung, die Benennung der Gegenstände sei ein selbständiger, vom Ausdruck eines Satzes unabhängiger sprachlicher Akt. Sie ist das Gegenstück zu der ebenso naiven

---

[8] Vgl. Menne, A. 1973, 58 f. – Die Terminologie ist allerdings nicht einheitlich. Borkowski, L. 1977, 16 f., unterscheidet z. B. aussagenbildende Funktoren von Namenargumenten (»eroberte«), aussagenbildende Funktoren von Aussageargumenten (»nicht«, »und«), namenbildende Funktoren von Namenargumenten (»König« in »König von Polen«, »singende« in »singende Nachtigall«, »+« in »2 + 3«) und funktorenbildende Funktoren (»hell« in »scheint hell«). In unserem Zusammenhang ist nur der erste Typ von Funktoren relevant.

[9] Strukturbedingte Ähnlichkeit zur Relationenlogik weist die von Tesnière entwickelte linguistische Valenztheorie auf, auf die Wimmer zurückgreift (Wimmer, R. 1979, 21 f.). Den Zusammenhang von Valenztheorie und Relationenlogik behandeln wir im nächsten Kapitel.

[10] Kutschera, F. v. 1971, 53.

[11] Manche Logiker halten Namen allerdings für entbehrlich. »Vor allem habe ich auf *Namen* verzichtet. Auch sie dienen nur der Bequemlichkeit und sind völlig entbehrlich.« (Quine, W. v. O. 1973, 34)

Vorstellung, man könne auf den Gegenstand Bezug nehmen, um ihn dann in einem logisch nachgeordneten Schritt zu erkennen. Demgegenüber ist festzuhalten, daß die Bezugnahme zum Gegenstand immer erkennende Bezugnahme ist; auch die Tatsache des Eigennamens vermag daran nichts zu ändern.

Wir werden auf das Problem des Eigennamens zurückkommen. Hier genügt die folgende Überlegung: Läßt man es zu, daß ein Satz mehrere referierende Ausdrücke enthalten kann, dann ist nicht einzusehen, warum gerade das grammatische »Prädikat« davon ausgenommen sein soll. Warum soll in dem Satz »Sokrates ist ein Mensch« nur »Sokrates«, nicht aber »Mensch« referierender Ausdruck sein? Warum soll in diesem Satz »Mensch« nicht auf die Gattung Mensch oder auf Sokrates oder auf beide »Bezug nehmen«? Und welchen Grund gibt es für die Behauptung, daß in dem Satz »Cäsar eroberte Gallien« nur auf Cäsar und auf Gallien, nicht aber auf die Relation, die zwischen Cäsar und Gallien besteht, auf die Eroberung Galliens durch Cäsar nämlich, »Bezug genommen« werde? Größer noch wird die Schwierigkeit, wenn dieselbe Relation einmal im ganzen Satz, dann aber nur im Subjekt ausgedrückt wird: nichts zwingt zu der Annahme, daß in dem Satz »Das Haus liegt am Ufer des Sees« auf zwei Gegenstände (nämlich auf das Haus und auf das Ufer des Sees), in dem Satz »Das am Ufer des Sees liegende Haus ist groß« dagegen nur auf einen Gegenstand (nämlich auf das Haus am Ufer des Sees) und nicht auf drei Gegenstände (nämlich auf das Haus, das Ufer und den See) »Bezug genommen« wird. Läßt man zu, daß es in einem Satz mehrere referierende Ausdrücke gibt, dann bedeutet dies in letzter Konsequenz, daß jedes Wort auf eben den Gegenstand referiert, den es bedeutet. Die Rückbindung der Referenzfunktion an den Satz wird überflüssig.

Will man den Ausdrücken »Bezug eines sprachlichen Zeichens zum Gegenstand« bzw. »Referenz« einen eindeutigen Sinn verleihen, dann steht man vor der folgenden Alternative: entweder man nimmt an, daß Wörter mit gegenständlicher Bedeutung auch auf die Gegenstände referieren, die sie bedeuten, oder man besteht darauf, daß die Relation der Referenz nur zwischen einem Satz als einer signifikativen Einheit und dem Gegenstand, der im zugrundeliegenden Urteil bestimmt wird, besteht. Die erste Möglichkeit macht die Unterscheidung zwischen Bedeutung und Referenz letztlich überflüssig; sie führt, gewollt oder ungewollt, zum Standpunkt der Immanenz. Wir entscheiden uns für die zweite Möglichkeit. Referenz ist an den Geltungsanspruch des Urteils gebunden. Nur so ist, wie wir unten sehen werden, die Transzendenz des Gegenstands sichergestellt.

Diese Bestimmung der Referenz impliziert, daß auch die signifikativen Einheiten des Subjektsausdrucks und des Prädikatsausdrucks auf den Gegenstand bezogen sind. Aber sie sind es nicht in gleicher Weise. Bei der Bestimmung der Relation, die zwischen Subjektsausdruck und Gegenstand besteht, ist von der Funktion des Urteilssubjekts auszugehen. Im Urteilssubjekt wird der Gegenstand der Erkenntnis ermöglicht, ermöglicht durch das Prinzip der Identität. Der Subjektsbegriff ist identischer Begriff; in ihm wird der Gegenstand gedacht als das, was er unabhängig vom Denken ist, als das, was er an ihm selbst ist. Der Gegenstand wird im Denken zwar »gesetzt«, aber er wird als Seiendes gesetzt. »Sein heißt Unabhängigkeit von jener Setzung, welche das Seiende als Objekt setzt. Gerade mit dieser Unabhängigkeit aber wird das Seiende gesetzt. Dasjenige, was das Seiende *ist,* und dasjenige, *als* was es *gesetzt* wird, ist eines und dasselbe. Die Setzung ist Identität seines Seins und seines Gesetztseins. Wo immer diese Identität nicht vorläge, Seiendes also nicht als eben das gesetzt würde, was es an ihm selbst ist, wäre die Setzung nicht der Urschritt zur Erkenntnis, sondern die Urvereitelung aller Erkenntnis.«[12]

Im Urteilssubjekt wird der Gegenstand »gesetzt« als das, was er an ihm selbst ist. In einer anderen Ausdrucksweise könnte man auch sagen, daß der Gegenstand im Subjekt festgestellt, identifiziert wird. Die Funktion des Subjektsausdrucks ist es, diese Setzung, Feststellung, Identifikation des Gegenstands zum Ausdruck zu bringen. Dies aber heißt nichts anderes, als den Gegenstand nennen. Den Gegenstand nennen: das ist, seine Identifikation ermöglichen. Die signifikative Einheit, die die Identifikation des Gegenstands ermöglicht, fungiert als Namen. Der Subjektsausdruck ist damit charakterisiert als signifikative Einheit, die als Namen fungiert. Mit Bedacht wählten wir das Wort »fungiert«. Damit wird dem Umstand Rechnung getragen, daß nicht irgendeine vorgängige Zuordnung eines flatus vocis zu einem Gegenstand, sondern die grammatische Form des Subjektsausdrucks die sprachliche Kategorie des Namens etabliert. Dies mag auf den ersten Blick befremdlich anmuten und scheint zumindest mit der Existenz von Eigennamen unvereinbar zu sein. Aber dies ist keineswegs der Fall. Man muß nur die verbreitete Ansicht revidieren, der Eigenname habe im Gegensatz zum Appellativum keine gegenständliche Bedeutung. Faßt man Referenz als den Bezug von Satz und Gegenstand, dann ergibt sich daraus, daß selbst der Eigenname nur dann Nennfunktion ausübt, wenn er den Subjektsausdruck eines Satzes bildet.

Wie läßt sich die Beziehung charakterisieren, die zwischen dem Prädikatsausdruck und dem Gegenstand besteht? Für diese Beziehung stellt die traditionelle Terminologie keinen Ausdruck zur Verfügung. Dies hat wiederum seinen Grund in der verbreiteten »nominalen« Auffassung, daß es einen dem Urteil logisch vorgängigen Bezug zum Gegenstand gebe bzw. daß die Vorgegebenheit des Lexikons die logische Vorgängigkeit des Namens vor dem Satz begründe. Von einem solchen Standpunkt aus muß es schwerfallen, eine Relation zwischen Prädikatsausdruck und Gegenstand

[12] Wagner, H. 1980, 99 f.

ausfindig zu machen, die für wahre und falsche Sätze gleichermaßen gilt. In wahren Sätzen könnte man zur Not noch mit dem Begriff des Namens auskommen: man könnte sagen, daß der Ausdruck »Mensch« in »Sokrates ist ein Mensch« auch den Sokrates nenne. In falschen Sätzen ist dies nicht mehr möglich: In »Sokrates ist eine Blume« nennt »Blume« keinesfalls den griechischen Philosophen (den metaphorischen Redegebrauch hier einmal beiseite gelassen). Auch die Annahme einer Relation »ist nicht Namen von« oder gar »ist der falsche Name von« ergibt keinen Sinn. Deutlicher als beim Subjektsausdruck zeigt sich hier, daß der Bezug zum Gegenstand Funktion der grammatischen Geformtheit ist: der Prädikatsausdruck ist auf den Gegenstand nur bezogen, weil er Prädikatsausdruck und als solcher Ausdruck der Gegenstandsbestimmung ist. Wir schlagen vor, diese Relation im Gegensatz zur Namenrelation als »Beschreibungsrelation« zu bezeichnen. Der Prädikatsausdruck beschreibt den Gegenstand, die Beschreibung mag zutreffen oder nicht.

Die Referenzrelation als die Relation zwischen sprachlichem Ausdruck und Gegenstand läßt sich also in die Namenrelation einerseits und die Beschreibungsrelation andererseits analysieren. Die Analyse ist aber nur möglich unter der Bedingung, daß die Referenzrelation Funktion der grammatischen Geformtheit ist. Sie ist also nur möglich unter der Bedingung des Satzes, der selbst Ausdruck einer Relation – der Urteilsrelation – ist. Als die funktionalen Glieder des Satzes bedingen sich Subjektsausdruck und Prädikatsausdruck wechselseitig; sie sind signifikative Einheiten nur in ihrer durchgängigen Formbezogenheit auf den Satz. Die Relation, in der Subjektsausdruck und Prädikatsausdruck zueinander stehen, ist grammatische Relation, d. h. auf den Satz hin bezogene formale Relation. Referenz etabliert sich in einem komplexen Relationengefüge, in dem Gegenstand, Subjektsausdruck und Prädikatsausdruck aufeinander bezogen sind. Ihren Ursprung hat sie in der Funktion der Kopula, also darin, daß die Kopula ihre gegenständliche Funktion dadurch erfüllt, daß sie ihre formale Funktion erfüllt. Referenz ist eine dreistellige Relation, die aus drei zweistelligen Teilrelationen besteht: der fundamentalen formalen Relation, der Namenrelation und der Beschreibungsrelation. Man kann sie durch das folgende Schema veranschaulichen:

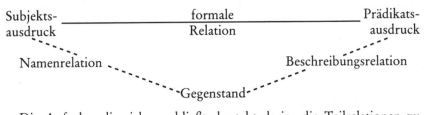

Die Aufgabe, die sich anschließt, besteht darin, die Teilrelationen zu explizieren. Im Falle der formalen Relation ist dies zum Teil im vorangegangenen Kapitel geschehen, indem der Begriff der signifikativen Einheit konsequent mit dem Begriff der Grammatik vermittelt wurde: grammatische Form ist die durchgängige Formbezogenheit sämtlicher signifikativer Einheiten (mit Ausnahme des Satzes selbst) bis hin zu den Einheiten des Lexikons auf die signifikative Einheit des Satzes. Die zwischen Lexikoneinheit und Satz vermittelnden und formal ausgezeichneten signifikativen Einheiten sind die beiden funktionalen Glieder des Satzes, Subjekt und Prädikat; ihre funktionale Bestimmtheit äußert sich in der ihnen je eigenen semiotischen Relation, in der sie zum Urteilsgegenstand stehen. Bevor wir die Bedingungen aufzeigen, die bei der Formierung signifikativer Einheiten zum Subjektsausdruck bzw. zum Prädikatsausdruck erfüllt sein müssen (dies geschieht im folgenden Kapitel), muß geklärt sein, welche Rolle die gegenständlichen Bedeutungen des Lexikons in der Beziehung des Subjektsausdrucks und des Prädikatsausdrucks zum Gegenstand spielen. Eben dies erfordert die Explikation der Namenrelation und der Beschreibungsrelation.

Wir beginnen mit der Beschreibungsrelation, da hier die Explikation keine Schwierigkeiten macht. Welche Rolle spielen die gegenständlichen Bedeutungen des Lexikons in dieser Relation? Um diese Frage zu beantworten, muß man sich vergegenwärtigen, daß diese Relation unabhängig davon besteht, ob der betreffende Satz wahr oder falsch ist. Dies heißt aber, daß es für das Bestehen dieser Relation unerheblich ist, welcher Gegenstand die Gegenstandsstelle der Relation einnimmt und welcher bestimmte Begriff auf welchen Gegenstand bezogen wird. Die gegenständliche Bedeutung des Prädikatsausdrucks ist der Urteilsgehalt, der vom Gegenstand gelten *soll*, ist der Begriff, unter den der Gegenstand fallen *soll*; gerade deshalb aber besteht die Beschreibungsrelation unabhängig von der jeweiligen spezifischen Bestimmtheit ihrer Glieder. Hier zeigt sich, wie unvollständig und irreführend jede Auffassung ist, die den Gegenstandsbezug von Zeichen nur als eine Funktion der gegenständlichen Bedeutung kennt oder umgekehrt die Bedeutung eines Zeichens als Regel seines Gebrauchs beschreibt: hier wie da bleibt der Gegenstand in seiner Bestimmtheit in letzter Konsequenz eine Funktion des Bewußtseins. Eine Semiotik, die von den Wörtern ausgeht und nicht erkennt, daß der Satz als synthetische Einheit *das* Sprachzeichen ist, wird diesen »nominalen« Standpunkt nie überwinden können. Wörter haben gegenständliche Bedeutung und sind im Lexikon vorgegeben; damit sind aber nicht auch die Gegenstände vorgegeben, auf die sie bezogen werden. Dadurch, daß die Beschreibungsrelation Bestand hat, ganz gleich, ob das Urteil vom Gegenstand gilt oder nicht, wird schlagend deutlich, daß der Satz als der Ausdruck des geltungsdifferenten Gebildes weder von der Bezeichnungsfunktion noch von der Bedeutungsfunktion sprachlicher Zeichen (der Funktion, gegenständliche Bedeutung zu repräsentieren) hinreichend verstanden werden kann. Als Relation, die unabhängig von der Gültigkeit des je besonderen Urteils besteht, ist sie Ausdruck des Bezugs des Wissens zum transzendenten Gegenstand.

Die Explikation der Namenrelation scheint demgegenüber einfacher, denn es liegt auf der Hand, daß hier die gegenständlichen Bedeutungen des Subjektsausdrucks für den Gegenstand konstitutiv sind: die Ausdrücke »frische Erdbeeren«, »Tarskis Wahrheitsdefinition« oder »der viereckige Kreis« nennen, werden sie als Subjektsausdruck gebraucht, nun einmal frische Erdbeeren, Tarskis Wahrheitsdefinition und den viereckigen Kreis. Kann man es dabei bewenden lassen? Die Frage muß entschieden verneint werden. Denn ließe man es bei dieser Feststellung bewenden, dann stünde die Transzendenz des Gegenstands sogleich wieder in Frage. Der Gegenstand wäre nicht gesetzt als das, was er an ihm selbst ist; er wäre mit den gegenständlichen Bedeutungen des vorgegebenen Lexikons gegeben.

Um herauszufinden, wie sich die konstitutive Funktion der gegenständlichen Bedeutungen im Subjektsausdruck und die Transzendenz des Gegenstands vereinbaren lassen, betrachten wir Ausdrücke, deren Bedeutung nicht von vornherein klar ist. Wir beginnen mit dem Demonstrativpronomen »dies« in Sätzen vom Typ »dies ist . . .«. Was nennt dieses »dies« in einem solchen Satz? Bekanntlich läßt sich diese Frage nur dann beantworten, wenn man die Äußerungssituation berücksichtigt. Das »dies«, so die vorherrschende Meinung, ist ein Deiktikum; der Sprecher verwendet es, um auf den Gegenstand der Äußerungssituation oder des Äußerungskontextes hinzuweisen, über den er urteilt. Damit aber der Hörer den Gegenstand tatsächlich identifizieren kann, bedarf er einer weiteren Information; im Falle der direkten Deixis ist diese im Regelfall eine Zeigegeste, die die Aufmerksamkeit des Hörers auf den Gegenstand lenkt[13]. Der Gegenstand wird mittels einer demonstratio ad oculos gegeben: ohne die Zeigegeste kann der Hörer nicht wissen, von welchem Gegenstand die Rede sein soll.

Deiktika sind durch zwei Merkmale charakterisiert: sie identifizieren erstens Gegenstände, Personen, Ereignisse usw., über die gesprochen wird, und sie erbringen zweitens diese Identifikationsleistung nur in bezug auf den situativen oder gedanklichen Kontext, in dem sie geäußert werden. Indem sie Gegenstände, Personen, Ereignisse usw. identifizieren, unterscheiden sie diese Gegenstände, Personen, Ereignisse von anderen Gegenständen, Personen, Ereignissen. Man hat ihnen deshalb mit Recht ein wenn auch geringes Maß an gegenständlicher Bedeutung zugesprochen: mit »wir« kann man nur auf Menschen, nicht auf Bäume, mit »heute« nur auf einen

---

[13] Diese Information kann auch, wie beim anaphorischen Gebrauch, im Wissen um eine Konvention bestehen: in Texten wird »dies« meist gebraucht, um auf den zuletzt geäußerten Sachverhalt Bezug zu nehmen.

Zeitabschnitt und nicht auf eine Strecke verweisen[14]. Diese Eigenschaft schränkt die Verwendungsmöglichkeit solcher Wörter auf bestimmte Gegenstandsklassen ein. Anders im Falle von »dies«: mittels »dies« kann auf alle Gegenstände bzw. auf jeden beliebigen Gegenstand hingewiesen werden. Ein sprachliches Zeichen aber, das jeden beliebigen Gegenstand nennen kann, hat selbst keinerlei bestimmte gegenständliche Bedeutung[15].

Damit aber bedeutet »dies« auch nicht, wie manche Linguisten glauben, ›Bestimmtheit‹, obwohl mit dieser Behauptung eine Lösungsperspektive angedeutet ist. Nicht das Wort »dies« bedeutet ›Bestimmtheit‹, sondern das Wort »Bestimmtheit«, und ebensowenig ist ›Bestimmtheit‹ in der Bedeutung von »dies« enthalten[16], so wie in der Bedeutung des Wortes »Hund« in gewisser Weise die Bedeutung des Wortes »Tier« enthalten ist. Hier ist wieder die Unterscheidung hilfreich, die die Grammatiker von Port-Royal getroffen haben: die Unterscheidung zwischen dem Inhalt des Gedankens und der Form des Gedankens. Die sprachliche Darstellung der Affirmation im Urteil erfolgt durch das verbum substantivum »est«; gleichwohl hat »est« nicht die begrifflich-gegenständliche Bedeutung ›Affirmation‹, sondern ist eine unter anderen Möglichkeiten, die Form des Gedankens (d. h. die Affirmation) sprachlich zu realisieren. Es ist ein »operatives« Zeichen. Ein solch »operatives« Zeichen ist auch »dies«. Es bedeutet nicht ›Bestimmtheit‹, sondern zeigt ein Formmoment der Gegenstandsbestimmung an, das für den Subjektsbegriff charakteristisch ist. Das Wort »dies« für sich genommen nennt also gar nicht den Gegenstand und ist also auch kein Deiktikum im üblichen Verstand[17]. Es handelt sich um einen Funktor, der den Ausdruck, auf dem er operiert, als Namen bestimmt und ausweist.

Damit aber ist gesagt, daß der Subjektsausdruck in Sätzen der Form »dies ist . . .« elliptisch ist, daß gerade das Zeichen fehlt, auf dem der Funktor

---

[14] »(. . .) ein ›da‹ und ›dort‹ symbolisiert, es nennt einen Bereich, nennt den geometrischen Ort sozusagen, d. h. einen Bereich um den jeweils Sprechenden herum, in welchem das Gedeutete gefunden werden kann; genau so wie das Wort ›heute‹ den Inbegriff aller Tage, an denen es gesprochen werden kann, faktisch nennt und das Wort ›ich‹ alle möglichen Sender menschlicher Botschaften und das Wort ›du‹ die Klasse aller Empfänger als solcher.« (Bühler, K. 1978, 90)

[15] Damit ist »dies« auch nicht in ein deiktisches System einzuordnen, das durch den Kontrast semantischer Merkmale definiert ist. Dem scheint die Tatsache entgegenzustehen, daß »dies« im Deutschen mit »jenes« kontrastiert, und zwar aufgrund der semantischen Opposition ›nah‹/›fern‹ (vgl. Braunmüller, K. 1977, 140). Damit hätte »dies« doch eine gegenständliche Bedeutung. Eine solche Bestimmung von »dies« läßt außer acht, daß »dies« im Gegensatz zu »jenes« unmarkiert ist. »dies« kann sich sowohl mit der Bedeutung ›nah‹ (»dies hier«) als auch mit der Bedeutung ›fern‹ (»dies da«, »dies dort«) verbinden.

[16] Dieser Ansicht scheint Lyons zu sein, der in der Bedeutung (»meaning«) von »this« und »that« »a component of definiteness« findet (Lyons, J. 1977, 647).

[17] Man könnte allerdings sagen, »dies« sei »reines« Deiktikum, so wie die »Grammaire« das verbum substantivum als »reines« Verb konzipiert.

operiert. Auf den ersten Blick scheint dies paradox, ergibt sich aber ganz zwanglos aus der Art und Weise, wie nicht-elliptische Ausdrücke, die »dies« enthalten (»dieser Baum«), den Gegenstand identifizieren: es wird ein Begriff genannt, unter den der Gegenstand fällt, und dieser Begriff wird mit »dies« indiziert. Die gegenständliche Bedeutung eines Wortes hilft also, den Gegenstand zu identifizieren, indem sie festlegt, welche Art von Gegenständen des Kontextes nur in Frage kommen. Welchen Grad von Allgemeinheit diese Bedeutung haben darf, damit der Gegenstand identifiziert werden kann, hängt davon ab, in welchem Maß der Sprecher mit außersprachlichen Mitteln bewirken kann, daß der Hörer den gemeinten Gegenstand und keinen anderen identifiziert. Glaubt er, die Identifikation ausschließlich mit außersprachlichen Mitteln zuwege zu bringen, dann kann er auf ein solches Wort, ja, auf den Subjektsausdruck überhaupt, verzichten – oder aber er kann ein Wort mit allgemeinster Bedeutung verwenden. Ein Wort mit allgemeinster Bedeutung ist das Wort »Gegenstand«. Wie allgemein der Begriff des Gegenstands ist, zeigt sich, wenn man den Begriff des Gegenstands als Prädikatsbegriff verwendet. Was immer man – grammatisch (und logisch) korrekt – in Subjektsposition einsetzt, jeder Satz der Form »a ist ein Gegenstand« drückt ein analytisches Urteil aus und ist damit »seinem logischen Sinn nach ebenso ›identisch‹ wie der Satz, daß ein Dreieck drei Ecken hat«[18]. Dies aber heißt, daß ein Urteil, in dem der Begriff des Gegenstandes allein das Prädikat bildet, überhaupt keine gegenständliche Erkenntnis zu liefern vermag[19], sondern irgendeinem bestimmten Gegenstand a nur attestiert, daß er Gegenstand und also mit sich selbst identisch ist. »dies ist . . .« steht immer elliptisch für »dieser Gegenstand ist . . .«, wobei der Subjektsausdruck »dieser Gegenstand« *Ausdruck* der Setzung des Gegenstands und als Ausdruck der Setzung des Gegenstands in einem auch *Namen* des Gegenstands ist.

An dieser Stelle wird eine Unterscheidung wichtig, die von jeher in der Philosophie eine wichtige Rolle gespielt hat: die Unterscheidung von Anschauung und Begriff. Das erkennende Subjekt steht der Welt gegenüber, die sich ihm in einer unübersehbaren Mannigfaltigkeit von Einzeldingen oder Individuen darstellt. Um von diesen Dingen überhaupt Kenntnis zu haben, müssen sie im Bewußtsein repräsentiert sein.

[18] Rickert, H. 1930, 67.
[19] Rickert zeigt dies an der Bedeutung des Wortes »etwas«, das ohne weiteres für »ein Gegenstand« substituiert werden kann. »(. . .) es bleibt unverständlich, wie mit dem Worte ›etwas‹, wenn man es als Prädikat benutzen wollte, jemals eine *synthetische* Erkenntnis zustande gebracht werden sollte, die etwas von etwas anderem aussagt. Wir kommen mit einem solchen Prädikat nie über das Subjekt hinaus. Jede Erweiterung unserer Erkenntnis ist ausgeschlossen. Freilich können wir den Satz bilden; etwas (a) ist etwas, oder: einem logischen Subjekt kommt das Prädikat ›etwas‹ zu, aber niemand wird glauben, daß dieser Satz eine gegenständlich wahre, synthetische Erkenntnis enthält.« (Rickert, H. 1930, 81)

Repräsentiert sind die einzelnen Gegenstände durch die Vermittlung der Sinne; die Repräsentation der einzelnen Gegenstände, so wie sie durch die Sinne gegeben sind, sind die Einzelvorstellungen oder Anschauungen (repraesentatio singularis). Jede Anschauung besteht ihrerseits aus einer Mannigfaltigkeit von Teilanschauungen: an einer Blume, die ich anschaue, kann ich den Stiel, die Blütenblätter, verschiedene Farben und Farbnuancen usw. unterscheiden. Wir lassen hier ganz beiseite, welche Prinzipien der Anschauung als solcher zugrunde liegen[20]; wesentlich für uns ist, daß die Welt in ihrer Mannigfaltigkeit in unserem Bewußtsein durch Anschauungen repräsentiert ist. Obzwar die Anschauung »Bedingung dafür (ist), daß sich überhaupt von einem bestimmten (je besonderen) Gegenstand reden läßt«[21], so ist doch gleichwohl die in der Anschauung gegebene Mannigfaltigkeit »unbegriffene Mannigfaltigkeit«[22]. – Von entscheidender Bedeutung ist, daß Anschauung und Begriff zwar unterschieden werden müssen, aber nicht so, als handle es sich um zwei verschiedene Erkenntnisweisen. In der Erkenntnis sind die Mannigfaltigkeit der Anschauung und die Einheit des Begriffs korrelativ aufeinander bezogen; die Rede vom »anschaulichen Denken« (im Gegensatz zu einem »begrifflichen Denken«) ist, wenn überhaupt, nur metaphorisch sinnvoll. Im Denken und durch das Denken wird der Gegenstand begriffen, d. h. erkannt: einen (empirischen) Gegenstand begreifen aber »setzt voraus, ›anschauliche‹ Gegebenheiten von ihm haben, und heißt, gerade diese dann begreifen«[23]. In diesem Sinne stellt die Anschauung das »Material« des Begriffs dar. Zum Begriff kommt es, indem die unbegriffene Mannigfaltigkeit der Anschauung operativ erfaßt wird: die Anschauungen werden zusammengenommen und verglichen, Gleiches wird festgehalten, Verschiedenes weggelassen usw.[24] Durch diese Operationen, deren Möglichkeitsbedingungen selbst rein formale Begriffe sind, ist der Begriff Vorstellung, der Allgemeinheit und Abstraktheit zukommt (repraesentatio generalis). – Zusammengefaßt: Wir haben Anschauungen von den Gegenständen der Welt, insofern uns die Gegenstände durch die Sinne vermittelt gegeben sind; und wir haben Begriffe von den Gegenständen, insofern sie gedacht sind. Anschauung ist gegebene Mannigfaltigkeit, Begriff ist der Einheitsbezug dieser Mannigfaltigkeit. Beide aber, Mannigfaltigkeit und Einheitsbezug, sind korrelativ und geben erst so gegenständliche Erkenntnis[25].

---

[20] Vgl. hierzu Flach, W. 1973.

[21] Flach, W. 1973, 106.

[22] Flach, W. 1973, 107.

[23] Wagner, H. 1973, 196.

[24] Vgl. Wagner, H. 1973, 197 f.

[25] Auf diese Korrelativität in der Erkenntnis zielen die berühmten Sätze Kants in der »Kritik der reinen Vernunft«: »Ohne Sinnlichkeit würde uns kein Gegenstand gegeben und ohne Verstand keiner gedacht werden. Gedanken ohne Inhalt sind leer, Anschauungen ohne

Wir wollen die philosophische Thematik nicht weiter vertiefen, sondern uns wieder solchen Subjektsausdrücken zuwenden, die eine demonstratio ad oculos erfordern. Wir sahen, daß »dies« oder »dieser Gegenstand« eben den Gegenstand bezeichnet, der gezeigt, aufgewiesen wird. Was aber bedeuten diese Ausdrücke? Bedeutet »dieser Gegenstand« am Ende die Anschauung des aufgewiesenen Gegenstands, da doch ausdrücklich durch die demonstratio ad oculos zur anschauenden Repräsentation aufgefordert wird? Die Frage ist zu verneinen. Zunächst ist daran zu erinnern, daß das Urteilssubjekt immer Begriff ist; nur ein Begriff kann bestimmt werden, niemals eine Anschauung. Die Bedeutung eines Subjektsausdrucks, der eine demonstratio ad oculos erfordert, muß also begrifflicher Natur und damit allgemein sein; sie muß zum anderen, da auf einen Einzelgegenstand Bezug genommen wird, Individualbegriff sein, d. h. Begriff, unter den nur ein und genau der aufgewiesene Gegenstand fällt. Nun haben wir gesehen, daß der Begriff des Gegenstands von denkbar größter Allgemeinheit ist, daß er keine gegenständliche Erkenntnis enthält und also auch nicht die gegenständliche Bedeutung eines Ausdrucks sein kann. Soll der Ausdruck »dieser Gegenstand« einen bestimmten Gegenstand nennen, so muß etwas hinzutreten, das den betreffenden Gegenstand identifiziert[26]. Dieses »etwas« wird nun gerade nicht durch die demonstratio ad oculos und also durch die Anschauung des Gegenstands gegeben, d. h. die betreffende Anschauung selbst ist nicht das »Material« des Subjektsbegriffs. Wäre sie dies, dann wäre die beliebige Anwendbarkeit dieses Ausdrucks nicht gewährleistet. Das Moment, das zur allgemeinsten Bedeutung hinzutritt, ist nichts anderes als der Begriff des anschauenden bzw. erkennenden Subjekts in seinem Verhältnis zum Gegenstand, das Anschauungsverhältnis bzw. Erkenntnisverhältnis ist. Der Gegenstand wird Gegenstand des Urteils zwar dadurch, daß er angeschaut wird, aber indem er angeschaut wird, *weiß* das anschauende Subjekt um das Anschauungsverhältnis. Der Vollzug der demonstratio ad oculos impliziert den *Begriff* des Verhältnisses von angeschautem Gegenstand und anschauendem Subjekt. Und der Begriff des *angeschauten* Gegenstands impliziert den Begriff des individuellen Gegenstands, des Individuums. So ist der Ausdruck »dieser Gegenstand« seinerseits elliptisch, denn er bedeutet immer ›dieser Gegenstand, den ich anschaue (den du anschaust)‹ bzw. ›dieser aufgewiesene Gegenstand, den ich erkenne‹. Und so ist es der Begriff des Anschauungs- bzw.

Begriffe sind blind. Daher ist es eben so nothwendig, seine Begriffe sinnlich zu machen (d. i. ihnen den Gegenstand in der Anschauung beizufügen), als seine Anschauungen sich verständlich zu machen (d. i. sie unter Begriffe zu bringen).« (B 75; Kant, I. 1968 a, 75)

[26] Dies gilt auch für solche Ausdrücke, die einen Ausdruck mit gegenständlicher Bedeutung enthalten (»dieser Baum«). Wir reden einfach vom Gegenstand, der bei der demonstratio ad oculos natürlich wirklicher Gegenstand ist.

Erkenntnisverhältnisses selbst, der in der demonstratio ad oculos die unvollständige Nennung des Gegenstands allein mittels des »operativen« Zeichens »dies« ermöglicht. »dies« ist hier lediglich der formale Index dafür, daß es sich bei der sprachlichen Äußerung um den Ausdruck eines Urteils handelt.

Der Begriff des Erkenntnisverhältnisses ist also die formale Voraussetzung dafür, daß der Gegenstand des Urteils durch eine demonstratio ad oculos gegeben werden kann. Und dies macht schließlich in Fällen, in denen unzweifelhaft ist (bzw. angenommen wird, daß es unzweifelhaft ist), um welchen Gegenstand es sich handelt, die Nennung des Gegenstands überhaupt überflüssig: die Aufschrift »Speisequark« auf einer Speisequarkpackung ist Ausdruck eines Urteils ebenso wie der Ausruf »ein Elefant« angesichts eines Nashorns. Realisiert ist hier nur die Beschreibungsrelation. Diese Möglichkeit des Urteilsausdrucks ist praktisch und legitim. Sie zeigt, welch wichtige Rolle die Beschreibungsrelation innerhalb der Referenzrelation spielt.

Eine weitere Möglichkeit, den Gegenstand zu nennen, stellt die Verwendung von Eigennamen dar. Welcher Sachverhalt liegt hier vor? Nach dem bisher Gesagten kann kein Zweifel darüber bestehen, daß der Eigenname Bedeutung hat und daß diese Bedeutung ein Individualbegriff ist. Gleichzeitig ist zu vermuten, daß dieser Begriff, ähnlich wie der durch »dies« repräsentierte Begriff, von eigentümlich komplexer Struktur ist.

Diese Struktur muß sich exponieren lassen. Sie läßt sich exponieren, da es die Möglichkeit gibt, sinnvolle Urteile zu bilden, in denen ein Eigenname (und nicht der Träger des Eigennamens) den zu bestimmenden Urteilsgegenstand ausmacht. Eine solche Bestimmung ist selbstverständlich nur dann möglich, wenn der Begriff des Eigennamens – wir werden fortan nur noch von »Namen« reden – zur Verfügung steht[27]. Dieser Begriff ist ein

---

[27] Man kann auf den »Namengebungsakt« rekurrieren, wenn man die Bedeutung des Eigennamens bestimmen möchte, freilich nicht so, wie dies Wimmer tut (in: Wimmer, R. 1973). Wimmer, einem »pragmatischen« Ansatz verpflichtet, dem zufolge die Bedeutung eines Ausdrucks die Regel seines Gebrauchs ist, meint, im Namengebungsakt werde diese Regel aufgestellt und institutionalisiert. »Im Namengebungsakt wird eine Verwendung eines ENP (Eigennamenplerems – J. Z.) einem bestimmten Gegenstand zugeordnet, und zwar mit dem Ziel, durch diese Zuordnung für zukünftige Verwendungen des ENP eine Referenzregel zu institutionalisieren. Dabei wird normalerweise der verwendete EN, dem zukünftigen Namensträger zuzuordnen ist, im Namengebungsakt selbst nicht dazu dienen, die Referenzbeziehung herzustellen. Insofern kann man sagen, daß (. . .) in einem Namengebungsakt eine nichtreferentielle Verwendung des EN (. . .) vorliegt.« (Wimmer, R. 1973, 89) Kurz vorher bezeichnet Wimmer den Namengebungsakt als einen »Sonderfall des referentiellen Sprechakts« (88); der Sonderfall besteht offenbar darin, daß der fragliche Ausdruck gar nicht referiert. Dieser Widerspruch ist zu werten als das Resultat des Versuchs, einer petitio principii zu entgehen. Sie besteht darin, daß im Namengebungsakt bei Wimmer ein Eigenname verwendet wird, um seine Verwendung als Eigenname

relationaler Begriff bzw. ein zweistelliges Prädikat und kann im Deutschen beispielsweise durch den Ausdruck »ist der Name von« wiedergegeben werden: »›Hans‹ ist der Name unserer Schildkröte.«[28] Die Ausdrücke, die mit dem Ausdruck »ist der Name von« einem Satz ergeben, bedeuten den Gegenstand, der Namensträger ist, und den Namen selbst. Im gegebenen Beispiel nennt also der Subjektsausdruck nicht Hans, sondern seinen Namen. Um dies anzuzeigen, haben wir Anführungszeichen verwendet. Dies entspricht der üblichen Behandlung solcher Ausdrücke: per Konvention wird festgelegt, daß der neue Ausdruck der Name des Ausdrucks ist, der zwischen den Anführungszeichen steht. Gegen eine solche Behandlung ist nichts einzuwenden, solange die Unterscheidung von Sprache und Metasprache sichergestellt werden muß, wie dies in künstlichen Kalkülsprachen der Fall ist. Sie ist hier ein Mittel, Antinomien zu vermeiden. Aber sie erklärt den zur Diskussion stehenden Sachverhalt nicht. Denn die Einführung einer solchen Konvention setzt den Begriff des Namens voraus, also genau den Begriff, der durch »ist der Name von« ausgedrückt wird. Mit derselben Berechtigung könnte man per Konvention einführen, daß der Name des Namens »Hans« »Heinrich« sein soll; man erhielte dann den Satz »Heinrich ist der Name unserer Schildkröte«. Man sieht leicht, daß ein solches Verfahren einen regressus ad infinitum beinhaltet. Solche Konventionen mögen formallogische Hilfsmittel sein; sie tragen aber nichts dazu bei, den Sinn des Ausdrucks »ist der Name von« zu explizieren.

Im normalen Sprachgebrauch gibt es keine solche Konvention[29], und es bedarf auch keiner, da hinreichend sichergestellt ist, wovon die Rede ist. Es ist von einem Gegenstand die Rede, der zunächst nichts ist als ein (freilich artikulierter) flatus vocis und der durch eine demonstratio ad aures gegeben sein muß. Strenggenommen müßte das Subjekt des fraglichen Satzes durch einen Ausdruck gebildet werden, der diesen Gegenstand mittels des oben explizierten Begriffs des Anschauungsverhältnisses nennt: »Dieser Gegenstand, den ich anschaue und der ad aures demonstriert ist (bzw. den du anschaust . . .), ist der Name unserer Schildkröte.« Die demonstratio selbst – und darauf kommt es hier an – kann nicht Bestandteil des Satzes sein; sie kann ihm vorausgehen, ihm nachfolgen oder ihn – quasi eingeschoben – begleiten. Wir erwähnten, daß in Fällen, in denen der Gegenstand durch eine demonstratio zweifelsfrei identifiziert werden kann (bzw. in denen

---

festzusetzen. – Demgegenüber ist festzuhalten, daß der Vollzug des Namengebungsakts den Begriff des Eigennamens voraussetzt; er gehört zum »propositionalen Gehalt« dieses »Sprechakts«. Gerade dann aber wird im Namengebungsakt kein Eigenname verwendet.

[28] Die Konverse dieses Begriffs wird repräsentiert durch den Ausdruck »heißt«. Da es um die Bestimmung des Namens und nicht eines Gegenstandes als Namensträger geht, ziehen wir in unseren Ausführungen den Ausdruck »ist der Name von« vor.

[29] Man verwendet einfach den Namen in materialer Supposition.

eine zweifelsfreie Identifikation angenommen wird), der Subjektsausdruck redundant erscheint. Ein solcher Fall liegt bei dieser Art von demonstratio ad aures vor: nur deshalb kann der demonstrierte Gegenstand, der ja selbst sprachliche Artikulation ist, an der Stelle des eigentlichen Subjektsausdrucks erscheinen[30].

Anders verhält es sich, wenn der Subjektsausdruck regulär aus einem Eigennamen besteht. Hier nennt der Name den Gegenstand, und er ist Ausdruck eines Individualbegriffs, hat Bedeutung. Diese Bedeutung besteht nur aufgrund bzw. als Folge eines Namengebungsaktes, d. h. des demonstrativen Aufweises eines flatus vocis, der dann als der Name eines bestimmten Gegenstandes näher bestimmt wird. Dies heißt nichts anderes, als daß der Begriff des Namens in der Bedeutung eines jeden Namens enthalten ist. Die Bedeutung des Eigennamens kann nichts anderes sein als der Begriff des (individuellen) Gegenstands, der dahingehend näher bestimmt ist, Träger des Namens zu sein, der geäußert wird. Die Bedeutung des Namens »Hans« in dem Satz »Hans frißt gern Salat« ist eben ›der Gegenstand, dessen Name ›Hans‹, ist‹ bzw. ›der Gegenstand, der ›Hans‹ heißt‹. Bedenkt man, daß der Begriff des Gegenstands (›unsere Schildkröte‹) im Namengebungsakt zu den Bestimmungsstücken gehört, durch die der flatus vocis als Eigenname des betreffenden Gegenstands bestimmt wird, dann läßt sich die Bedeutung des Namens »Hans« noch genauer analysieren als ›der Gegenstand, dessen Begriff im Namengebungsakt zusammen mit dem Begriff des Namens den flatus vocis ›Hans‹ als Name des betreffenden Gegenstands bestimmt‹. Wem dies zu kompliziert für ein derart einfaches Gebilde wie den Eigennamen erscheint, der mag bedenken, daß der Name, soll er einen Individualbegriff ausdrücken, folgendes enthalten muß: 1. einen Individualbegriff, unter den eben dieser Gegenstand fällt (in unserem Beispiel ist es ›unsere Schildkröte‹; dieser Begriff kann auch allein über das Anschauungsverhältnis bestimmt sein: ›der Gegenstand, den ich anschaue‹), 2. den Individualbegriff des flatus vocis, der nur über das Anschauungsverhältnis bestimmt ist, und 3. den bestimmten Begriff der Relation dieser beiden Individualbegriffe als Namensrelation.

Von den meisten Gegenständen, die wir mittels Eigennamen nennen, haben wir zweifellos gegenständliche Erkenntnis; und damit haben wir auch (Allgemein-)Begriffe, unter die diese Gegenstände fallen. Die

---

[30] Einem weiteren Einwand gilt es vorzubeugen. Die Tatsache, daß jede Sprache über einen Fundus an Ausdrücken verfügt, die in der Regel als Eigennamen verwendet werden können (z. B. Vornamen) bzw. als Eigennamen fest installiert sind (z. B. geographische Namen), und daß damit Gegenstände bestimmter Gegenstandsklassen mit Eigennamen versehen werden, spricht nicht gegen unsere Ausführungen. Man darf gesellschaftliche Normen nicht mit der logischen Funktion des Eigennamens verwechseln. Solche Normen sind praktische, nicht theoretische Notwendigkeit.

Identifikation eines Gegenstands mit Hilfe von Ausdrücken mit allgemeiner Bedeutung gelänge nur unter Rückgriff einer zusätzlichen demonstratio ad oculus, oder, wo dies nicht möglich ist, unter Einbeziehung von »referentiellen Fixpunkten«[31] (Deiktika und Eigennamen). Der deskriptive Aufwand wäre erheblich; er widerläuft dem Bedürfnis nach kurzem Ausdruck. Hier liegt die eigentliche Leistung des Eigennamens. Sie besteht darin, Gegenstände ohne Rekurs auf den Kontext und ohne deskriptiven Aufwand benennbar und damit identifizierbar zu machen. Dies hat seinen Preis. Qua Bedeutung des Eigennamens haben wir vom Gegenstand selbst keinerlei gegenständliche Erkenntnis. Deutlich zeigt dies der Sachverhalt, daß der Eigenname allein nur in Identitätssätzen (»Hans ist Hans«) sinnvollerweise das Prädikat bildet. Damit der Eigenname seine Leistung überhaupt erbringen kann, muß von ihm jede gegenständliche Bedeutung gleichsam abgezogen werden, bis nur noch der allgemeinste Begriff des (individuellen) Gegenstands und der Begriff des Namens (als Namen von . . .) übrigbleiben. In seiner Bedeutung ist die Möglichkeitsbedingung des Gegenstands, das Prinzip der Identität, doppelt enthalten: im allgemeinsten Begriff des *Gegenstands* und im Begriff des Gegenstands, der – als Individuum – so-und-so *genannt,* so-und-so *bezeichnet* wird. Denn die Bestimmung, so-und-so genannt zu werden, fügt dem einen identischen Gegenstand nur hinzu, daß auf ihn sprachlich Bezug genommen wird, und dies ist, wiewohl Hinzufügung eines Begriffs wie auch im Anschauungsverhältnis, an gegenständlicher Bestimmung eben nichts; wohl aber ist diese Bestimmung ihrerseits nur möglich durch das Prinzip der Identität. In einer anderen Ausdrucksweise könnte man sagen, daß die Bedeutung des Eigennamens bis auf das Minimum, nämlich den identischen Gegenstand zu bedeuten, zugunsten seiner Funktion, nämlich den Gegenstand zu nennen, reduziert ist. Diese Eigenschaft macht den Eigennamen zum Inbegriff des Subjektsausdrucks.

Damit ist das Problem, wie die Transzendenz des Gegenstands gewahrt werden kann, wenn die gegenständlichen Bedeutungen des Subjektsausdrucks den Gegenstand konstituieren, einer Lösung zugeführt. Die Möglichkeit der demonstratio ad oculus des Gegenstands einerseits und die Möglichkeit der Verwendung von Eigennamen andererseits zeigen, daß die Namenrelation unbeschadet davon besteht, ob der Gegenstand mit Hilfe gegenständlicher Bedeutungen konstituiert wird oder nicht. Die Transzendenz des Gegenstands ist die Bedingung, unter der die gegenständlichen Bedeutungen den Gegenstand zu konstituieren vermögen. Die gegenständlichen Bedeutungen konstituieren also den Gegenstand nicht unter der Bedingung der Endlichkeit des Lexikons in dem Sinne, daß durch das

---

[31] Vgl. Braunmüller, K. 1977, 134 f.

Lexikon die Gegenstände gleichsam festgesetzt wären; sie konstituieren ihn vielmehr unter der Bedingung der Uneingeschränktheit gegenständlicher Bedeutung. Dies ist möglich allein dadurch, daß der Subjektsausdruck aufgrund seiner grammatischen Geformtheit Namen des Gegenstands ist, nicht aufgrund der in ihm enthaltenen gegenständlichen Bedeutungen. Damit ist für die Namenrelation das expliziert, was wir oben allgemein über das Verhältnis von grammatischer Form und Gegenstand sagten: daß nämlich durch die grammatische Formbestimmtheit des Satzes und der signifikativen Einheiten von Subjekt und Prädikat die Endlichkeit des Lexikons virtuell aufgehoben ist.

Vergegenwärtigt man sich, daß die Namenfunktion dem Subjektsausdruck durch die grammatische Form zukommt, dann lösen sich einige heftig umstrittene Probleme auf einfache Art und Weise. Zwei dieser Probleme deuten wir kurz an. Das erste hängt zusammen mit der von Frege getroffenen Unterscheidung zwischen Sinn und Bedeutung einerseits und Gegenstand und Begriff andererseits. Nach Frege haben Wörter bzw. Ausdrücke einen Sinn und eine Bedeutung; der Sinn ist der in ihnen zum Ausdruck kommende Gedanke, die Bedeutung ist das, was jeweils bezeichnet wird. Eigennamen, zu denen Frege auch definite Nominalphrasen zählt (»der König von Frankreich«, »der größte Mensch der Erde« usw.), »bedeuten« einen Gegenstand; Appellativa »bedeuten« einen Begriff. Eigennamen können bei verschiedenem Sinn doch dasselbe »bedeuten« (»der Abendstern«, »der Morgenstern«). Für Appellativa gilt dies nicht, da Frege mit »Begriff« durchaus nicht den Begriffsumfang meint[32]: Begriffe, so Frege, lassen sich nicht wie Gegenstände identisch setzen (»der Abendstern ist der Morgenstern«), da in einem Satz wie »die Bedeutung des Begriffswortes ›Kegelschnitt‹ ist dieselbe wie die des Begriffswortes ›Kurve zweiter Ordnung‹« keine Begriffe, sondern Gegenstände genannt werden[33]. Ein Begriff, auf den sprachlich als Begriff Bezug genommen wird, müßte mit einem Eigennamen (einer definiten Nominalphrase) »bedeutet« werden; was aber durch Eigennamen »bedeutet« wird, sind immer Gegenstände und nie Begriffe. Die »Bedeutungen« von Eigennamen und von Appellativa (also Gegenstände und Begriffe) sind für Frege idiosynkratisch. Die Folge ist, daß Frege auf der einen Seite nicht erklären kann, wie sich der Sinn eines Appellativums, der ja der Gedanke ist, von der »Bedeutung« – vom Begriff – unterscheidet[34], und daß er sich auf der

---

[32] Frege, G. 1971, 26.
[33] Frege, G. 1971, 28.
[34] »Die Inhaltslogiker bleiben nur zu gerne beim Sinn stehen; denn, was sie Inhalt nennen, ist, wenn nicht gar Vorstellung, so doch Sinn.« (Frege, G. 1971, 31)

anderen Seite in offensichtlich paradoxe Formulierungen verrennt: »Der Begriff *Pferd* ist kein Begriff«[35].

Freges Schwierigkeit resultiert aus seiner Überzeugung, daß die »logische Grundbeziehung (. . .) die des Fallens eines Gegenstandes unter einen Begriff«[36] ist, und aus seiner Absicht, die Logik vollkommen im Sinne der Arithmetik zu formalisieren[37]. Selbstverständlich ist das »Fallen des Gegenstands unter einen Begriff« eine »logische Grundbeziehung«, freilich eine, die sich nur dann formallogisch erfassen läßt, wenn der *Begriff* des Gegenstandes schon vorausgesetzt wird. Das eigentliche Grundproblem ist das Problem, den transzendenten Gegenstand als Gegenstand der Erkenntnis zu denken; dieses Problem kann nicht mit den Mitteln der von Frege angestrebten Formallogik erfaßt werden, sondern bedarf der transzendentallogischen Durchführung. Es ist sicherlich richtig, daß im Denken der Gegenstand unter Begriffe gebracht wird, aber eben nur dadurch, daß im Urteil Subjekts*begriff* und Prädikatsbegriff zur Einheit der Urteilsrelation gebracht werden. Es gibt keine zwei verschiedenen Urteilsstrukturen dergestalt, daß in der ersten ein Gegenstand unter einen Begriff gebracht, in der zweiten aber ein Begriff einem anderen Begriff untergeordnet würde[38]; im Urteil gibt es nur Subjektsbegriff und Prädikatsbegriff und ihre Einheit, und nur dadurch wird der Gegenstand begriffen, d. h. unter einen Begriff gebracht. Dies lehrt das geltungstheoretische Urteilskonzept, auf das wir uns beziehen, und wir beziehen uns auf dieses Konzept, weil es die Referenz des sprachlichen Zeichens zum transzendenten Gegenstand als Funktion der Synthese von Subjekt und Prädikat begreifbar macht. Ist dies erkannt, dann wird auch klar, daß die Bezeichnung des Gegenstands grammatische Funktion sein muß und keine »virtus significandi« des Eigennamens darstellt; die Frage, was denn der Prädikatsausdruck analog dazu bezeichne, stellt sich gar nicht mehr. Weiter wird klar, daß alles, worüber geurteilt wird, sei dies ein Individuum, seien dies mehrere Individuen oder eine Klasse von Individuen, ebenfalls bezeichnet wird, bezeichnet wird durch den Subjektsausdruck. Die Aufspaltung von

---

[35] Frege, G. 1967a, 170. – Führt man Freges Ansatz konsequent zu Ende, dann hat der Ausdruck »der Begriff *Pferd*« überhaupt keine »Bedeutung«, denn ein Gegenstand kann für Frege kein Begriff sein; er gehört zu jener Sorte von Frege bekämpften Eigennamen, »welche keinen Gegenstand bezeichnen« (Frege, G. 1971, 32). So produziert Frege wider Willen das, was er verwirft.

[36] Frege, G. 1971, 25.

[37] Frege, G. 1967b, 133.

[38] Gerade dies aber nimmt Frege an. »Dabei bezeichnen die Wörter ›Beziehung des Subjekts zum Prädikat‹ zwei ganz verschiedene Beziehungen, je nachdem das Subjekt ein Gegenstand oder selbst ein Begriff ist. Am besten wäre es daher, die Wörter ›Subjekt‹ und ›Prädikat‹ ganz aus der Logik zu verbannen (. . .).« (Frege, G. 1971, 28) Die moderne formale Logik hat diesen Gedanken wenigstens teilweise aufgenommen, indem sie den Begriff des Subjekts aus der Logik verbannt hat.

Eigennamen und Appellativa ist nur von ihrer unterschiedlichen Bedeutungsstruktur her, nicht aber durch die Bezeichnungsfunktion zu rechtfertigen.

Das zweite Problem kann noch kürzer behandelt werden, obwohl es in vielen semantischen Theorien breiten Raum einnimmt. Es ist das Problem des Gegenstands, den es nicht gibt. Russell hatte in Auseinandersetzung mit Meinongs »Gegenstandstheorie«[39] dieses Problem anhand des Beispielsatzes »der König von Frankreich hat eine Glatze« exponiert und gelangte zu dem Ergebnis, daß in diesem Satz der Ausdruck »der König von Frankreich« nur scheinbar einen Gegenstand nenne (Russell spricht von »denotieren«), da es keinen König von Frankreich (gegenwärtig) gebe[40]. Strawson und Searle sind ihm, trotz erheblicher Einwände, in dieser Beurteilung der Sache nach gefolgt[41], und Searle formuliert als notwendige Bedingung für den »Sprechakt« der »Referenz« (in dem von uns freilich nicht übernommenen Sinn von »Bezug zum Gegenstand«) ein »Axiom der Existenz«[42]: die Gegenstände, auf die »referiert« wird, müssen existieren. Sowohl für Russell wie für Strawson und Searle steht fest, daß es nur von wirklichen Gegenständen Erkenntnis gibt. Die logische Schwierigkeit, in die jede solche Position sogleich gerät, wird an negativen Existenzsätzen deutlich: um zu urteilen, daß es etwas nicht gibt, muß man es doch nennen. Der übliche Ausweg aus dieser mißlichen Situation besteht darin zu behaupten, »existieren« sein kein Prädikat[43]; in Existenzsätzen werde vielmehr von Begriffen ausgesagt, sie seien erfüllt oder nicht[44]. Die petitio principii dieses Verfahrens ist leicht zu durchschauen. Der Erfüllungsbegriff ist, wie wir sahen, nur dann sinnvoll, wenn vorab ein Argumentbereich definiert wird; dieser Argumentbereich ist im vorliegenden Fall der Bereich der wirklichen Gegenstände: kein wirklicher Gegenstand erfüllt den Begriff »König von Frankreich«. Diese Lösung ist indes teuer erkauft. Denn nun verbietet es sich auch, »wirklich« als Prädikat aufzufassen; man geriete nämlich in dieselben Schwierigkeiten wie mit dem Prädikat der Existenz. Es ist eine Denkunmöglichkeit, den Begriff des Gegenstands in irgendeiner Weise ontologisch einschränken zu wollen. Vom Gegenstand reden heißt, vom *Gegenstand der Erkenntnis* reden; auch vom gegenwärtigen König von Frankreich, den es nicht gibt, gibt es Erkenntnis: nämlich die, daß es ihn

---

[39] Meinong, A. 1971.
[40] Russell, B. 1905.
[41] Strawson, P. F. 1950; Searle, J. R. 1971.
[42] Searle, J. F. 1971, 121 u. 129.
[43] Z. B. Carnap, R. 1931, bes. 234. – Carnap behauptet, schon Kant habe erkannt, daß Existenz kein Prädikat sei. Dies hält einer genaueren Prüfung nicht stand. Existenz oder Dasein ist für Kant ein Prädikat, wenn auch eins, das keine gegenständliche Erkenntnis bringt. Vgl. dazu Wagner, H. 1971 b.
[44] Searle, J. R. 1971, 246.

nicht wirklich, d. h. nicht in der Wirklichkeit gibt. Und da diese Erkenntnis zum Ausdruck gebracht wird, wird der König von Frankreich, den es nicht wirklich gibt, durch den Subjektsausdruck des betreffenden Satzes bezeichnet.

Als Ergebnis halten wir fest: Die Kopula hat nicht nur die formale Funktion, die Urteilsrelation zu stiften; dadurch, daß sie die Urteilsrelation stiftet, hat sie auch gegenständliche Funktion, in der sie den Urteilsgehalt auf den Gegenstand bezieht. In ihrer formalen Funktion begründet sie grammatische Form als die durchgängige Bezogenheit signifikativer Einheiten zur Einheit des Satzes; in ihrer gegenständlichen Funktion begründet sie die Relation der Referenz als den Bezug des Satzes zum Urteilsgegenstand. Der Bezug des Satzes zum Gegenstand schließt also die wechselseitige Bezogenheit von Subjektsausdruck und Prädikatsausdruck ein. Referenz ist deshalb die dreistellige Relation, die zwischen Subjektsausdruck, Prädikatsausdruck und Gegenstand statthat. Die dreistellige Relation der Referenz besteht aus drei zweistelligen Teilrelationen: der fundamentalen formalen Relation zwischen Subjektsausdruck und Prädikatsausdruck, der Beschreibungsrelation zwischen Prädikatsausdruck und Gegenstand und der Namenrelation zwischen Subjektsausdruck und Gegenstand. Die Beschreibungsrelation besteht unabhängig davon, ob das je spezifische Urteil gilt oder nicht (d. h. natürlich nicht, daß sie unabhängig von der Geltungsdifferenz des Urteils überhaupt bestünde); sie ist die semiotische Relation, in der sich das sprachlich repräsentierte Wissen als Erkenntnis des transzendenten Gegenstands realisiert. In der Namenrelation konstituieren die gegenständlichen Bedeutungen des Subjektsausdrucks den Gegenstand unter der Bedingung seiner Transzendenz. Die formale Relation schließlich ist der Inbegriff grammatischer Formbestimmtheit. Sie ermöglicht die innere Organisation der signifikativen Einheiten des Subjektsausdrucks und des Prädikatsausdrucks. Dieser Organisation wenden wir uns nun zu.

5. Grammatik der Satzglieder: Theorie des Attributs

Entsprechend der unterschiedlichen Funktion, die Subjekt und Prädikat innerhalb der Bestimmungsstruktur des Urteils einnehmen, sind Subjektsausdruck und Prädikatsausdruck unterschiedlichen Prinzipien geschuldet. Dies bedeutet nicht, daß die Grammatik des Subjektsausdrucks und die Grammatik des Prädikatsausdrucks nicht in wesentlichen Momenten übereinstimmen würden. Ja, was die Momente ihrer formalen Konstruktion anbelangt, stimmen sie, wie wir sehen werden, sogar vollständig überein. Wir entwickeln deshalb die Grammatik der Satzglieder am Beispiel eines der beiden Satzglieder. Wir wählen dazu den Prädikatsausdruck, da sich gerade in der Untersuchung des Prädikatsausdrucks die größten Differenzen zur herrschenden Lehrmeinung ergeben. Die Leitfrage, die wir unserer Untersuchung zugrunde legen, lautet: Wie und wodurch ist sichergestellt, daß die Grammatik des Prädikatsausdrucks (bzw. des Subjektsausdrucks) die Endlichkeit des Lexikons virtuell aufhebt?

Um die bestimmten Formmomente des Prädikatsausdrucks aufzuzeigen, müssen wir auf Funktion und Beschaffenheit des logischen Prädikats zurückgreifen. Was ist das logische Prädikat? Zunächst und vor allem anderen ist das logische Prädikat *Begriff;* es ist der Begriff, der den Gegenstand in einem Sachverhalt begreift als etwas, mit dem es sich so und so verhält. In gewisser Weise ist diese Feststellung tautologisch, da die Leistung des Begriffs eben darin besteht, den Gegenstand zu begreifen, und da Begreifen immer heißt: in einem Sachverhalt begreifen. Darüber hinaus aber besagt diese Feststellung, daß der Begriff diese Aufgabe als Prädikatsbegriff des Urteils erfüllt. Der Begriff ist also von seiner Konstitution her potentielles Prädikat.

Der Prädikatsausdruck ist damit dahingehend bestimmt, Ausdruck eines Begriffs zu sein. Dies scheint nicht eben viel. Und doch ist gerade diese Bestimmung der entscheidende Ansatz für die grammatische Reflexion. Aus dieser Bestimmung erwächst nämlich sofort die Frage, was es bedeutet, daß zum Ausdruck des Prädikatsbegriffs nicht nur eine einzige Lexikoneinheit mit begrifflich-gegenständlicher Bedeutung, sondern (meist) deren mehrere Verwendung finden. Denn soviel ist klar, daß der Prädikatsbegriff als der bestimmende Begriff im Urteilsganzen *ein* Begriff sein muß und keine heterogene Ansammlung von Begriffen darstellen kann.

Dies steht im dezidierten Widerspruch zur gängigen Satzgliedlehre, soweit in dieser von »Subjekt«, »Prädikat«, »Objekt«, »Adverbiale« usw. als gleichrangigen Satzgliedern die Rede ist[1], soweit also geleugnet wird, daß die Disjunktion der Satzglieder in Subjektsausdruck und Prädikatsausdruck vollständig ist. Am konsequentesten ist diese Auffassung vom Satz in der Valenzgrammatik durchgeführt. Hier wird das Verb als das strukturelle Zentrum des Satzes begriffen; das Verb hat »Valenz« und eröffnet »Leerstellen«, in die die »Aktanten« (»Mitspieler«) eintreten; es gibt außerdem die Möglichkeit, das Szenario durch Umstandsangaben (»circonstants«, »Angaben«) zu erweitern, wobei diese Umstandsangaben ebenfalls dem Verb untergeordnet werden. Dem Verb entspricht in der Satzgliedlehre das »Prädikat«, den »Aktanten« entsprechen das »Subjekt« und die »Objekte«, den Umstandsangaben die (freien) »adverbialen Ergänzungen«.

---

[1] Ganz gleich, wie der Satzgliedbegriff im einzelnen näher bestimmt sein mag.

Tesnière, der den Begriff der Valenz in der Linguistik »heimisch« machte, wenn auch nicht begründete[2], macht damit der Sonderstellung des Subjekts ein Ende; das Subjekt ist »du point du vue structural« ein Aktant unter anderen und lediglich aus semantischen Rücksichten – »celui qui fait l'action« – »prime actant«[3]. Die traditionelle Einteilung des Satzes in Subjekt und Prädikat ist einer »logique formelle a priori« geschuldet; eine solche aber hat nach Tesnières Meinung in der Linguistik nichts verloren[4].

Angesichts der Gewißheit, mit der Tesnière diesen Glaubenssatz der modernen Sprachwissenschaft vorträgt, ist es erstaunlich zu sehen, in welchem Ausmaß die valenztheoretische Interpretation des Satzes mit seiner Darstellung in der modernen Formallogik übereinstimmt. Ohne der Sache Gewalt anzutun, kann man das Tesnièresche Satzmodell als eine Übernahme des logischen Relationsschemas R(a,b,c,. . .) begreifen, was von Linguisten, die Tesnières Ansatz verpflichtet sind und ihn weitertreiben, schnell bemerkt wurde. Tatsächlich wird auf die moderne Relationslogik affirmativ Bezug genommen, wenn es gilt, die »Aufhebung der Binarität des Satzes« zu begründen[5]. Für die Relationslogik wie für die Valenztheorie besteht das Prädikat eines Satzes allein aus dem Relationsbegriff (bzw. dem Verb); dieser Begriff ist Satzfunktion, die eine der Stelligkeit oder Valenz der Relation entsprechende Anzahl von Argumentstellen (Leerstellen) aufweist. Tesnières Aktanten und Umstandsangaben[6] sind ihrer strukturellen Konzeption nach die Argumente einer Satzfunktion[7]; ihre strukturelle und logische Gleichstellung bedeutet, daß Subjekt und »Objekte« durch

---

[2] Vgl. Baum, R. 1976, 33. Baum geht auch auf die Vorgeschichte der von Tesnière verwendeten Begriffe im Rahmen sprachwissenschaftlicher Untersuchungen ein; bes. 27 ff. Verdienstvoll ist sein Hinweis, daß der zentrale Begriff der ›connexion‹ »als *Kopula*begriff bis in die Anfänge der Logik« zurückgeht (28).

[3] Tesnière, L. 1976, 108 f.

[4] »En effet tous les arguments qui peuvent être invoqués contre la conception du nœd verbal et en faveur de l'opposition du sujet et du prédicat relèvent de la *logique formelle a priori*, qui n'a rien à voir en linguistique.« (Tesnière, L. 1976, 104)

[5] Beispielhaft dafür Helbig: »Diese Binarität ist aufgegeben nicht nur in der Abhängigkeitsgrammatik – in der der Valenzbegriff seine Heimat hat –, sondern auch in der modernen Relationslogik, die nicht nur zweigliedrige, sondern auch mehrgliedrige Urteile annimmt. Es ist eine offenkundige linguistische Tatsache, daß nicht jeder Satz aus den beiden Teilen Subjekt und Prädikat und nur aus ihnen besteht (. . .).« (Helbig, G. u. W. Schenkel 1978, 30) – Man hat gemeint, es mache einen Unterschied, ob man Valenz als eine »formale« oder als eine »begriffliche« Kategorie fasse, je nachdem, ob man Valenz als »formale« linguistische Tatsache oder als die Eigenschaft von Begriffen begreift (vgl. Heger, K. 1966). In dieser Unterscheidung artikuliert sich die Schwierigkeit der modernen Linguistik, die von ihr unter dem Autonomiedogma konzipierten Begriffe auch »autonom« anzuwenden.

[6] Relationslogisch ist der Unterschied zwischen Aktant und Umstandsangabe irrelevant.

[7] In der von uns zurückgewiesenen Referenztheorie entsprechen den Argumenten die »referierenden Ausdrücke«. Der gemeinsame innere Bezug zur Relationslogik macht die »semantische« Referenztheorie und die »syntaktische« Valenztheorie zu Komplementen.

den Relationsbegriff gleichermaßen bestimmt werden und damit – horribile dictu – die »Subjekte«[8] des entsprechenden Urteils sind.

Was davon zu halten ist, macht man sich klar, wenn man einen entsprechenden Satz – z. B. »Fritz ißt Kuchen« – betrachtet. Faßt man »Fritz« und »Kuchen« als die »Subjekte« dieses Satzes auf, dann wird von Fritz und Kuchen die Relation des Essens prädiziert; damit sichergestellt ist, daß nur Fritz den Kuchen, nicht aber auch der Kuchen Fritz ißt, müssen Fritz und Kuchen in einer logischen Ordnung zueinander stehend gedacht werden; in dem Satz wird also von Fritz und Kuchen prädiziert, daß die beiden in der Relation des Essens stehen, wobei unterstellt wird, daß sie das geordnete Paar (Fritz, Kuchen) bilden. Der Sinn des Satzes »Fritz ißt Kuchen« wäre demnach explizit wiederzugeben als »Fritz und Kuchen bilden das geordnete Paar (Fritz, Kuchen) im Hinblick auf Essen«.

Ist damit der Sinn des ursprünglichen Satzes tatsächlich logisch expliziert? Wohl kaum. Der neue Satz enthält nicht nur eine Reihe neuer Begriffe (›bilden‹, ›geordnetes Paar‹, ›im Hinblick auf‹) und einen neuen Eigennamen (»(Fritz, Kuchen)«); er enthält auch eine Relation, die sehr viel komplizierter ist als die Relation des Essens: ›a und b bilden c im Hinblick auf d‹. Offenbar bedarf dieser Satz der logischen Explikation noch viel dringlicher; nach bewährtem Muster würde sie lauten: ›a und b und c und d bilden e im Hinblick auf f‹ – usw. usf. Die Explikation käme zu keinem Ende. Tatsächlich handelt es sich bei dieser Art der Explikation gar nicht um die logische Explikation des Satzsinns – dieser ist eindeutig und bedarf keiner solchen Explikation –, sondern um die logische Explikation der Voraussetzungen, die gemacht werden müssen, wenn man den Sinn des Satzes analog zum relationslogischen Schema R(a, b, c, . . .) interpretiert und damit den Relationsbegriff allein als das Prädikat auffaßt[9].

Der Grund dafür, warum die moderne Formallogik den Satz »Fritz ißt Kuchen« nicht als die Bestimmung eines Gegenstands Fritz darstellen kann, sondern als eine Relation über zwei Gegenständen Fritz und Kuchen darstellen muß und damit »zur Aufhebung der Binarität des Satzes« und des Urteils gedrängt wird, liegt in der mengentheoretischen Interpretation der Begriffe und der Begriffsverhältnisse. Der Begriff wird aufgefaßt »seiner Extension nach« als eine Menge (Allheit) von Elementen oder Individuen, »seiner Intension nach« als Merkmal oder Eigenschaft, die eine Menge

---

[8] Vgl. Sinowjew, A. u. H. Wessel 1975, 238 u. 477 f.; Kleinknecht, R. u. E. Wüst 1976, 264. Kleinknecht/Wüst sprechen auch von »Gegenstandsausdruck«: »Ein Gegenstandsausdruck ist ein Ausdruck, mit dessen Hilfe man sich sprachlich auf einen bestimmten Gegenstand bezieht.« (264) Der Zusammenhang mit der Referenztheorie ist nicht zu übersehen.

[9] Selbstverständlich kann ein Relationsbegriff allein das Urteilsprädikat bilden: »Fritz ißt.« Und selbstverständlich kann ein Gegenstand in seiner Relation zu einem anderen Gegenstand bestimmt werden; der Begriff des anderen Gegenstandes ist dann Teil des bestimmenden Prädikatsbegriffs.

(Allheit) von Elementen oder Individuen definiert. Das grundlegende Verhältnis ist das von Element und Menge oder – in prädikatenlogischer Diktion – das von Argument und Satzfunktion; entsprechend ist das Verhältnis der Begriffe zueinander über die Identität bzw. Nicht-Identität der in den Mengen enthaltenen Elemente bestimmt. Begriffe schließen sich ein, interferieren, schließen sich aus usw., je nachdem, ob sie Elemente gemeinsam enthalten bzw. welche Elemente sie gemeinsam enthalten. So ist der Begriff des Menschen im Begriff des Lebewesens und im Begriff des Vernunftbegabten enthalten, weil jeder Mensch ein Lebewesen und jeder Mensch vernunftbegabt ist (genauer: ein vernunftbegabter *Gegenstand;* die Betrachtungsweise nötigt nämlich zur Substantiierung wie zur Substantivierung); der Begriff des Lebewesens und der Begriff des Vernunftbegabten interferieren, da nicht jedes Lebewesen vernunftbegabt und nicht jeder vernunftbegabte Gegenstand Lebewesen ist; ergo ist der Begriff des Menschen das logische Produkt (die Schnittmenge) der Menge der Lebewesen und der Menge der vernunftbegabten Gegenstände. Der Begriff des Menschen läßt sich aber auch darstellen als die logische Summe (die Vereinigungsmenge) der Mengen der Männer und der Frauen, denn jeder Mensch ist entweder Mann oder Frau. Es lassen sich noch andere formale Beziehungen zwischen Begriffen auf mengentheoretischer Grundlage aufbauen; wesentlich Neues ergibt sich dadurch aber nicht. – Wie verhalten sich nun im Rahmen dieses Paradigmas die Begriffe »ißt« und »Kuchen« zueinander? Das äußerste, was gesagt werden kann, ist, daß sie kein gemeinsames Element enthalten: »ißt« bedeutet eine Relation, speziell eine Tätigkeit; »Kuchen« bedeutet einen Gegenstand, speziell ein Ding; kein Ding ist eine Tätigkeit, und so schließen sich die beiden Begriffe a fortiori aus. Eine Schnittmenge läßt sich nicht bilden, der dann Fritz – sofern es sich um einen wahren Satz handelt – angehören könnte. Die Möglichkeit, eine Vereinigungsmenge zu bilden, scheidet ebenfalls aus, da Fritz weder eine Tätigkeit noch ein Kuchen ist. Auch die Möglichkeit, analog zum »vernunftbegabten Gegenstand« einen »essenden Gegenstand« für »ißt« zu konstruieren, ist wenig attraktiv: sicherlich läßt sich eine Vereinigungsmenge aus »essender Gegenstand« und »Kuchen« bilden, aber Fritz ist dann von vornherein als essender Gegenstand Element dieser Menge, auch wenn er keinen Kuchen, sondern Austern schluckt. Die Möglichkeit schließlich, Verbindungen wie »ißt Kuchen« als die Repräsentation *eines,* freilich *undifferenzierten* Begriffs aufzufassen (also gar nicht als Einheit zweier Begriffe), ist zwar möglich[10], stellt aber die Kapitulation vor dem Problem dar.

---

[10] Vgl. dazu Reichenbach, H. 1966, 253. – Zu Recht hält Reichenbach diese Lösung für wenig sinnvoll, allerdings aus einem dem relationslogischen Paradigma immanenten Grund: »the logical nature of the *converse function* cannot be understood« (253).

In dieser Situation gibt es für die mengentheoretisch orientierte Formallogik nur die Möglichkeit, den Relationsbegriff so zu behandeln, als sei er allein das konkrete Urteilsprädikat; zwangsläufig verliert dann der Begriff des Urteilssubjekts seine exponierte Bedeutung, die wir ihm in der prinzipienlogischen Analyse zugewiesen haben. Dadurch aber wird das proton pseudos, das dieser Betrachtungsweise anhaftet, nicht beseitigt, sondern verdoppelt. Es besteht nicht grundsätzlich darin, daß Begriffsverhältnisse mengentheoretisch interpretiert werden; dies ist ohne weiteres möglich, freilich nur unter der Bedingung der vorgängigen Bestimmtheit des Begriffs. Nur unter dieser Bedingung vermag der Begriff eine Menge von Elementen zu definieren. Es ist aber ein schwerer Irrtum anzunehmen, daß die mit Hilfe dieser Interpretation formal erfaßten Begriffsverhältnisse die einzigen Verhältnisse sind, in denen Begriffe zueinander stehen. Eben diesem Irrtum verfällt man, wenn man übersieht, daß mit der Frage nach der Einheit des Prädikatsbegriffs das Problem der vorgängigen Bestimmtheit der bestimmenden Begriffe thematisiert ist – jenes Problem also, von dessen Lösung die Möglichkeit der mengentheoretischen Interpretation abhängt. Offensichtlich wird dieses Problem nicht dadurch gelöst, daß man es vom Prädikat (von der Satzfunktion) ins Argument verschiebt, wie dies die relationslogische und valenztheoretische Darstellung des Beispielsatzes nahelegen. Ein solches Vorgehen läßt seine eigenen Möglichkeitsbedingungen unbegriffen. Es läßt unbegriffen, daß die Einheit des Prädikatsbegriffs mit der vorgängigen Bestimmtheit der bestimmenden Begriffe vermittelt werden muß und daß eben darin das Begriffsproblem liegt. Und es bedarf wohl kaum der näheren Begründung, warum die grammatische Reflexion auf das Begriffsproblem selbst zurückgehen muß und nicht in der mengentheoretischen Interpretation der Begriffsverhältnisse steckenbleiben kann, wenn ihr Gegenstand die signifikative Einheit selbst so einfacher Sätze wie »Fritz ißt Kuchen« sein soll.

Damit sind zwei Fragen herausgearbeitet, deren Beantwortung für die Grammatik des Prädikatsausdrucks unabdingbar ist. Sie lauten: Wie und wodurch ist die Bestimmtheit der bestimmenden Begriffe gewährleistet? Und: Wie und wodurch ist die Einheit des je konkreten Prädikatsbegriffs gewährleistet?

Die Antwort auf die erste Frage wird – wie oben bereits angedeutet – durch die Lehre vom Prinzip des Widerspruchs gegeben. Diese Lehre umfaßt den Widerspruchsausschluß, den Widerspruchseinschluß und die Limitation. Das Prinzip des ausgeschlossenen Widerspruchs besagt, daß die Begriffe der Bestimmungsreihe, die dem einen identischen Subjekt zugesprochen werden, sich nicht wechselseitig ausschließen dürfen. Gleichzeitig aber ist der Widerspruchseinschluß gefordert: »Glieder, die einander nicht wechselseitig ausschließen, haben keinen Unterschied gegeneinander und sind infolgedessen auch nicht (gegeneinander) bestimmt.«[11] Dies bedeutet, daß der bestimmende Begriff als ursprünglich bestimmter Begriff im Widerspruch zu allen anderen Begriffen stehen muß. Gegenüber dem bestimmten Begriff a ist non-a der Inbegriff aller anderen Begriffe. Der Widerspruch konstituiert so die Gesamtheit der Begriffe als System, dessen einzelne Glieder als sich wechselseitig ausschließend aufeinander bezogen sind. Die »Bestimmtheit jedes einzelnen Prädikatsbegriffs setzt das System aller Prädikatsbegriffe überhaupt voraus, die in diesem System nach dem Gesetz durchgängigen wechselseitigen Ausschlusses und Widerspruchs miteinander vereinigt und aufeinander bezogen sind«[12].

Näher ist auf das Prinzip der Limitation einzugehen. Die Lehre vom Prinzip der Limitation ist Korrolar der Lehre vom Prinzip des Widerspruchs und besagt, daß das formale Exklusionsverhältnis, das zwischen a (dem bestimmten Begriff) und non-a (dem Inbegriff aller anderen Begriffe) besteht, näherhin Limitation ist. Non-a ist bestimmter, aber »unendlicher« Begriff. Was gemeint ist, zeigt sich in der Unterscheidung des limitativen Urteils vom negativen Urteil. Das negative Urteil gibt zwar Erkenntnis, aber keine Bestimmung; es ist Aufhebung der Bestimmung: X ist nicht a. Das limitative Urteil dagegen ist »eine positive Handlung«[13]: X ist non-a; die Negation geht gleichsam in den den Gegenstand bestimmenden Begriff ein[14]. ›X ist non-a‹ bestimmt zwar nicht, »unter welchen *Begriff* das Object gehöre, sondern lediglich, daß es in die Sphäre außer A gehöre, welches eigentlich gar keine Sphäre ist, sondern nur *die Angrenzung einer Sphäre an das Unendliche* oder die *Begrenzung selbst*«[15]. Die Bestimmtheit des limitativen Urteils erst ermöglicht die ursprüngliche Bestimmtheit der bestimmenden Begriffe unter der Bedingung der *Unendlichkeit* des Begriffstotum. Die vollständige Bestimmtheit sowohl von a als auch von non-a »bedingt, daß die Disjunktion von bestimmendem Begriff und Inbegriff der bestimmenden Begriffe vollständig ist«[16]: a bestimmt im Widerspruch non-a vollständig, wie auch non-a durch a vollständig bestimmt ist. Die Bestimmtheit des bestimmenden Begriffs ist also »ein unendliches Verhältnis, das Verhältnis allseitiger und durchgängiger Bezogenheit« ist[17]. Der Widerspruch erweist sich als das Prinzip, das zwar

---

[11] Wagner, H. 1980, 103.
[12] Wagner, H. 1980, 104.
[13] Kant, I. 1968 b, 104 (= Logik § 22).
[14] »Das negative Urteil bestimmt nicht, weil es lediglich a aufhebt, das limitative aber bestimmt, indem es non-a als Bestimmung setzt. Die Urteilsbestimmung geht von der Negativität der bloßen Aufhebung der möglichen Bestimmtheit a über zur Positivität der Setzung von non-a als wirklicher Bestimmtheit des Gegenstandes.« (Wagner, H. 1980, 108)
[15] Kant, I. 1968 b, 104 (= Logik § 22).
[16] Flach, W. 1974, 1561.
[17] Flach, W. 1974, 1561.

in der Bestimmung des Gegenstands im Urteil ausgeschlossen ist, in ihr aber doch als »Bedingungsverhältnis«[18] enthalten ist (indem nämlich jede Bestimmung ›X ist a‹ notwendig das wechselseitige Bestimmungsverhältnis von a und non-a voraussetzt).

Das Prinzip der Limitation ermöglicht die ursprüngliche Bestimmtheit der Begriffe und erweist sich damit als der Zugang zu den Strukturverhältnissen, die im »Reich der Begriffe« herrschen. Jeder Begriff steht zu allen übrigen Begriffen im Verhältnis des wechselseitigen Ausschlusses; jeder Begriff ist limitiert durch den unendlichen Inbegriff der bestimmenden Begriffe; jeder Begriff erhält eben dadurch seine Bestimmtheit. Die wechselseitige Determination der Begriffe ist vollständig und systematisch: die Begriffe stehen zueinander im Verhältnis des wechselseitigen Ausschlusses, der wechselseitigen Limitation und der wechselseitigen Bedingtheit.

Ist das Prinzip der Limitation der Schlüssel zu den Strukturverhältnissen im »Reich der Begriffe«, so sind diese Strukturverhältnisse ihrerseits der Schlüssel zum Verständnis der Strukturverhältnisse im Lexikon einer Sprache. Hier liegt die Bedeutung des Prinzips der Limitation für die sprachwissenschaftliche Reflexion. Indem es die ursprüngliche Bestimmtheit des bestimmenden Begriffs gewährleistet, gewährleistet es auch die Bestimmtheit jeder einzelnen im Lexikon einer Sprache kodifizierten Bedeutung. Da das Lexikon einer Sprache nichts anderes sein kann als eine endliche Teilmenge des unendlichen Begriffstotum, gewährleistet das Prinzip der Limitation sowohl die Bestimmtheit des Lexikons als auch die Offenheit des Lexikons.

Von hier aus erweist es sich als berechtigt, von der Sprache als einem System von Zeichen zu reden. Aber es zeigt sich auch, daß die Art und Weise, in der die strukturelle Sprachwissenschaft, insbesondere der »Cours de linguistique générale«, an dieses Problem heranging, wenn nicht gänzlich verfehlt, so doch mit erheblichen Mängeln belastet war. Der »Cours« konzipierte die Sprache als ein System von Zeicheneinheiten, die als Einheiten nur bestimmt sind, insofern sie sich wechselseitig ausschließen. Darauf zielt der berühmte Satz des »Cours«: »Tout ce qui précède revient à dire que *dans la langue il n'y a que des différences.*«[19] Man hat längst erkannt, daß diese Konzeption der Sprache als endliches geschlossenes System, als »système serré«, in zahlreiche Aporien führt – so kann der Begriff der linguistischen Einheit nur zirkulär, also gar nicht definiert werden[20]; so wird unerklärlich, wie Menschen einer Sprachgemeinschaft, die über einen unterschiedlichen Wortschatz verfügen, einander verstehen

---

[18] Wagner, H. 1980, 109.
[19] Saussure, F. de 1975, 166.
[20] Godel, R. 1969, 221.

können[21] –, man hat aber selten den wahren Grund für den aporetischen Charakter dieser Konzeption erkannt. Die Rede von der Sprache als »offenem System« oder »Systemoid«[22] bleibt so lange unklar, solange nicht gesagt werden kann, worin diese Offenheit besteht. Nach dem bisher Gesagten dürfte klar sein, daß die Lexikoneinheiten einer Sprache sich wechselseitig ausschließen, ja, ausschließen müssen, sonst käme ihnen keinerlei Bestimmtheit zu. Ebenso klar aber ist, daß der Ausschluß einer jeden Lexikoneinheit gegen die anderen Einheiten des Lexikons Limitation sein muß – d. h. aber Ausschluß und Limitation nicht nur gegen die anderen Einheiten des Lexikons, sondern auch gegen den jede Endlichkeit des Lexikons transzendierenden Inbegriff aller Begriffe. So richtig der Gedanke von seinem Ansatz her ist, die Bestimmtheit der Lexikoneinheiten unter dem Gesichtspunkt der Limitation zu erfassen, so falsch wird er, wenn man – wie Saussure dies tut – die Bestimmtheit der Lexikoneinheiten qua Limitation als endliches Verhältnis begreift[23]. Für das endliche Lexikon insgesamt kann nur gelten, was für jede einzelne kodifizierte Bedeutung und damit für jeden einzelnen Begriff überhaupt gilt: die Bestimmtheit des Lexikons insgesamt ist gewährleistet durch die vollständige Disjunktion von Lexikon einerseits und »Non-Lexikon« andererseits. Auch die Bestimmtheit des Lexikons ist »in und bei ihrer systematischen Natur unendlich«. Die Offenheit des Lexikons einer Sprache ist somit systematische Offenheit: die Veränderbarkeit des Lexikonbestands gehört als Bestimmungsstück zum Begriff des Lexikons selbst. Bestimmtheit kommt einer Lexikoneinheit nicht qua »Wert« im System des endlichen Lexikons zu, sondern qua Limitation zum Inbegriff aller bestimmenden Begriffe; haargenau dasselbe gilt für das Lexikon selbst. Die Sprache ist beschreibbar als ein System von Zeichen, ja, sie muß als solches beschrieben werden; dabei aber ist immer die Bedingung zu berücksichtigen, unter der die Sprache System ist: die Bedingung der systematischen Offenheit[24].

Die angesprochene Veränderbarkeit des Lexikons ist freilich nicht das entscheidende Moment dieser Offenheit: so viele Einheiten dem Lexikon auch hinzugefügt werden mögen, es bleibt immer endlich und beschränkt. Die Spannung zwischen der unendlichen Totalität der Begriffe und der Eingeschränktheit des Lexikons ist auf diese Weise nicht aufzuheben. Der

---

[21] De Mauro, T. 1982, 105.

[22] Duden 1973, 19.

[23] »Si vous augmentez d'un signe la langue, vous diminuez d'autant la signification des autres. Réciproquement, si par impossible on n'avait choisi au début que deux signes, toutes les significations se seraient réparties sur ce deux signes. L'un aurait désigné une moitié des objets, l'autre, l'autre moitié.« (Saussure, F. de 1957, 22)

[24] Sinnfällig vermag sich diese systematische Offenheit an Lexikoneinheiten selbst zu zeigen, wenn der Sprache ein alpha privativum zur Verfügung steht.

Grund hierfür liegt darin, daß das Lexikon zwar Begriffe als Bedeutungen repräsentiert, nicht aber deren Strukturiertheit. Sprache unterliegt der Bedingung der zeichenhaften Repräsentation; diese ist – bei aller »Formalität« – raum-zeitlich dimensioniert; unter diesem Aspekt muß die Sprache über kleinste, nicht weiter zerlegbare »bedeutungstragende« Einheiten verfügen. Wenn wir sagten, das Lexikon sei eine endliche Teilmenge des Begriffstotum, so heißt dies natürlich nicht, daß die kleinsten »bedeutungstragenden« Einheiten auch »kleinste« oder »einfache« oder »atomare« Begriffe repräsentieren. Solche »einfachen« Begriffe von Gegenständen gibt es nicht, weder »nach oben« (als allgemeinste und schlechthin nicht bestimmbare Begriffe), noch »nach unten« (als Begriffe »einfachster« Anschauungen), denn solche Begriffe könnten nur durch sich selbst oder überhaupt nicht bestimmt sein. Demgegenüber ermöglichen die Prinzipien des Widerspruchs und der Limitation die gleichmäßige vorgängige Bestimmtheit aller bestimmenden Begriffe, d. h. aber auch derjenigen bestimmenden Begriffe, die sprachlich nicht durch *eine* Lexikoneinheit, sondern durch deren mehrere repräsentiert sind. So unmöglich es ist, daß mehrere Lexikoneinheiten als Prädikatsausdruck einen »einfachen« Begriff repräsentieren, so unmöglich ist es, daß ein zusammengesetzter Prädikatsausdruck wie »ißt Kuchen« eine andere Art von Einheit repräsentiert als der einfache Prädikatsausdruck »schläft«. Damit erweist sich die Frage, wodurch die Einheit des je konkreten Prädikatsbegriffs gewährleistet ist, als die Frage nach der strukturellen Einheit des Begriffs selbst.

Die Frage nach der strukturellen Einheit des Begriffs verweist auf das alte Lehrstück von den Merkmalen (notae) der Begriffe. Die moderne Prädikatenlogik pflegt den Merkmalen des Begriffs wenig Aufmerksamkeit zu widmen, da sie ihrem Selbstverständnis nach keine »Inhaltslogik« ist. Für die Sprachwissenschaft indes ist dieses Lehrstück von hervorragender Bedeutung: das wichtigste Verfahren der neueren strukturellen Semantik ist die Komponentenanalyse[25], und diese ist, ganz gleich, wie naiv oder kritisch[26] sie im einzelnen betrieben wird, Merkmalsanalyse. Die »Logique« von Port-Royal definiert die Merkmale eines Begriffs als die Attribute, die die Idee »enferme en soy, & qu'on ne luy peut oster sans la détruire«[27].

---

[25] Vgl. Lyons, J. 1980, 327.

[26] Naiv ist eine solche Analyse, wenn sie »atomare« Merkmale ansetzt, deren jeweiliges »Produkt« dann die Bedeutung des in Frage stehenden Worts (Lexems) ausmacht, wenn also »Mann« das Produkt von »menschlich«, »männlich« und »erwachsen« sein soll. Der Sachlage sehr viel näher kommt Weinreich mit der Annahme, »daß die semantischen Strukturen komplexer Ausdrücke und einfacher Ausdrücke grundsätzlich in der gleichen Form darstellbar sind, das heißt mit Hilfe von Häufungen und *Konfigurationen* (Hervorh. J. Z.) semantischer Merkmale«. (Weinreich, U. 1970, 36)

[27] Logique 1965, 51.

Abgesehen von dem in der »Logique« keineswegs eindeutig verwendeten Terminus »Attribut«[28] ist diese Bestimmung nach wie vor gültig, da in ihr der Sache nach enthalten ist, daß die Merkmale den Inhalt des Begriffs bestimmen, daß sie aufbauende *Bestimmungsstücke* des Begriffs sind, daß somit der Begriff eine Einheit von Aufbaustücken darstellt. Der Begriff ist »Einheit, Verknüpfung, Synthesis bestimmter ›Merkmale‹ (notae), welche ihn gleichzeitig definieren, d. h. ihm selber ihre Bestimmtheit geben; jeder bestimmte Begriff ist also seinerseits ein Gefüge von (ihn selbst bestimmenden) Begriffen«[29].

Wie ist dieses »Gefüge« beschaffen? Die traditionelle Lehre hat hierin kein Problem gesehen und angenommen, daß die Merkmale als Eigenschaften im Inhalt des Begriffs irgendwie koordiniert sind. Dies bedeutet freilich nicht mehr, »als daß sie (die Merkmale, J. Z.) alle dem Ganzen gleich unentbehrlich sind, außerdem aber eine irgendwie gegliederte Ordnung *nicht* besteht«[30]. Im Rahmen der traditionellen Lehre gibt es tatsächlich keine andere Möglichkeit, da diese als das Ordnungssystem der Begriffe nur die Begriffspyramide oder die arbor Porphyriana, d. h. die Über- und Unterordnung im Verhältnis von Gattung und Art, vorsieht[31], die Merkmale eines Begriffs aber dem Begriff nicht im Sinne der Gattung übergeordnet sein können. Illustriert wird dieser Sachverhalt durch die Merkmale, die die »Logique« von Port-Royal als Merkmale des Begriffs des Dreiecks anführt: es sind dies »extension, figure, trois lignes, trois angles & l'égalité de ces trois angles à deux droits«[32]. Auch der Begriff des Menschen ist nicht nur dahingehend bestimmt, Lebewesen zu sein; zur Bestimmtheit des Begriffs des Menschen gehört auch, daß der Mensch Sprache hat, Tiere züchten oder sich selbst vernichten kann usw. Dies führt zu der Einsicht, »daß im Allgemeinen die Merkmale eines Begriffs nicht gleichwerthig einander coordiniert sind, daß sie vielmehr in den mannigfaltigsten Stellungen sich auf einander beziehen, einander verschiedenartige Anlagerungen vorschreiben und so sich wechselseitig *determinieren* (. . .)«[33].

Der Gedanke der wechselseitigen Determination der Bestimmungsstücke eines Begriffs verweist, jetzt gleichsam von innen her, wiederum auf die Strukturverhältnisse im Begriffstotum, deren Prinzipien wir dargelegt haben. Dies ist nicht weiter verwunderlich, denn die Frage nach der

---

[28] Das Attribut ist »maniere de chose, ou mode«, das Sosein oder der Modus des Dings, manchmal auch das Urteilsprädikat (vgl. Logique 1965, 37 u. 101).
[29] Wagner, H. 1973, 68.
[30] Lotze, H. 1912, 46.
[31] Bei aller Verschiedenheit treffen sich die traditionelle Lehre und die moderne Formallogik in einem Punkt: ein System der Begriffe ist nur als Begriffshierarchie denkbar.
[32] Logique 1965, 51.
[33] Lotze, H. 1912, 47.

ursprünglichen Bestimmtheit der bestimmenden Begriffe und die Frage nach der Einheit des bestimmenden Begriffs sind komplementäre Aspekte derselben Problemlage: der Problemlage der Ermöglichung des Prädikatsbegriffs überhaupt. Und damit wird auch deutlich, was der jeweils konkrete Prädikatsbegriff sein muß: er ist endlicher Ausschnitt aus der unendlichen Totalität der Begriffe, und es sind die Strukturverhältnisse eben dieser Totalität, die ihm seine Strukturiertheit vorschreiben. Einheit kann der Begriff unter diesen Bedingungen nur sein, wenn er die »Verbindungsregel«[34] seiner ihn aufbauenden Merkmale ist, wenn er die Regel ist, die die »gegliederte Ordnung« bestimmt. Der bestimmende Begriff ist daher seiner Natur nach *Funktion;* er ist eine Funktion, deren Argumente seine Merkmale, deren Wert aber seine Bestimmtheit als Prädikatsbegriff ist. Der bestimmende Begriff ist *Merkmalsintegral.*

Diese Bestimmung des Begriffs reicht aber noch nicht hin, um die Struktur des Prädikatsausdrucks begreifbar zu machen. An diesem Punkt der Erörterung ist ein Lehrstück ins Gedächtnis zu rufen, das in der »Grammaire« von Port-Royal enthalten ist: das Lehrstück von der Sprache als dem methodisch bedingten Ausdrucksmittel des menschlichen Denkens. Es ist jenes Lehrstück, das das perfekte, d. h. richtige Sprechen als ein Thema faßt, das mit der Sprache selbst gegeben und durch sie legitimiert ist. In der »Grammaire« ist dieses Lehrstück allerdings nicht voll ausgeführt; noch weniger ist es mit dem Hauptthema – der Satz als Ausdruck des Urteils – systematisch vermittelt. Diese Vermittlung ist zu leisten. Sie wird geleistet, indem man fragt, worauf die Idee des perfekten Sprechens zielt. Sie zielt weder auf sprachliche Normierung, noch auf rhetorische Fertigkeiten; sie zielt auf den Gegenstand. Perfekt ist eine sprachliche Äußerung dann, wenn sie dem Gegenstand angemessen ist, wenn also in der je konkreten Bestimmung das am Gegenstand erfaßt wird, was durch die jeweilige Problemlage erfragt ist. Beim Sprechen geht es ja nicht nur um den Ausdruck einer Bestimmung als solcher, sondern um den Ausdruck einer je konkreten Bestimmung und also um den Ausdruck der Lösung eines je anstehenden Problems.

Bedingung der Gegenstandsangemessenheit ist die Methode. Dies gilt auch da, wo gar kein Methodenbewußtsein entwickelt ist, wo also die Organisation des Wissens als Erkenntnis unreflektiert verläuft. Denn eben dies, daß sich das Wissen als Erkenntnis gemäß den Bedingungsmomenten des geltungsdifferenten Wissens organisiert, macht den Begriff der Methode aus. Wie dieser Begriff näher zu bestimmen ist, welche Bestimmungsstücke ihm im einzelnen zuzudenken sind, braucht hier nicht ausgeführt zu werden[35]; für die grammatische Reflexion ist vorläufig festzuhalten, daß die

---

[34] Lotze, H. 1912, 51.
[35] Zum Begriff der Methode vgl. Flach, W. 1977 und Flach, W. 1979.

Methode als die Organisation des Wissens als Erkenntnis, die das Wissen bei unbedingter Geltungsstruktur als sich veränderndes Wissen begreifbar macht, geltungsregulative Funktion hat; sie muß zur logischen Struktur des Wissens hinzutreten, »damit das konkrete Wissen als das, was und so, wie es ist, möglich ist«[36]. Die Methode reguliert das Wissen »im Sinne der jeweiligen Gegenstandsadäquanz«: »Methodische Bestimmtheit und objektive, d. h. gegenstandsangemessene, die Maßstäblichkeit des Gegenstands involvierende Bestimmtheit ist dasselbe.«[37]

Die durch die Methode regulierte, je konkrete Bestimmung macht es erforderlich, daß der bestimmende Prädikatsbegriff nicht nur vorgängig bestimmter Begriff, sondern auch *bestimmungsrelevanter* Begriff ist. Der Prädikatsausdruck ist so bestimmt als Ausdruck des je bestimmenden und bestimmungsrelevanten Begriffs, genauer: als Ausdruck des in je konkreter Bestimmung bestimmungsrelevanten Begriffs. Damit erweist sich das Lexikon einer Sprache als in doppelter Weise defizient. Es ist nicht nur defizient hinsichtlich des totum der bestimmenden Begriffe überhaupt; es ist auch defizient hinsichtlich der geforderten Bestimmungsrelevanz des bestimmenden Begriffs. Denn angesichts der Mannigfaltigkeit der je konkreten Bestimmungen selbst eines einzigen Gegenstands und erst recht angesichts der Mannigfaltigkeit der Gegenstände überhaupt können die Lexikoneinheiten einer Sprache, jede für sich genommen, nur bedingt bestimmungsrelevant sein. Und diese Defizienz des Lexikons ist entscheidend: sie ist es, die durch die grammatische Konstruktion aufgehoben werden muß und durch sie aufgehoben werden kann. Sie ist also systematische Defizienz im Hinblick auf ihre Aufhebung in der grammatischen Konstruktion des bestimmungsrelevanten Prädikatsausdrucks. Erst jetzt, unter dem Aspekt der methodischen Bedingtheit, wird klar, was wir bisher als selbstverständlich vorausgesetzt haben, was aber unter dem Aspekt der Bestimmung allein alles andere als selbstverständlich ist: daß der Prädikatsausdruck *Konstruktion* sein muß, Konstruktion des bestimmungsrelevanten Begriffs.

Wir wissen nun, daß der Begriff endlicher Ausschnitt aus dem unendlichen totum der bestimmenden Begriffe und als solcher Merkmalsintegral ist, daß also der Begriff des Menschen eine »Verbindungsregel« darstellt, die allgemeine Merkmale wie »Sprache haben«, »vernunftbegabt« usw. in eine gegliederte Ordnung bringt und die im Lexikon als die Einheit »Mensch« repräsentiert wird. Und wir wissen, daß der Prädikatsbegriff qua methodischer Bedingtheit bestimmungsrelevanter Begriff ist, sein Ausdruck daher Konstruktion ist. Wir wissen aber nicht, wie diese beiden Erkenntnisse miteinander zu vermitteln sind, insbesondere was es bedeutet,

---

[36] Flach, W. 1979, 55.
[37] Flach, W. 1979, 55.

daß der Begriff offensichtlich in grundsätzlich verschiedener Weise sprachlich repräsentiert wird, nämlich einmal als einfache Einheit (Lexikoneinheit), zum anderen als Konstruktion aus solchen Einheiten. Es ist keineswegs geklärt, was die Bestimmung des Begriffs als Merkmalsintegral für einen konkreten Prädikatsausdruck wie »(ein) guter Mensch« leistet: Was ist hier Integral, was Merkmal? Auf den ersten Blick könnte man meinen, »gut« sei ein Merkmal von »Mensch«; gerade dies aber ist nicht der Fall, denn im Begriff des Menschen ist »gut« nicht als Merkmal wie z. B. »vernunftbegabt« enthalten.

Welchen Sinn hat dann die Lehre vom Begriff als Merkmalsintegral für die Erklärung des Prädikatsausdrucks? Um zu einer positiven Lösung dieser Frage zu gelangen, gilt es, das Verhältnis von »Mensch« und »gut« im angeführten Prädikatsausdruck genauer zu fassen. Dieser Ausdruck ist seiner Struktur nach das definiens im klassischen Definitionsparadigma (in dem z. B. der Mensch definiert wird als »vernunftbegabtes Lebewesen«), und in der Problematik eben dieses Paradigmas liegt der Ansatz zur Lösung unseres Problems. In diesem Paradigma pflegt man im definiens den Gattungsbegriff (genus proximum) vom artbildenden Begriff (differentia specifica) zu unterscheiden: definitio fit per genus proximum et differentiam specificam. Die spezifische Differenz gibt genau das Merkmal an, das den Menschen von allen anderen Lebewesen unterscheidet. Die spezifische Differenz gehört zu den Merkmalen, die den Begriff des Menschen ausmachen; »tritt« sie zum Gattungsbegriff »hinzu«, so wird der Begriff des Menschen gedacht; umgekehrt gelangt man vom Begriff des Menschen zum Begriff des Lebewesens, indem man von den Merkmalen, die den Begriff des Menschen ausmachen, das Merkmal »vernunftbegabt« (und andere) wegläßt, indem man also »vernunftbegabt« von »Mensch« abzieht, abstrahiert.

So jedenfalls will es die klassische Lehre: das Aufsteigen vom Artbegriff zum Gattungsbegriff ist Wegnahme, Abstraktion; je höher die Begriffe, desto weniger sind sie inhaltlich bestimmt, desto weniger Merkmale haben sie; das Hinabsteigen vom Gattungsbegriff zum Artbegriff erfolgt, indem dem Gattungsbegriff ein Merkmal »hinzugefügt« wird. Das Definitionsparadigma erweist sich so als Korrolar der alten Abstraktionstheorie, die die Allgemeinheit des Begriffs als solche wie auch die »Allgemeinheitsgrade« der Begriffe zueinander als Abstraktion (also einmal als Abstraktion von der Mannigfaltigkeit der Anschauung, zum anderen als Abstraktion von Merkmalen) erklärt. Es ist darin so unzulänglich wie die Abstraktionstheorie überhaupt[38]. Eine im Grunde schlichte Überlegung deckt den Grundirrtum der Abstraktionslehre auf: »Gold Silber Kupfer und Blei sind

[38] Vgl. Wagner, H. 1973, bes. 68–75, und Wagner, H. 1980, 110 ff.

an Farbe Glanz Gewicht und Dichtigkeit verschieden; aber ihr Allgemeines, das wir Metall nennen, finden wir nicht dadurch, daß wir bei ihrer Vergleichung diese verschiedenen Merkmale *ohne einen Ersatz* (Hervorh. J. Z.) einfach weglassen. Denn offenbar reicht zur Bestimmung des Metalls nicht die Verneinung aus, es sei weder roth noch gelb noch weiß oder grau; ebenso unentbehrlich ist die Bejahung, daß es jedenfalls irgend eine Farbe habe; es hat zwar nicht dieses nicht jenes specifische Gewicht, nicht diesen nicht jenen Grad des Glanzes, aber seine Vorstellung würde entweder gar nichts mehr bedeuten oder doch sicher nicht die des Metalls sein, wenn ihr jeder Gedanke an Gewicht überhaupt, an Glanz und Härte überhaupt fehlte.« Es »entsteht mithin das Allgemeine nicht durch einfache Hinweglassung der verschiedenen Merkmale p^1 und p^2, q^1 und q^2, die in den verglichenen Einzelfällen vorkommen, sondern dadurch, daß an die Stelle der weggelassenen Merkmale P und Q eingesetzt werden, deren Einzelarten p^1, p^2 und q^1, q^2 sind«[39].

Man kann die Bedeutung dieser Erkenntnis nicht hoch genug veranschlagen. Sie zeigt, wie das Verhältnis von Gattung und Art wirklich beschaffen ist: die Gattung »ist das Gesetz für die ›Bildung‹ ihrer Arten«[40]. Der Gattungsbegriff ist das Merkmalsintegral allgemeiner Merkmale; in ihm ist der artbildende Begriff im Gegensatz zur Art zwar nicht im Sinne der logischen Inklusionsrelation enthalten, aber er tritt auch nicht einfach »von außen« zum Gattungsbegriff hinzu; der artbildende Begriff ist im Gattungsbegriff vielmehr »aufgehoben«. Im Begriff des Menschen ist der Begriff des Guten als Merkmal nicht enthalten; enthalten aber ist das allgemeine Merkmal der ethischen Verfaßtheit, und deshalb sind die guten Menschen und die schlechten Menschen Arten der Gattung Mensch. Für die grammatische Reflexion aber ist festzuhalten: das Verhältnis von Gattungsbegriff und artbildendem Begriff ist der Inbegriff der Konstruktion. Dieses Verhältnis begründet die Konstruktion des bestimmungsrelevanten Begriffs und zeigt gleichzeitig, wie der Prädikatsausdruck zu konstruieren ist: der Prädikatsausdruck wird konstruiert durch die Fixierung, Markierung und Spezifizierung derjenigen allgemeinen Merkmale eines Merkmalsintegrals, die bestimmungsrelevant sind.

Die sprachliche Repräsentation eines Begriffs durch eine grammatische Konstruktion bringt die in der Konstruktion verwendeten Einheiten in ein funktionales Verhältnis zueinander; die Einheiten übernehmen verschiedene Aufgaben. Dieses funktionale Verhältnis läßt sich explizieren. Dabei ist anzusetzen bei dem Sachverhalt, daß die allgemeinen Merkmale eines Begriffs als Variablen aufgefaßt werden können, die die Werte durchlaufen,

---

[39] Lotze, H. 1912, 40 f.
[40] Wagner, H. 1980, 112.

deren Inbegriff den Begriff dieses allgemeinen Merkmals ausmacht. Man kann sich die Variablen als Definitionen von Wertbereichen vorstellen; durch sie werden »Leerstellen« eröffnet und für eine wohldefinierte Art der Belegung bereitgestellt. In der grammatischen Konstruktion wird dann die Leerstelle unter dem Gesichtspunkt der Bestimmungsrelevanz markiert und belegt.

Diejenige Einheit der grammatischen Konstruktion, die die Leerstelle markiert und belegt, hat die Aufgabe, Bedeutung zu differenzieren. Sie hat *bedeutungsunterscheidende* Funktion. Diese Funktion pflegt man in der Regel nicht Lexikoneinheiten, sondern Lauteinheiten (Phonemen) zuzuschreiben; das Phonem wird oft definiert als die kleinste bedeutungsunterscheidende Einheit. Eine solche Bestimmung versucht der Tatsache gerecht zu werden, daß bestimmte lautliche Unterschiede in jeder Sprache systematisch dazu genutzt werden, verschiedene Zeichengestalten zu konstituieren; als Zeichenelemente haben sie nicht die Funktion, Bedeutungen zu repräsentieren, sondern zu unterscheiden. Die Bestimmung ist indes nicht ganz korrekt. Phoneme (oder auch distinktive Merkmale) unterscheiden nicht Bedeutungen voneinander, sondern Bedeutungsrepräsentanten; Bedeutungen sind nicht dadurch voneinander unterschieden, daß sie durch unterschiedliche Zeichengestalten in einer Sprache repräsentiert werden. Die Differentiation der Bedeutungen, ihre Etablierung in Abgrenzung zueinander, kann nur durch das menschliche Denken mit Hilfe der etablierten Bedeutungen selbst erfolgen. Bedeutungsdifferentation und Bedeutungsetablierung sind zwei Aspekte derselben Sache, nämlich der grammatischen Konstruktion. Von daher ist es berechtigt, Lexikoneinheiten bzw. deren Bedeutungen in der grammatischen Konstruktion bedeutungsunterscheidende Funktion zuzuschreiben. »gut« in »(ein) guter Mensch« unterscheidet »(ein) guter Mensch« von »Mensch«; »laut« in »singt laut« unterscheidet »singt laut« von »singt«; und »Kaffee« in »kocht Kaffee« unterscheidet »kocht Kaffee« von »kocht«. Der die Konstruktion repräsentierende Ausdruck ist deshalb Differential; er ist *Bedeutungsdifferential*.

Diese Bestimmung der grammatischen Konstruktion macht für die Grammatik einen Begriff fruchtbar, der im Rahmen der Phonologie entwickelt wurde, inzwischen aber auch in der Lexik und der Semantik eine bedeutende Rolle spielt: den Begriff des distinktiven Merkmals. Ein distinktives Merkmal wird in der Regel bestimmt als ein Merkmal, durch das sich eine sprachliche Einheit von einer anderen sprachlichen Einheit bei sonstiger Übereinstimmung unterscheidet. Die beiden sprachlichen Einheiten bilden die Glieder einer Opposition. In der Phonologie wird diese Opposition als ein privatives (exklusives) Verhältnis aufgefaßt, da hier die Konstitution distinkter Einheiten im Vordergrund steht. Dieser methodische »Binarismus« mag in der Phonologie angemessen sein. Seine

Übertragung in die Semantik ist indes nicht ohne weiteres möglich. Sie verleitet dazu, Relationen zwischen Lexemen, die sich ihrem Sinn nach tatsächlich logisch ausschließen, zu mißdeuten. So hat man beispielsweise Oppositionspaare wie »Mann: Frau« zu bestimmen versucht, indem man dem einen Glied der Opposition ein Merkmal zuschreibt, das dem anderen Glied der Opposition fehlt: »Mann« fehlt das Merkmal »weiblich« (hat das Merkmal» – weiblich«) bzw. »Frau« fehlt das Merkmal »männlich« (hat das Merkmal »– männlich«). Man übersieht dabei, daß das Verhältnis der Opposition »Mann: Frau« grundsätzlich nicht anders strukturiert ist als das in mehrgliedrigen Oppositionen wie »Schimmel: Falbe: Fuchs: Rappe« oder »Tautologie: Alternative: Replikation: Implikation: Exklusion:. . . . . : Kontradiktion« usw. Jedesmal handelt es sich um die Gegenüberstellung bzw. Reihung einander sich ausschließender Arten *einer* Gattung; der jeweils artbildende Begriff ist das distinktive Merkmal (männlich, weiblich; weiß, gelb, rot usw.); er ist selbst Artbegriff eines Gattungsbegriffs, der allgemeines Merkmal der Gattung ist (Geschlecht, Farbe). Man hat die methodische Unzulänglichkeit des »Binarismus« in der Semantik gesehen und deshalb vorgeschlagen, in der semantischen Komponentenanalyse einen übergeordneten Marker (Geschlecht, Farbe) und einen untergeordneten Marker (er regelt die Ausdifferenzierung) zu unterscheiden[41].

Der Begriff des destinktiven Merkmals begründet einen anderen Typus von Oppositionen, die tatsächlich streng binär sind, deren Glieder logisch gesehen aber nicht mehr im Verhältnis der Exklusion, sondern im Verhältnis der Inklusion stehen. Es sind dies Oppositionen wie »Student: Studentin«, »Fluß: Strom« oder »Pferd: Schimmel«. Das zweite Glied der Paare ist jeweils im Verhältnis zum ersten Glied »markiert«, im ersten Beispiel nicht nur inhaltlich (semantisch), sondern auch formal (morphologisch)[42]. »Studentin« ist im Gegensatz zu »Student« markiert hinsichtlich des allgemeinen Merkmals ›Geschlecht‹[43]; »Strom« ist im Gegensatz zu »Fluß« markiert hinsichtlich des allgemeinen Merkmals ›Größe‹; »Schimmel« ist im Gegensatz zu »Pferd« markiert hinsichtlich des allgemeinen Merkmals ›Farbe‹. Der Begriff der Markierung ist somit ein relationaler Begriff. Als linguistischer terminus technicus verweist er auf den Zusammenhang, der zwischen Gattungsbegriff, einem allgemeinen Merkmal des Gattungsbegriffs (einer Variablen) und dem Artbegriff (der markierter Begriff ist) besteht.

---

[41] Vgl. Bierwisch, M. 1969.

[42] Zur Unterscheidung von formaler und semantischer Markierung vgl. Lyons, J. 1980, 315–317.

[43] Die Theorie der Markiertheit verdankt sich der Beobachtung, daß unter bestimmten Bedingungen der unmarkierte Ausdruck zum markierten Ausdruck in eine exklusive Opposition gerückt wird. Diese Bedingungen interessieren hier nicht.

Die Bestimmung des Prädikatsausdrucks als Bedeutungsdifferential legt
es nahe, seine Konstruktion als *Derivation* zu fassen: mit Hilfe bedeutungs-
unterscheidender Einheiten, die Lexikoneinheiten sind, wird der Prädikatsausdruck aus einer Basis, die ebenfalls Lexikoneinheit ist, deriviert; als
Derivat ist der Prädikatsausdruck markiert. Das funktionale Verhältnis, das
zwischen der Basis und den markierenden bedeutungsunterscheidenden
Einheiten besteht, ist *Attribution;* die bedeutungsunterscheidenden Einheiten fungieren als *Attribute.*

Diese Bestimmung der Derivation und des Attributs bedarf der
Erläuterung, weicht sie doch erheblich von dem ab, was man üblicherweise
unter »Derivation« bzw. »Attribut« versteht. Der Begriff der Derivation
(Ableitung) entstammt der Wortbildungslehre. Hier steht er dem Begriff
der Komposition (Zusammensetzung) gegenüber. Komposition »ist eine
Morphemkonstruktion, deren unmittelbare Konstituenten auch als freie
Morpheme oder Morphemkonstruktionen vorkommen können«[44]: Haustür (Haus + Tür), Schöngeist (schön + Geist), überfahren (über + fahren)
usw. Derivation dagegen ist eine Morphemkonstruktion, von deren
unmittelbaren Konstituenten nur eine frei vorkommen kann[45], die m. a. W.
sog. gebundene Morpheme als Affixe enthält: Schönheit (schön + –heit),
freundlich (Freund + –lich), entfalten (ent– + falten) usw. Einzelheiten
können wir uns hier ersparen. Entscheidend ist, daß die Unterscheidung
von Komposition und Derivation in der Wortbildungslehre rein morphologisch motiviert ist und letztlich auf der Unterscheidung von freien und
gebundenen Morphemen beruht. Sie sagt also nichts aus über das
funktionale Verhältnis, in dem die Bedeutungen der beteiligten Morpheme
zueinander stehen[46].

Gerade das funktionale Verhältnis von Bedeutungen zueinander läßt sich
mit Hilfe der Begriffe der Derivation und der Attribution erfassen. Dies gilt
nicht nur für die Konstruktion des Prädikatsausdrucks, sondern auch für
die Wortbildung selbst. Es zeigt sich nämlich, daß die eine Morphembedeu-
tung immer attributiv zur anderen ist und damit – folgt man unserem
Gebrauch des Begriffs – jede Wortbildung eine Derivation darstellt: die
Haustür ist die Tür des Hauses, und ein Schöngeist ist ein schöner Geist;
nichts verbietet es, »Haustür« als Derivat von »Tür« oder »Schöngeist« als

---

[44] Fleischer, W. 1971, 50.
[45] So sinngemäß Fleischer, W. 1971, 59. – Vgl. auch Martinet, A. 1971, 122 f.
[46] Es ist nur konsequent, wenn in jüngster Zeit vorgeschlagen wird, Komposita und Derivata
in derselben Weise zu repräsentieren, d. h. Komposita und Derivata grundsätzlich dieselbe
Konstituentenstruktur zuzuschreiben: auch Derivata können, von einem »lexikalistischen«
Standpunkt aus, als das Ergebnis einer Komposition begriffen werden. Dies führt zu einer
»Kompositionstheorie der Affigierung«. (Vgl. Höhle, T. N. 1982, 80.) Vom grammatischen
Standpunkt aus kann man freilich umgekehrt Komposita als Ergebnis einer Derivation
auffassen.

Derivat von »Geist« zu begreifen[47]. Nebenbei zeigt sich hier wiederum deutlich, daß Attribution keineswegs die Bildung des logischen Produkts bedeutet: »Haustür« bzw. »Tür des Hauses« ist nicht als die Schnittmenge von »Haus« und »Tür« darstellbar. Das Attribut ist bedeutungsunterscheidende Einheit, ist differenzierendes Merkmal im Derivat »Haustür«.

Nicht anders verhält es sich im Prädikatsausdruck selbst. Die Basis des Prädikatsausdrucks ist eine Lexikoneinheit; die allgemeinen Merkmale ihrer begrifflich-gegenständlichen Bedeutung definieren die Klassen möglicher Attribute; entsprechend der Gegenstandsadäquanz werden die bestimmungsrelevanten Attribute »aufgerufen«, mit deren Hilfe der Prädikatsausdruck aus der Basis deriviert wird. Formal läßt sich die Derivation des Prädikatsausdrucks als endozentrische Konstruktion[48] bestimmen – als eine Konstruktion, die im Satz stets durch die Basis, nie aber durch ein Attribut ersetzt werden kann. Basis und Attribut(e) gehen keine Synthesis ein in der Weise, wie dies bei Subjekt und Prädikat der Fall ist; die Einheit des Prädikatsausdrucks ist nicht synthetische Einheit, sondern analytische Einheit; sie beruht nicht auf Bestimmung, sondern auf Modifikation. Wie vielfältig auch immer die Basis modifiziert wird: ihre Bedeutung dominiert und determiniert das Derivat. Die Basis gibt eine allgemeine Regel vor, nach der die Derivation erfolgt; sie ist gewissermaßen das *Schema* des jeweiligen Prädikatsausdrucks. Das Verhältnis von Schema und Attribut ist, ebenso wie das Verhältnis von Subjekt und Prädikat, funktionales Verhältnis. Im Gegensatz zu jenem aber ist es iterierbar. Diese Bestimmung trägt dem Sachverhalt Rechnung, daß eine Lexikoneinheit, die Attribut zum Prädikatsschema ist, ihrerseits Attribute bei sich führen kann, diesen Attributen gegenüber also als Schema fungiert. Aus »kocht Kaffee« kann »kocht starken Kaffee«, aus »singt laut« kann »singt entsetzlich laut« deriviert werden. »Kaffee« und »laut« sind in den genannten Beispielen einerseits Attribut zum Schema des Prädikatsausdrucks, andererseits Schema der neu hinzugefügten Attribute. Schema und Attribute (und Attributsattribute usw.) komplettieren sich im Prädikatsausdruck zur analytischen Einheit.

Grammatisch äußert sich dieses Verhältnis von Schema und Attribut als die formale Abhängigkeit der Attribute vom Schema. Die Formbestimmtheit der Attribute ist die des einseitigen Bezugs zum Schema. Zwischen

---

[47] Eine solche semantisch-logische Bestimmung der Derivation läßt es zu, die an der Wortbildung beteiligten Affixe zu klassifizieren in Basisaffixe (die Affixe bilden die Basis der Derivation: »freundlich« ist Derivat von »-lich« und bedeutet »in der Art eines Freundes«, »Schönheit« ist Derivat von »-heit« und bedeutet »schöne Beschaffenheit«) und Attributaffixe oder Derivationsaffixe (»-chen« als Attribut im Derivat »Häuschen«).

[48] Zum Begriff der endozentrischen Konstruktion vgl. Hockett, Ch. F. 1969, 183 ff.; Martinet, A. 1971, 121; Lyons, J. 1973, 235 ff. Es sei darauf hingewiesen, daß wir diesen Begriff in weiterem Sinn verwenden als die genannten Autoren.

Attribut und Schema besteht also keine Gleichrangigkeit; dem Schema sind, wenn dieses Bild gestattet ist, die Attribute einverleibt. Diese Abhängigkeit ist nicht mit Subordination zu verwechseln, wie sie zwischen Gattungsbegriff und Artbegriff herrscht. Sie ist rein grammatisch-formale Abhängigkeit, eine Struktur, die es im »Reich der Begriffe« nicht gibt, die es aber unter der Bedingung des endlichen Lexikons ermöglicht, den Prädikatsausdruck als *einen* Begriff und zugleich als Ausschnitt aus dem unendlichen Begriffstotum zu repräsentieren. Durch diese grammatisch-formale Abhängigkeit wird die Bedeutung der Attribute »obliquisiert«: ihr Bezug zum Gegenstand ist nicht »recte«, sondern besteht qua Modifikation einer Basisbedeutung.

Der hier vorgeschlagene Begriff des Attributs umfaßt auch solche Teile des Satzes, die die herkömmliche Grammatik als selbständige Satzglieder zu beschreiben pflegt: »Objekte«, Adverbiale, freie Dative usw. Damit weicht er von dem dort gebrauchten Attributsbegriff ab. Er stimmt aber mit diesem Attributsbegriff insofern überein, als Attribution diejenige grammatische Beziehung ist, die zwischen Lexikoneinheiten mit begrifflich-gegenständlicher Bedeutung innerhalb der Satzglieder herrscht. Zwischen dem Begriff des Satzglieds und dem Begriff des Attributs besteht also hier wie dort ein Zusammenhang: zwischen Satzglied und Satz (und damit auch zwischen Satzglied und Satzglied) herrschen andere grammatische Beziehungen als innerhalb der Satzglieder selbst. Wir werden im folgenden zeigen, daß die herkömmliche Grammatik, soweit sie diesen Zusammenhang thematisiert[49], nicht in der Lage ist, ihn auch plausibel oder wenigstens widerspruchsfrei zu explizieren.

Es liegt nahe, Satzglied und Attribut dadurch voneinander abzugrenzen, daß man sie durch grundsätzlich verschiedene grammatische Relationen definiert: die Satzglieder sind die konstitutiven Teile des Satzes, konstituieren den Satz; Attribute dagegen stehen in der Relation der Abhängigkeit von einzelnen Wörtern. Der Begriff des Satzglieds und der Begriff des Attributs, die hier vorgeschlagen werden, sind so konzipiert. Die herkömmliche Grammatik kann sich dieses einfache Konzept nicht zu eigen machen: »Objekte«, Adverbiale usw. hängen von einem Wort – vom Verb – ab und wären so definitionsgemäß als Attribute ausgewiesen. Der Ausweg, der üblicherweise beschritten wird, besteht darin, das Satzglied im

---

[49] Die Konstituentenstrukturgrammatik thematisiert diesen Zusammenhang nicht. Zwar läßt sich in ihrem Rahmen das Attribut formal bestimmen auf der Grundlage des Begriffs der endozentrischen Konstruktion; die Rolle des Attributs ist damit aber nicht schon begriffen. Auch der Begriff der Rekursivität der generativen Transformationsgrammatik ist mit dem Begriff des Attributs nur schwer zu vermitteln, da die Expansion von VP nicht als rekursive Regel formuliert werden kann.

Gegensatz zum Attribut als »selbständiges Stellungsglied«[50] zu bestimmen. Exemplarisch hierzu die Duden-Grammatik: »Der Satz besteht nicht aus nebeneinandergereihten Einzelwörtern, sondern aus Gliedern. Dies zeigt am deutlichsten die Verschiebeprobe (. . .). Als Satzglied sind demnach alle Teile anzusprechen, die sich selbständig um das im Aussagesatz an zweiter Stelle verharrende Glied (Verb) wie um eine Achse bewegen (. . .).«[51] Diese formal-syntaktische Bestimmung des Satzglieds, die im übrigen für Sprachen mit sehr freier wie für Sprachen mit sehr fester Wortstellung gleichermaßen irrelevant ist, hat zur Folge, daß der Satz nicht als synthetische Einheit von ihn konstituierenden Gliedern begriffen werden kann: sämtliche Satzglieder, die nicht Prädikat (in der Gleichsetzung von Prädikat und Verb) sind, hängen von einem Satzglied oder Wort, eben dem Verb, ab. Im Satz gibt es nur eine grammatische Beziehung: die der Abhängigkeit. Der Unterschied zwischen Satzglied und Attribut ist damit nur noch graduell faßbar; Attribute sind dann dadurch gekennzeichnet, daß sie nicht unmittelbar vom (finiten) Verb abhängen.

Man sieht leicht, daß dieses Satzkonzept mit dem Satzkonzept der Valenzgrammatik konvergiert, auf deren Affinität zur Satzgliedlehre wir eingangs hingewiesen haben. Die Valenzgrammatik ist ihrer Konstitution nach Abhängigkeitsgrammatik. In ihr wird die Valenz des Verbs als Argument dafür herangezogen, daß die Subjekt-Prädikat-Struktur als die Grundstruktur des Satzes zu leugnen und statt dessen die Mehrgliedrigkeit des Satzes anzunehmen sei[52]. Die Argumentation hierfür läuft im wesentlichen nach folgendem Grundmuster ab: Bedeutungen – so nimmt man an – werden durch Lexikoneinheiten repräsentiert, die aufgrund eben ihrer Bedeutung Valenz haben, d. h. eine oder mehrere »Leerstellen« mit sich führen; bei der Verwendung der Lexikoneinheit im Satz müssen, damit ein grammatischer Satz entsteht, diese »Leerstellen« belegt werden. Die Eigenschaft der Valenz ist zwar kein Spezifikum des Verbs[53]; beim Verb aber ergibt sich die Besonderheit, daß eine »Leerstelle«, deren Belegung obligat ist, notwendig für das Subjekt des Satzes steht. Das Subjekt ist Satzglied; also sind – bei mehrwertigen Verben – auch die übrigen obligaten und fakultativen Ergänzungen Satzglieder; analog dazu sind auch die freien Ergänzungen Satzglieder[54], wenngleich diese für den Satz selbst nicht

---

[50] Helbig, G. u. J. Buscha 1979, 518.
[51] Duden 1966, 467. Diese Bestimmung ist die opinio communis und wird mit entsprechenden Modifikationen in den meisten Grammatiken des Deutschen vertreten.
[52] Vgl. Anm. 5 dieses Kapitels.
[53] Valenz »findet sich bei allen Autosemantika (. . .).« (Sommerfeldt, K.-E. u. H. Schreiber 1977, 11) Vgl. auch Sommerfeldt, K.-E. u. H. Schreiber 1974.
[54] Zur Unterscheidung von obligatorischer Valenz, fakultativer Valenz und freien Angaben vgl. Helbig, G. u. W. Schenkel 1978, 31 ff.

konstitutiv sind[55]. Satzglied ist das Verb und das, was vom Verb direkt abhängt. Alles andere ist Attribut.

Damit ist der Begriff des Satzglieds nicht mehr durch den Begriff eines besonderen Typus von grammatischer Relation zu spezifizieren. Der Begriff des Satzglieds ist jetzt, sofern es sich nicht selbst um das Verb-Prädikat handelt, wesentlich durch das Merkmal »direkte Abhängigkeit vom Verb« bestimmt. Man kann dies selbstverständlich ohne weitere Begründung definitorisch festlegen; es fragt sich dann freilich, ob durch eine solche Festlegung nicht einfach verschiedene Namen – »Satzglied« und »Attribut« – für denselben strukturellen Sachverhalt eingeführt werden. Die valenztheoretische Argumentation sticht nur dann, wenn es gelingt, die Auszeichnung des Verbs vor den anderen Wortarten im Hinblick auf die Satzstruktur zu begründen. Diese Auszeichnung des Verbs kann nicht in seinem begrifflich-gegenständlichen Gehalt bestehen, der die »Leerstellen« definiert; Valenz kommt auch Exemplaren anderer Wortarten zu. Diese Auszeichnung kann auch nicht darin bestehen, das Subjekt des Satzes als »Leerstelle« bei sich zu führen, da dem Subjekt im Rahmen dieser Argumentation seine grammatische Spezifik gerade genommen wird. Die Auszeichnung des Verbs muß aber auf jeden Fall in der Funktion bestehen, die dem Verb als Verb im Satz zukommt und die offensichtlich durch das formale Merkmal der Finitheit zum Ausdruck gelangt. Erblickt man diese Funktion darin, daß das finite Verb die Kopula zum Ausdruck bringt, dann gibt es entgegen der valenztheoretischen Intention keine Möglichkeit, neben Subjekt und Prädikat noch weitere Satzglieder anzusetzen – denn was außer Subjekt und Prädikat sollte die Kopula zusätzlich zur Einheit bringen? Als Ausweg bleibt nur die schon bekannte Antwort: das Verb ist ausgezeichnet, da es das »strukturelle Zentrum des Satzes« ist.

In einer solchen Konzeption des Satzes und des Verbs kann es Attribution zum Verb nicht geben. Jedes Attribut zum Verb hinge nämlich grammatisch direkt vom Verb ab und wäre dann, wird der Unterschied von Satzglied und Attribut aufrechterhalten, eo ipso Satzglied[56]. Wie aber verhält es sich in Sätzen, in denen das verbum substantivum das Verb ist (»Sokrates ist Philosoph« usw.)? Man kann sich dazu entschließen, das verbum substantivum als das Prädikat eines solchen Satzes aufzufassen[57]. Eine solche Lösung ist indes wenig überzeugend. Sie führt vor die Alternative, entweder das Satzglied Prädikat auf die kopulative Funktion

---

[55] Vgl. Duden 1973, 485.

[56] So weisen Helbig/Buscha eigens darauf hin, daß Attribution nur bei Wörtern, die »nicht Verb« sind, möglich ist (Helbig, G. u. J. Buscha 1979, 518).

[57] So der Duden 1966, 473: »Neuere Auffassungen sprechen auch diesen Verben (= Verben, die ›Gleichsetzungsfunktion‹ ausüben; J. Z.) den gleichen Rang zu wie jedem anderen Verb im Satze (. . .).«

reduzieren zu müssen (und die gegenständliche Bedeutung der meisten anderen Verben als prädikatsuntypischen Zusatz zu werten) oder dem verbum substantivum als einem bivalenten Verb grundsätzlich gegenständliche Bedeutung zuzuerkennen. Das erste läuft aus den eben dargelegten Gründen der eigenen Konzeption zuwider; das zweite ist schlicht abwegig. – Eine andere Möglichkeit besteht darin, Ausdrücke wie »ist Philosoph« als zusammengesetztes Prädikat aufzufassen, wobei »Philosoph« das sog. »Prädikativ« darstellt. Diese Lösung, der logisch wie grammatisch der Vorzug zu geben ist und die häufig in der grammatischen Literatur vertreten wird – gerade auch in valenzorientierten Ansätzen[58] –, sprengt die valenztheoretische Konzeption, da nun Attribution zum Prädikat, ex definitione ausgeschlossen, doch möglich ist (»ist ein großer Philosoph«, »ist ein Philosoph des Untergangs« usw.).

Wie immer man es anstellt: die Konzeption weiterer Satzglieder neben Subjekt und Prädikat und – korrelativ dazu – der Ausschluß der Attribution aus dem grammatischen Prädikat führen in Widersprüche. Der Verlegenheit entgeht man auch dann nicht, wenn man den Unterschied zwischen Satzgliedern und Attributen durch »Zurückführung der konkreten Sätze auf Grundstrukturen« einsichtig machen will und das Attribut als grundsätzlich »potentielle Prädikation«[59] bestimmt. Soll diese Bestimmung bedeuten, daß das Attribut grundsätzlich potentielles *Prädikat* des Wortes ist, dem es beigefügt wird, dann ist sie falsch: die meisten Genitivattribute sind keine potentiellen Prädikate in diesem Sinne (»das Haus meines Onkels«, »die Eroberung der Stadt«). Bedeutet diese Bestimmung aber, daß das Wort, dem das Attribut beigefügt ist, und das Attribut in irgendeinem potentiellen Satz Satzgliedposition, z. B. als Subjekt und Prädikat oder als Prädikat und »Objekt«, einnehmen können (»der alte Mann« und »der Mann ist alt«; »die Eroberung der Stadt« und »jemand erobert die Stadt«), dann wird der Attributsbegriff stillschweigend über den Satzgliedbegriff definiert, der seinerseits wiederum auf der Voraussetzung basiert, zum Verb gebe es kein Attribut. Die Bestimmung des Attributs als »potentielle Prädikation« ist also entweder falsch oder zirkulär. Im übrigen verbietet sie es, offensichtliche Attribution wie *»sehr* klein« als solche zu erfassen.

Solche Ungereimtheiten verschwinden sofort, wenn man das Problem der notwendigen Ergänzung und d. h. das Problem der Valenz überhaupt unter dem Aspekt der Attribution erfaßt. Gesteht man das Phänomen der Valenz auch anderen Wortarten zu, wie dies heute allgemein der Fall ist, dann ist dieser Konsequenz kaum zu entgehen. Damit aber ist der etablierten Satzgliedlehre eines ihrer wichtigsten Argumente entzogen und

---

[58] Z. B. Helbig, G. u. J. Buscha 1979, 478.
[59] Helbig, G. u. J. Buscha 1979, 518.

der Weg freigelegt zum Verständnis dessen, was Attribution grammatisch tatsächlich bedeutet. Dabei können wir ansetzen bei der Erkenntnis, daß Attribution wesensgemäß *nicht* »potentielle Prädikation« ist, sondern die grammatisch ermöglichte Komplexion von Bedeutung(en) zu *einem* Begriff. Attribution ist damit nicht bestimmungslogisch, sondern methodisch motiviert; sie ist diejenige grammatische Beziehung, die die Markierung und Akzentuierung der bestimmungsrelevanten Merkmale des bestimmenden Prädikatsbegriffs sicherstellt. Gesteuert wird die Attribution also nicht durch die logische Struktur des Wissens, sondern durch seine Organisation. Zwar wird sie, wie sprachliche Form überhaupt, ermöglicht durch die Struktur, die gegenständlichen Sinn ermöglicht; reguliert aber wird sie durch die gegenstandsadäquate Bezugnahme und Bestimmung des Gegenstands.

Diese methodische Ausrichtung des Sprechens qua Attribution erlaubt es, zwei Momente näher zu bestimmen, die bisher nur ganz allgemein formuliert werden konnten. Diese Momente sind durch den Bestand eines (endlichen und methodisch defizienten) Lexikons auf der einen Seite und durch die Tatsache auf der anderen Seite gegeben, daß Sprechen je konkretes Sprechen über einen Gegenstand ist und daß beide – Lexikon wie je konkretes Sprechen – mit dem Begriff der grammatischen Form vermittelt werden müssen. Beides hat einen doppelten Aspekt, einen formalen und einen begrifflich-gegenständlichen. Der formale Aspekt ist die Frage nach der grammatisch-formalen Bestimmtheit der lexikalischen Einheiten und ihrer möglichen Komplexion unter der Bedingung der methodischen Reguliertheit; ihn behandeln wir im letzten Kapitel. Der begrifflich-inhaltliche Aspekt hat es direkt mit dem Problem der Valenz zu tun. Begriffe, die eine Ergänzung »fordern«, werden in der Regel als »Relationsbegriffe« bezeichnet; gemeint ist, daß sie eine Relation zwischen zwei oder mehr Gegenständen bedeuten, was nur möglich ist, wenn sie »Leerstellen« enthalten, die durch die Begriffe dieser Gegenstände besetzt werden können. Unter bestimmungslogischem Aspekt ist im Prädikat keine Spezifikation einer »Leerstelle« gefordert; der Gegenstand (dessen Begriff selbstverständlich die Spezifikation einer bestimmten »Leerstelle« ist, die im Urteil als Subjekt fungiert) wird bestimmt, wenn von ihm ausgesagt wird, daß er in einer bestimmten Relation steht; zu welchem spezifischen Gegenstand er in Relation steht, ist rein bestimmungslogisch irrelevant. Nun ist es sicherlich richtig, daß die sprachliche Intuition Sätze wie »Fritz singt« oder »der Mensch denkt« auch ohne Ergänzungen als grammatisch akzeptiert, während Sätze wie »Fritz gibt« oder »Franz befindet sich« als weniger oder gar nicht akzeptabel erscheinen, Ergänzungen also »gefordert« sind. Eine Erklärung ist leicht gefunden. Die meisten Relationsbegriffe, die zum Lexikon einer Sprache gehören, definieren ihre »Leerstellen« relativ eng: singen kann man einen in Musik gesetzten Text, ein Lied oder eine Oper, jedenfalls aber keinen Schrank; denken kann man zwar an alles, aber nur der Mensch hat diese Fähigkeit. Es handelt sich um jene Art von Sinnrelationen, die ein »syntaktisches Wortfeld« begründen, einen »Bereich« von Wörtern, »die mit einem gegebenen Wort sinnvoll verknüpft werden können«[60]. Mit Recht hat man diese Sinnrelationen zur Untersuchung der lexikalischen Struktur einer Sprache herangezogen. Die Realisierung solcher Sinnrelationen im Prädikatsausdruck erfolgt dann, wenn die Spezifikation der »Leerstelle« bestimmungsrelevant ist; letzteres aber hängt davon ab, unter welchem Gesichtspunkt bzw. unter welcher Problemstellung der Gegenstand bestimmt werden soll. Die Grammatik hat dabei sicherzustellen, daß die begrifflich definierte »Leerstelle« im bestimmungsrelevanten Fall spezifiziert werden kann; sie entscheidet aber nicht darüber, wann dieser Fall eintritt. – Spricht gegen diese Auffassung nicht der immer als ungrammatisch empfundene Ausdruck »Franz befindet sich«? Die Frage muß verneint werden. Das Lexikon einer Sprache verfügt offensichtlich über Relationsbegriffe, die so allgemein sind, daß sie nur höchst unspezifische »syntaktische Wortfelder« begründen, die also im Sinne der methodischen Regulierung von vornherein nur ein Minimum an Bestimmungsrelevanz aufweisen können. Zu diesen Relationen gehören insbesondere solche, in die jeder reale Gegenstand eintreten kann. Urteile wie »Franz befindet sich« sind in gewisser Weise analytisch, denn es versteht sich, daß Franz als ein realer Gegenstand sich irgendwo im Raum befinden muß, und es ist wesentlich diesem Umstand zu verdanken, daß der Ausdruck in so gut wie keiner Situation bestimmungsrelevant ist und somit überhaupt als grammatisch unvollständig gewertet wird.

Die Frage der notwendigen Ergänzung ist also eine Frage, unter welcher Problemstellung der Gegenstand jeweils bestimmt wird. Nicht die Grammatik »verlangt« die Ergänzung, sondern die Grammatik muß die Ergänzung ermöglichen, sobald sie methodisch erforderlich ist. Dies erklärt den Sachverhalt, daß »Franz singt« und »Franz singt ein Lied« gleichermaßen akzeptiert werden, daß in bestimmten Kontexten auch Ausdrücke wie »Fritz gibt« (etwa beim Kartenspiel) grammatisch sind[61], daß – allgemeiner – eine exakte Grenze zwischen »obligatorischer« und »fakultativer Valenz« nicht gezogen werden kann. Sie kann grundsätzlich nicht gezogen werden, da eine solche Grenzziehung kein grammatisches Problem darstellt. Um dies zu sehen, müssen wir die Sache allerdings anders als bisher angehen. Bisher waren wir in Übereinstimmung mit der herrschenden Lehre davon ausgegangen, daß ein Begriff eine *bestimmte* Anzahl von »Leerstellen« bei sich führt. Fügt man dieser Annahme die unter eben dieser Annahme

---

[60] Porzig, W. 1971, 125.
[61] Die Auffassung, hier handle es sich um ein Lexem »geben«, das vom üblichen Lexem »geben« unterschieden sei, geht an der Sache vorbei.

gewonnene Beobachtung hinzu, daß in keiner Sprache Lexeme vorkommen, die mehr als drei- oder vierwertig sind[62], dann kann es nur
verwundern, daß diese Beschränktheit der Sprache einer valenzorientierten
Sprachwissenschaft nicht zum Problem geworden ist. Wäre dies nicht ein
Hinweis darauf, daß der Mensch prinzipiell nicht in der Lage ist,
höherstellige Relationen zu denken bzw. zu formulieren? Die Annahme
einer bestimmten Anzahl von »Leerstellen«, die ein Begriff bei sich führen
soll, erweist sich jedoch als irrig. Folgende Überlegung mag dies zeigen.
Man kann das Verb »auffordern« als dreiwertig beschreiben: es führt bei
sich eine »Leerstelle« für den, der auffordert, eine zweite für den, der
aufgefordert wird, und eine dritte für die Handlung, zu der aufgefordert
wird. So jedenfalls seine Beschreibung in einem einschlägigen Wörterbuch[63]. Im selben Wörterbuch werden die Verben »erschießen«, »brauchen« oder »wiederholen« als zweiwertig geführt[64]. Wenn aber »auffordern« eine »Leerstelle« für die Handlung, zu der aufgefordert wird,
eröffnet, warum sollten »erschießen« nicht eine »Leerstelle« für das
Schießinstrument (Kanone, Pistole), »brauchen« nicht eine »Leerstelle« für
den Zweck, wozu etwas gebraucht wird (zum Überleben), und »wiederholen« nicht eine »Leerstelle« für die Anzahl der Wiederholungen (50 Mal) bei
sich führen? Allgemeiner: Warum sollen z. B. in »warten« nur zwei
»Leerstellen« enthalten sein und nicht auch eine dritte, die spezifiziert, wie
lange schon oder noch jemand wartet, oder eine vierte, die spezifiziert, wo
jemand wartet, oder eine fünfte, die spezifiziert, warum jemand wartet,
oder eine sechste, die spezfiziert, wie jemand wartet, oder eine siebte, die
spezifiziert, warum jemand nicht aufhört zu warten, usw.? Es gibt keinen
vernünftigen Grund, solche »Leerstellen« von der Betrachtung auszuklam-
mern, und es ist nicht schwer zu sehen, daß diese »Leerstellen« die
allgemeinen Merkmale eines Begriffs sind, von denen oben die Rede war
und deren Integral eben dieser Begriff ist[65]. Die »Leerstellen«, die ein

---

[62] »The number of distinct valency-sets in any language-system is quite restricted; and there
     would seem to be few, if any, verbs in any language, with a valency of greater than 3.«
     (Lyons, J. 1977, 487)
[63] Helbig, G. u. W. Schenkel 1978, 175.
[64] Helbig, G. u. W. Schenkel 1978, 395, 156, 168.
[65] Dies zeigt, daß der Versuch, »fakultative Valenz« als ein Phänomen der Oberflächenstruk-
     tur von Sätzen zu bestimmen unter der gleichzeitigen Annahme, daß es in der
     Tiefenstruktur nur »obligatorische Valenz« gebe, zu kurz greift. Nach einer solchen
     Auffassung entsteht (!) fakultative Valenz »erst in der Oberflächenstruktur durch eine
     Eliminierungstransformation auf Grund bestimmter kontextueller Merkmale (Vorerwähnt-
     heit, Kontrastivität, Emphase usw.).« (Helbig, G. 1969, 29) Was soll hier durch
     Transformation eliminiert werden, Leerstellen oder spezifizierte Leerstellen? Das erste
     würde zur Reduktion der Valenz und damit keineswegs zu »fakultativer Valenz« führen,
     sondern zu einer anderen Bedeutung. Das zweite setzt voraus, daß sämtliche allgemeinen
     Merkmale eines Begriffs in der Tiefenstruktur spezifiziert sein müßten.

Begriff mit sich führt, stellen eine offene Liste dar; sie werden je nach Bestimmungsrelevanz spezifiziert. Daß die Spezifikation mancher »Leerstellen« bei sog. Relationsbegriffen teils als obligat, teils als fakultativ empfunden wird, ist lediglich Ausdruck der Tatsache, daß der bestimmungsrelevante Aspekt im je konkreten Sprechen meist der *Handlungs-aspekt* ist, unter dem den an der Handlung beteiligten Personen und Gegenständen vorrangiges Interesse zukommt. Der Handlungsaspekt aber ist nur einer unter anderen methodischen Aspekten, unter denen Gegenstände als Gegenstände des Wissens bestimmt werden. Die Valenztheorie und mit ihr die Satzgliedlehre erheben diesen sicherlich wichtigen Aspekt in den Rang einer (bestimmungs-)logischen Notwendigkeit und verschließen sich gerade dadurch die Einsicht in die methodisch bedingte und grammatisch als Attribution ermöglichte Bedeutungskomplexion.

Der Begriff der methodischen Bedingtheit des Sprechens und mit ihm die Begriffe des Attributs und des Schemas lassen sich schärfer fassen, wenn man in Rechnung stellt, daß Bestimmungsrelevanz – wie bereits angedeutet – aufs engste mit dem Sachverhalt des Problems verknüpft ist. Der Sachverhalt des Problems ergibt sich daraus, daß die Erkenntnis von ihrer Organisation her trotz und bei ihrer absoluten Geltungsstruktur »unendlicher und gleichwohl bestimmter und bestimmbarer Prozeß« ist, daß sie »keinen schlechthinnigen Anfang und keinen schlechthinnigen Abschluß« und also nur »den relativen Anfang und den relativen Abschluß« kennt[66]. Jede Erkenntnis »verweist auf Erkenntnis, der sie nachfolgt und von der sie abhängt, und sie verweist auf Erkenntnis, der sie vorhergeht und die sie bestimmt«[67]. Jede Erkenntnis verweist also auf Erkanntes wie auf Unerkanntes, scheidet die Erkenntnis des Erkannten von der Erkenntnis des Unerkannten und verbindet gleichzeitig diese beiden Bereiche, die zusammen das unendliche und unausschöpfbare totum der Erkenntnis überhaupt ausmachen. Diese Grenze wird genau durch den Begriff des Problems erfaßt: das Problem ist – um ein Wort Poppers zu gebrauchen – die »Spannung zwischen Wissen und Nicht-Wissen«[68], die der Erkenntnis durch ihre methodische Bestimmtheit notwendig zukommt; es ist der Anschluß »der Erkenntnis qua Erkenntnis des Unerkannten an die Erkenntnis qua Erkenntnis des Erkannten«[69]. Im Begriff des Problems sind drei Momente enthalten: das Moment der Lösungsbedürftigkeit des Problems, das Moment der Lösbarkeit des Problems und das Moment der Lösung des Problems. Der Lösung bedürftig ist das Problem, insofern es der Erkenntnis des Unerkannten zugehört; lösbar ist das Problem, insofern

---

[66] Flach, W. 1979, 47 u. 46.
[67] Flach, W. 1979, 46.
[68] Popper, K. 1970, 106.
[69] Flach, W. 1979, 50.

es der Erkenntnis des Erkannten zugehört; die Lösung des Problems schließlich »bedeutet die Aufhebung der bestehenden Grenze und das Ziehen einer neuen Grenze, d. h. die Neufestlegung der Grenze« zwischen Erkanntem und Unerkanntem[70]. Als »Grenzverschiebung« ist die Lösung des Problems gleichzeitig die Schaffung eines neuen Problems bzw. neuer Probleme.

Man darf weder das Problem mit dem Urteilssubjekt identifizieren, noch ist es statthaft, die drei Momente des Problems – seine Lösungsbedürftigkeit, seine Lösbarkeit und seine Lösung – auf die Momente der Urteilsstruktur – das Subjekt, das Prädikat und die Einheit von Subjekt und Prädikat – zu projizieren, obwohl natürlich jede Problemlösung notwendig die Synthesis des Urteils voraussetzt. Die Strukturmomente des Problems stehen gleichsam quer zum Urteil; sie regulieren gleichermaßen die Konstruktion des Prädikatsausdrucks wie die des Subjektsausdrucks. Obwohl also die Einheit von Subjekt und Prädikat die Problemlösung ermöglicht, wird die interne Konstruktion von Subjekt und Prädikat jeweils durch die beiden anderen Strukturmomente des Problems gesteuert. Sowohl im Subjektsausdruck wie im Prädikatsausdruck ist das strukturierende Prinzip der Übergang von der Lösungsbedürftigkeit des Problems zur Lösbarkeit des Problems: Subjektsausdruck *und* Prädikatsausdruck sind Konstruktion des je relevanten, d. h. dem Gegenstand adäquaten Begriffs, des je relevanten Subjektsbegriffs und des je relevanten Prädikatsbegriffs. Der grammatische Ausdruck dieses Übergangs von der Lösungsbedürftigkeit zur Lösbarkeit ist die Attribution: sie ermöglicht die Derivation der relevanten Bedeutungen (Begriffe) aus Lexikonbedeutungen (den Schemata) mittels anderer Lexikonbedeutungen (den Attributen). Die Lösung des Problems aber ist die Synthesis von relevantem Subjektsbegriff und relevantem Prädikatsbegriff im Urteil.

Wir können nun zum Subjektsausdruck übergehen. Aus zwei Gründen kann dies in aller Kürze geschehen: einmal, weil im Kapitel zum Problem der Referenz bereits wesentliche Prinzipien des Subjektsausdrucks behandelt wurden, zum anderen, weil der Subjektsausdruck ebenso wie der Prädikatsausdruck Konstruktion – genauer: derivierende Konstruktion – ist, in der sich Schema und Attribut(e) unterscheiden lassen. Im Unterschied zum Prädikat geht es nicht um die Bestimmung, sondern um die Konstitution des Gegenstands.

Welche methodische Leistung muß die Grammatik des Subjektsausdrucks ermöglichen? Die Antwort fällt nicht schwer. Da die gegenständlichen Bedeutungen des Subjektsausdrucks den Gegenstand konstituieren, kann man in Analogie zum Prädikatsausdruck sagen, daß die Konstruktion

---

[70] Flach, W. 1979, 50 f.

des Subjektsausdrucks die Konstruktion des zu bestimmenden Begriffs durch Fixierung, Markierung und Spezifizierung der konstitutionsrelevanten Merkmale ist.

Der Begriff der Konstitutionsrelevanz scheint auf den ersten Blick tautologisch zu sein. Die Merkmale eines Begriffs, so könnte man meinen, sind eben die den Begriff aufbauenden Bestimmungsstücke und also gleichermaßen konstitutiv wie relevant; wenn die Bedeutungen den Gegenstand konstituieren, dann gibt es keine irrelevanten und also auch keine relevanten Merkmale. Der Einwand wäre berechtigt, wenn der jeweilige Gegenstand und der Begriff des jeweiligen Gegenstands eins wären. Dann wäre freilich auch jede Unterscheidung von Gegenstandskonstitution und Gegenstandsbestimmung hinfällig; der Bezug zum Gegenstand qua Begriff und nicht qua Urteilsstruktur würde Geltungsdifferenz etablieren; das leidige Problem des nicht existierenden Gegenstandes stünde wieder an. Vor allem aber wäre kein zureichender Begriff der Methode zu gewinnen: wo der Gegenstand und der Begriff des Gegenstands eins sind, sind die Frage nach der Maßstäblichkeit des Gegenstands und damit die Frage nach der Objektivität seiner Erkenntnis sinnlos; wo Gegenstandskonstitution und Gegenstandsbestimmung letztlich zusammenfallen, gibt es keine Modifikation der Erkenntnis bei ihrer absoluten Geltungsstruktur, sondern bestenfalls die Falsifikation von Hypothesen; die Organisation der Erkenntnis ist dann auch nicht mehr als geltungstheoretisches Thema begreifbar und muß von der Struktur der Erkenntnis abgelöst werden. Aus diesen Aporien findet man nur hinaus, wenn man die Bestimmtheit des Gegenstands an ihm selbst als die Voraussetzung seiner Bestimmbarkeit im Urteil gelten läßt, wenn m. a. W. die Transzendenz des gewußten Gegenstands zum Wissen gewährleistet ist; und dies ist, wie erwähnt, dank des fundamentallogischen Prinzips der Identität der Fall. Die gegenständlichen Bedeutungen des Subjektsausdrucks konstituieren den je besonderen Gegenstand, aber sie konstituieren ihn unter der Bedingung seiner Transzendenz; darin liegt, daß der Gegenstand als das, was er an ihm selbst ist, unabhängig vom Wissen ist und gleichzeitig nur durch seine je besondere Konstitution im Subjektsbegriff der Erkenntnis zugeführt wird[71]. Konstitutionsrelevant sind die gegenständlichen Bedeutungen des Subjektsausdrucks, weil sie es erlauben, den je besonderen Gegenstand zu identifizieren und damit von allen anderen Gegenständen zu unterscheiden. Durch eben diese Funktion, den je besonderen Gegenstand zu identifizie-

---

[71] »Wiewohl nun der Gegenstand möglichen Wissens bereits an ihm selbst bestimmt ist, so ist er und seine Seiendheit deswegen nicht auch schon gewußt. Er ist möglicher *Gegenstand* des Wissens, aber nicht selbst der *Grund* eben dieses möglichen Wissens von ihm (zum mindesten nicht der zureichende Grund desselben). Bloß deswegen, weil er ist, ist er bei weitem noch nicht auch gewußt.« (Wagner, H. 1980, 94)

ren, ist der Subjektsausdruck als Resultat methodischer Reguliertheit relevanter Subjektsausdruck.

Der Übergang von der Lösungsbedürftigkeit zur Lösbarkeit des Problems äußert sich demnach als die Derivation des relevanten, weil identifizierenden Subjektsausdrucks. Wie ist diese Einsicht zu vermitteln mit dem prinzipienlogischen Befund, dem zufolge der Subjektsbegriff identischer Begriff ist und als solcher »die Einheit der Bestimmungsreihe (. . .), die die bestimmenden Begriffe bilden«[72] (d. h. die Begriffe, die von einem identischen Subjekt ausgesagt werden)? Bedeutet dies, daß jeder bestimmende Begriff an der Konstitution des Gegenstands nicht nur beteiligt sein kann, sondern daran beteiligt sein muß? Es bedeutet dies mitnichten. Die Einheit der Reihe ist ihr Bildungsgesetz, und dieses Bildungsgesetz ist durch das Schema gegeben, aus dem der Subjektsausdruck deriviert wird. Aber es ist nicht durch die gegenständliche Bedeutung des Schemas gegeben, sondern durch die Form, die dem Schema eines jeden Subjektsausdrucks notwendig zukommt. Diese Feststellung betrifft einen Sachverhalt, den wir oben bereits konstatiert haben: daß nämlich der Subjektsausdruck den Gegenstand nennt und damit qua grammatischer Geformtheit als Namen des Gegenstands fungiert. In der Namensfunktion konvergieren die (prinzipien-) logische Funktion des Subjektsausdrucks und seine methodische Reguliertheit: die Konstruktion des relevanten Subjektsausdrucks ist immer die Konstruktion des Namens des Gegenstands, der im jeweiligen Urteil seine Bestimmung erfährt. Wenn wir oben darauf bestanden, daß jeder Name, auch der Eigenname, gegenständliche Bedeutung hat, so unterstrichen wir damit die Konstitutionsrelevanz des Namens; jetzt zeigt sich, daß die Konstitutionsrelevanz nur unter der formalen Bedingung des Einheitsbezugs der Bestimmungsreihe möglich ist. Qua Einheitsbezug ist in jedem Subjektsausdruck und also auch in jedem Namen der »rein logische« Begriff des identischen Gegenstands enthalten.

6. Satzform und Wortform

Mit der Bedeutung des Prädikatsausdrucks bzw. Subjektsausdrucks als Konstruktion des je bestimmungsrelevanten bzw. konstitutionsrelevanten Begriffs sind wesentliche Einsichten erarbeitet, die es erlauben, den Satz aus seiner spezifischen Differenz zum Urteil als Ausdruck des Urteils zu begreifen. Offengeblieben ist allerdings die Frage, worin die *Einheit* des Satzes selbst zum Ausdruck kommt. Es ist die Frage, auf welche Art und

---

[72] Flach, W. 1974, 1560.

Weise der urteilsstiftende Funktor überhaupt dargestellt werden kann. Diese Frage bewegt bereits die Grammatiker von Port-Royal; ihre Theorie des Verbs ist der Versuch, die formale Funktion des Verbs, die Affirmation, zu repräsentieren, als den Signifikationsmodus dieser Wortart zu fassen. In dieser Theorie spielen sie mit dem Gedanken, daß jede Sprache zur Darstellung der Affirmation (nicht des Begriffs der Affirmation) im Grunde mit einem einzigen Zeichen auskommen könnte. Es ist dies die Idee, den urteilsstiftenden Funktor als reines »Formwort« darzustellen, als Zeicheneinheit, die keinerlei gegenständliche Bedeutung hat und deren einziger Sinn darin besteht, andere Zeicheneinheiten zur Einheit des Satzes zu verbinden. Eine Sprache bestünde dieser Idee zufolge aus dem Lexikon, das die Zeichen mit gegenständlicher Bedeutung enthält, und der Grammatik, die das Formwort und die Regel seiner Anwendung liefert.

Diese Idee ist so abwegig nicht, wie ihre Kritiker meinen, die auf die »sprachlichen Tatsachen« verweisen und damit demonstrieren, daß sie diese Idee nicht verstanden haben. Sie ist ein legitimer Versuch, sprachliche Form im Anschluß an die Form des Urteils »S ist P« zu erklären. Vom rein logischen Gesichtspunkt aus ist sie am wenigsten zu verwerfen, da sie die formallogisch wohl motivierte Unterscheidung von Konstanten und Variablen für die Darstellung des Satzes erwägt. Ein Blick auf die Aussagenlogik, die mit »reinen« Funktoren (d. h. mit Zeichen, denen keinerlei gegenständliche Bedeutung zukommt und die auch keine Zeichen mit beliebiger gegenständlicher Bedeutung repräsentieren) arbeitet, mag zeigen, was gemeint ist. Die Konstanten der Aussagenlogik (»$\wedge$«, »$\vee$«, »$\rightarrow$« usw., sprachlich wiederzugeben mit »und«, »oder«, »wenn – dann« usw.) repräsentieren die aussagenlogischen Funktoren; die Variablen stehen für beliebige Aussagen. Die Konstanten operieren auf den Variablen und bilden so Aussagenverknüpfungen (»$p \rightarrow q$« usw.). Die Form eines aussagenlogischen Ausdrucks ist abhängig von der Art und der Konstellation der im Ausdruck verwendeten Funktoren; sie stellen m. a. W. das den Ausdruck bestimmende Formmoment dar: der Implikator »$\rightarrow$« in der Aussagenverbindung »$p \rightarrow q$« bestimmt die Form dieser Aussagenverbindung. Analog dazu kann man die Darstellung der Verknüpfung zweier Begriffe im Urteil (»S ist P«) konzipieren: der Ausdruck des urteilsstiftenden Funktors wäre ein reines »Formwort«, also Funktor, wäre *die* Konstante der Satzbildung. Um einen konkreten Satz zu erhalten, werden die »Variablen« »S« und »P« durch Lexikoneinheiten ersetzt, die irgendwelche gegenständlichen Bedeutungen repräsentieren. Das Lexikon würde so das »Material« bereitstellen, das mit Hilfe des satzbildenden Funktors (der Konstanten) zum Satz geformt wird. Dieser materiale Aspekt gehört tatsächlich wesentlich zur Konzeption des Lexikons.

Bedeutet dies nicht, daß damit der Formbezug der Lexikoneinheiten zur Einheit des Satzes, der mit dem Begriff der signifikativen Einheit gefordert ist, verlorengeht? Ja, mehr noch: Müssen die Lexikoneinheiten nicht »formlos« erscheinen, da Material doch das ist, was Form erst erhält? Es bedeutet weder das eine noch das andere. Zur Formbestimmtheit der Lexikoneinheiten gehört, daß der Funktor auf ihnen operieren kann: Formwort (reiner satzbildender Funktor) und Lexikoneinheit sind korrelative Begriffe wie Funktor und Argument. Die Lexikoneinheiten sind lediglich formal nicht gegeneinander ausgezeichnet; sie unterscheiden sich in nichts als in ihrer unterschiedlichen gegenständlichen Bedeutung. Sie sind nicht »formlos«, sondern von einerlei Formbestimmtheit. Aber dennoch scheitert eine solche Konzeption. Sie scheitert nicht, weil sie die Form des Satzes aus der Form des Urteils zu begreifen sucht; sie scheitert, weil sie außerstande ist, die Formbestimmtheit der *Wortarten* mit der Formbestimmtheit des Satzes und also der Einheit des Satzes als dem Inbegriff sprachlicher Form zu vermitteln. Grammatische Reflexion kommt um diese Vermittlung nicht herum.

Ein Bewußtsein für die Erklärungsbedürftigkeit der Tatsache, daß das Lexikon Einheiten mit unterschiedlicher Formbestimmtheit aufweist, gibt es seit den Anfängen der grammatischen Reflexion; dementsprechend wurde und wird immer wieder der Versuch unternommen, die Wortarten zu bestimmen[1]. Dabei wird entweder auf ontologische Kategorien zurückgegriffen, oder es bleibt bei der rein schematischen Klassifikation. Eine wenn auch noch so sorgfältig durchgeführte Klassifikation der Wortarten[2], die letztlich dem Satz begriffslos gegenübersteht, stellt weder eine Erklärung noch eine Begründung des Formmoments dar, das eine Wortart zu eben der Wortart macht, die sie ist[3].

Das wichtigste Ergebnis unserer bisherigen Ausführungen besteht in dem

---

[1] Zu diesen Bemühungen in der antiken Grammatik vgl. Robins, R. H. 1966. Zu den Wortarten der deutschen Sprache vgl. Bergenholtz, H. u. B. Schaeder 1977. Dort findet sich auch die wichtigste Literatur zum Wortartproblem.

[2] Beispielhaft dafür ist Bergenholtz, H. u. B. Schaeder 1977. Die Autoren bestimmen Wortarten als »Klassen von Wörtern als Einheiten des sprachlichen Verlaufs« und unterscheiden sie von »Lexemklassen«, die »Einheiten des den Verlauf konstituierenden Systems« sind (57). Auf die Problematik einer solchen Unterscheidung kann hier nicht eingegangen werden. Mit Hilfe einer »primär-induktiven Methode« (57) gewinnen die Autoren schließlich 51 Wortarten des Deutschen (73–75). Die Richtigkeit ihrer Klassifikation haben die Autoren »in mehreren Texten maschinell« überprüfen lassen, wobei sie eine Matrix dem Programm zugrunde legten, »die dem von Markov (1913) entwickelten Verfahren zur Feststellung wahrscheinlichkeitstheoretischer Gesetzmäßigkeiten in der Abfolge von Vokalen und Konsonanten analog angelegt ist« (18).

[3] Dies gilt auch für Klassifikationsversuche, die wie die von Bergenholtz/Schaeder (1977) oder Helbig (Helbig, G. 1968) »rein syntaktisch« angelegt sind. Durch »die Substituierbarkeit in einem gegebenen Satzrahmen, durch das Vorkommen in einer bestimmten Umgebung« (Helbig, G. u. J. Buscha 1979, 21) werden nicht, wie behauptet, Wortarten gefunden, sondern bestenfalls Wörter einer Wortart.

Nachweis, daß sich die Struktur des Satzes durch die Begriffspaare Subjekt und Prädikat – die funktionalen Glieder des Satzes – und Schema und Attribut – die funktionalen Elemente der Derivation – erfassen läßt. Mit Hilfe dieser Begriffspaare kann eine Matrix gebildet werden, die vier Wortarten korrelativ zueinander als Ausdruck eben dieser Satzstruktur definiert:

	Subjekt	Prädikat
Schema	Nomen	Verb
Attribut	Adjektiv	Adverb

Durch diese Matrix ist jede Art der sog. »vollen Wörter« (»mots pleins«[4]) der traditionellen Wortartlehre als eine funktionale Position in der Satzstruktur ausgewiesen: Das *Nomen* (Substantiv) ist das typische Subjektswort und fungiert in der Konstitution des Gegenstands als Schema; das *Adjektiv* ist sein typisches Attribut. Das *Verb* ist das typische Prädikatswort und fungiert in der Gegenstandsbestimmung als Schema; das *Adverb* ist das typische Attribut des Verbs[5].

Die durch die Wortarten gegebene Formbestimmtheit der Lexikoneinheiten gehört zur methodischen Reguliertheit der Sprache; rein logisch betrachtet gibt es für den Bestand der Wortarten keine Notwendigkeit. Die Etablierung der Wortarten ist also methodische Leistung. Die Wortartbestimmtheit der Lexikoneinheiten aufgrund der Strukturmomente des Satzes ist entsprechend dem Charakter dieser Momente doppelt motiviert. Sie ist motiviert zum einen durch die unterschiedliche Funktion, die Subjektsausdruck und Prädikatsausdruck in der Bestimmung des Gegenstands zukommt. Der Subjektsausdruck nennt den Gegenstand; der Prädikatsausdruck beschreibt den Gegenstand. Aufgrund dessen gehört es zur grammatischen Bestimmtheit des typischen Subjektsworts, den Namenfunktor bei sich zu führen. In welcher Weise der Namenfunktor dargestellt wird – durch ein Artikelwort[6], durch Kasus oder durch beides –, ist eine Frage, die hier nicht behandelt werden kann; für das Deutsche jedenfalls bietet es sich an, den Artikel als Namenfunktor zu begreifen. Der Prädikatsausdruck beschreibt den Gegenstand; deshalb gehört es zur

---

[4] Tesnière, L. 1976, 53.
[5] Man könnte erwägen, noch Attributsattribute anzusetzen, um Partikeln wie »sehr« usw. zu erfassen.
[6] Vgl. die Analyse des demonstrativen »dies . . .« in Kap. II.4.

grammatischen Bestimmtheit des typischen Prädikatsworts, den Urteilsfunktor bei sich zu führen (d. h. den Urteilsfunktor mit auszudrücken). In
der Beschreibungsrelation nämlich vollendet sich gegenständliche Erkenntnis: in der Beschreibung des Gegenstands qua Prädikatsausdruck wird die
Prädikation vollzogen. Für die Nennung des Gegenstands genügt es, daß
der Subjektsbegriff klarer Begriff ist; ein Begriff ist klar, wenn seine
Bestimmtheit es erlaubt, den Gegenstand zu identifizieren. Wie wenig von
der Bestimmtheit des jeweiligen Gegenstands im klaren Subjektsbegriff
enthalten sein muß, zeigt sich eindrucksvoll am Beispiel des Eigennamens.
Die Beschreibung des Gegenstands hingegen, in der der Gegenstand
bestimmt und also erkannt und begriffen wird, macht den Begriff des
Gegenstands erst recht deutlich; in der Beschreibung sind die Bestimmungsstücke, die den bestimmten Begriff des Gegenstands ausmachen, für
sich expliziert und erfaßt[7].

Die Wortartbestimmtheit der Lexikoneinheiten ist zum anderen motiviert durch die selbst wiederum methodisch begründete Unterscheidung
von Schema und Attribut. Diese Unterscheidung bringt die Tatsache, daß
der je konkrete Subjekts- bzw. Prädikatsausdruck Konstruktion des
relevanten Begriffs ist, angemessen zum Ausdruck. Diese Konstruktion läßt
sich nicht analog zur Synthesis von Subjekt und Prädikat begreifen; sie ist
Derivation und als solche analytische und nicht synthetische Einheit. Es
gibt keinen mit dem Urteilsfunktor vergleichbaren reinen »bedeutungs-«
oder »begriffsstiftenden« Funktor, der, auf Lexikoneinheiten operierend,
die Derivation zustande bringen könnte. Die Derivation ist vielmehr durch
das funktionale Verhältnis von Schema und Attribut bestimmt, wobei das
Schema selbst die Regel vorgibt, nach der die Derivation erfolgt. Um dies
leisten zu können, muß das Schema ein Formmoment an sich haben, das es
als Schema ausweist und so die Attribution ermöglicht. Dies – und nur dies
– konstituiert die grammatische Relation der Abhängigkeit, die zwischen
Schema und Attribut besteht.

Indem auf diese Weise die Referenz von Wortartbestimmtheit zu den
Formmomenten der Satzstruktur hergestellt wird, gelingt es, den Wortarten
spezifische »modi significandi« zuzuweisen, die nicht auf irgendwelche
ontologische Kriterien rekurrieren. Die wortartliche Formbestimmtheit der
Lexikoneinheiten wird begriffen als sedimentierte grammatische Form.
Damit ist ein genuin grammatischer Begriff der Wortart und der einzelnen
Wortarten gewonnen, wie er anhand der rein syntaktisch-formalen
Klassifikation von Wortarten niemals gewonnen werden kann. Und damit
ist auch ein Begriff der linguistischen Einheit des Worts gewonnen, in dem
der bestimmte Begriff des Satzes als Merkmal enthalten ist. Die methodisch

---

[7] Zum Unterschied von klarem und deutlichem Begriff vgl. Anm. 8 zu Kap. II, 3.

bedingte und geleistete Gegliedertheit des Lexikons in die Wortarten garantiert so die Präsenz der Satzstruktur im Lexikon – die Präsenz derjenigen Struktur also, die die Defizienz des Lexikons, die diesem als dem endlichen und vorgegebenen Inventar kleinster Einheiten mit gegenständlicher Bedeutung notwendig zukommt, systematisch überwindet.

Es zeigt sich ein Weiteres. Sprachliche Form muß als *potenzierte* und *potenzierbare* Form begriffen werden. Die Präsenz der Satzstruktur in der wortartlichen Formbestimmtheit der Lexikoneinheiten kann nicht bedeuten, daß die Lexikoneinheiten als Fragmente von Sätzen bestimmt sind. Die Wortarten stellen sedimentierte grammatische Form dar, nicht aktuelle Satzform. Beispielhaft zeigt sich dies am Verb. Das Verb ist als Prädikatswort dahingehend bestimmt, den Urteilsfunktor bei sich zu führen. Es führt den Urteilsfunktor aber nicht als Element des Lexikons mit sich. Die sprachliche Repräsentation des Urteilsfunktors kann nicht im Lexikon erfolgen: der Begriff des Urteilsfunktors als des Exponenten der Struktur, die gegenständliche Bedeutung ermöglicht, ist mit dem Begriff der Lexikoneinheit, mit dem Begriff der im Zeichen deponierten gegenständlichen Bedeutung schlechthin nicht kompatibel. Ohne Urteilsfunktor kein Urteil, aber ohne Urteil auch kein Urteilsfunktor. Die Lexikoneinheit ist als das Exemplar einer Wortart auf die Struktur des Satzes hin zwar formiert; bei ihrer Verwendung im Satz aber tritt ein zusätzliches Formmoment hinzu, das im Lexikon nicht darstellbar ist. Das Verb ist bestimmt, Prädikatsschema zu sein; aber erst als *finites* Verb fungiert es im Satz als Prädikatsschema. Das Nomen ist bestimmt, Subjektsschema zu sein; aber erst als *determinationsdifferentes* Nomen fungiert es als Subjektsschema. Die Etablierung grammatischer Form erfolgt nach dem *Prinzip der Formpotenzierung.* Vor allem bei den Schema-Wortarten Nomen und Verb zeigt sich dieses Prinzip mit aller Deutlichkeit: sie sind diejenigen signifikativen Einheiten, in denen die Formbezogenheit der Satzglieder zur synthetischen Einheit des Satzes mit der Formbezogenheit der Attribute zur analytischen Einheit des Satzglieds vermittelt ist.

Dieses Prinzip verleiht der Sprache eine fast unbegrenzte Flexibilität. In seiner Domäne entfaltet sich erst richtig die Grammatik einer Sprache. Dieses Prinzip erlaubt es, daß durch Modifikation des wortartlichen Formmoments Wörter in Satzpositionen einrücken können, die für sie »von Haus aus« nicht vorgesehen sind. So können Nicht-Verben die Rolle des Prädikatsschemas dadurch übernehmen, daß die Sprache *ein* Verb bereithält, das keinerlei gegenständliche Bedeutung enthält und eben dadurch – in seiner finiten Form – Nomen oder Adjektiv zum Prädikatsschema bestimmt. Umgekehrt kann der Namensfunktor jedem Nicht-Nomen die Position des Subjektsschemas zuweisen. Die obliquen Kasus ermöglichen die attributive Verwendung der Nomina; die Partizipierung des Verbs ermöglicht seine Verwendung als Adjektiv. Das Prinzip der Formpotenzierung bildet die Grundlage der Etablierung grammatischer Kategorien: Tempus, Modus, Aspekt, Numerus, Genus, Graduierung usw. finden ihren Ausdruck in der systematischen Potenzierung wortartlicher Formbestimmtheit. Und schließlich erlaubt dieses Prinzip die Herausbildung solcher Wörter, die – gleichsam als Gegenstück zu den grammatischen Kategorien – standardisierte Relationen repräsentieren (Präpositionen, Konjunktionen) und in der Art von Funktoren auf anderen signifikativen Einheiten operieren.

Wir sind am Ende unserer grammatischen Reflexion. Ihr Ausgangspunkt war die Einheit des Satzes, ihr Ziel war es, diese Einheit zu begreifen. Es ging darum, den intuitiv gegebenen Begriff des Satzes für die Sprachwissenschaft deutlich zu machen.

Literaturverzeichnis

Aarsleff, H.
1970   The history of linguistics and Professor Chomsky. In: Language 46. 570–585.
Amirova, T. A. u. a.
1980   Abriß der Geschichte der Linguistik. Leipzig.
Apel, K.-O.
1959   Der philosophische Wahrheitsbegriff als Voraussetzung einer inhaltlich orientierten
        Sprachwissenschaft. In: Gipper, H. (Hrsg.): Sprache – Schlüssel zur Welt. Festschrift
        f. L. Weisgerber. Düsseldorf. 11–38.
1963   Die Idee der Sprache in der Tradition des Humanismus von Dante bis Vico. Bonn.
Arens, H.
1974   Sprachwissenschaft. Der Gang ihrer Entwicklung von der Antike bis zur Gegenwart.
        Bd. I. Frankfurt/M.
Aristoteles
1967   Physikvorlesung. Übers. v. H. Wagner. Berlin.
1974   Kategorien. Lehre vom Satz. Übersetzt, mit einer Einleitung und erklärenden
        Anmerkungen versehen von Eugen Rolfes. Hamburg. (= Philosophische Bibliothek
        Bd. 8/9)
1978   Aristotle's Categories and De Interpretatione. Trans. with notes and glossary by
        J. L. Ackrill. 5. unv. Aufl. Oxford.

Baum, R.
1976   »Dependenzgrammatik«. Tesnières Modell der Sprachbeschreibung in wissenschafts-
        geschichtlicher und kritischer Sicht. Tübingen.
Becker, K. F.
1831   Schulgrammatik der deutschen Sprache. Frankfurt/M.
1833   Leitfaden für den ersten Unterricht in der deutschen Sprachlehre. Frankfurt/M.
1841   Organism der Sprache. Frankfurt/M. 2. Aufl. (1. Aufl. 1827)
Bergenholtz, H. u. B. Schaeder
1977   Die Wortarten des Deutschen. Versuch einer syntaktisch orientierten Klassifikation.
        Stuttgart.
Bierwisch, M.
1969   On certain problems of semantic representations. In: Foundations of Language 5.
        153–184.
Bloomfield, L.
1926   A set of postulates for a science of language. In: Language 2. 153–164.
Bondzio, W. u. a.
1980   Einführung in die Grundfragen der Sprachwissenschaft. Leipzig.
Borkowski, L.
1977   Formale Logik. München.
Braunmüller, K.
1977   Referenz und Pronominalisierung. Tübingen.
Brekle, H. E.
1964   Semiotik und linguistische Semantik in Port-Royal. In: Indogermanische Forschungen
        69. 103–121.
1967   Die Bedeutung der Grammaire générale et raisonnée – bekannt als Grammatik von
        Port-Royal – für die heutige Sprachwissenschaft. In: Indogermanische Forschungen
        72. 1–21.
Bühler, K.
1978   Sprachtheorie. Die Darstellungsfunktion der Sprache. Ungek. Ausgabe. Frankfurt/
        M./Berlin/Wien.

Bursill-Hall, G. L.
1971   Speculative Grammars of the Middle Ages. Den Haag.

Carnap, R.
1931   Überwindung der Metaphysik durch logische Analyse der Sprache. In: Erkenntnis. Bd. 2. H. 4. 219–241.
Chenu, M. D.
1935/36 Grammaire et Théologie au XII. et XIII. siècle. In: Archives d'Histoire doctrinale et littéraire du moyen âge. 10. 22 ff.
Chevalier, J.-Cl.
1967   La grammaire générale de Port-Royal et la critique moderne. In: Langages 7. 16–33.
Chomsky, N.
1971   Cartesianische Linguistik. Ein Kapitel in der Geschichte des Rationalismus. Tübingen.
1973   Sprache und Geist. Frankfurt/M.
Coseriu, E.
1967   L'arbitraire du signe. Zur Spätgeschichte eines aristotelischen Begriffs. In: Archiv für das Studium der neueren Sprachen und Literaturen. Bd. 204. Jg. 119. H. 2. 81–112.
1975 a Die Geschichte der Sprachphilosophie von der Antike bis zur Gegenwart. Eine Übersicht. Bd. I. 2. Aufl. Tübingen.
1975 b Logizismus und Antilogizismus in der Grammatik. In: Coseriu, E.: Sprachtheorie und allgemeine Sprachwissenschaft. München. 210–233.

Dalbiez, R.
1929   Les sources scolastiques de la théorie Cartésienne de l'être objectif. In: Revue d'Histoire de la Philosophie et d'Histoire générale de la Civilisation. 464–472.
De Mauro, T.
1982   Einführung in die Semantik. Tübingen.
Derbolav, J.
1953   Der Dialog »Kratylos« im Rahmen der platonischen Sprach- und Erkenntnisphilosophie. Saarbrücken.
Donzé, R.
1971   La grammaire générale et raisonnée de Port-Royal. Contribution à l'histoire des idées grammaticales en France. 2. Aufl. Bern.
Duden
1966   Grammatik der deutschen Gegenwartssprache. 2., vermehrte u. verb. Aufl. Mannheim.
1973   Grammatik der deutschen Gegenwartssprache. 3., neu bearb. u. erw. Aufl. Mannheim.

Elias, N.
1977   Über den Prozeß der Zivilisation. Bd. 1. 3. Aufl. Frankfurt/M.

Flach, W.
1973   Anschauung. In: Krings, H., H. M. Baumgartner, Ch. Wild (Hrsg.): Handbuch philosophischer Grundbegriffe. Bd. I. München. 99–109.
1974   Urteil. In: Krings, H., H. M. Baumgartner, Ch. Wild (Hrsg.): Handbuch philosophischer Grundbegriffe. Bd. III. München. 1556–1571.
1977   Die Objektivität der Erkenntnis. In: Schmidt, G., G. Wolandt (Hrsg.): Die Aktualität der Transzendentalphilosophie. Hans Wagner zum 60. Geburtstag. Bonn. 7–20.
1979   Thesen zum Begriff der Wissenschaftstheorie. Bonn.
Fleischer, W.
1971   Wortbildung der deutschen Gegenwartssprache. 2., unver. Aufl. Tübingen.
Frank, H. J.
1976   Dichtung, Sprache, Menschenbildung. Geschichte des Deutschunterrichts von den Anfängen bis 1945. Bd. I. München.
Frege, G.
1967 a Über Begriff und Gegenstand. In: Frege, G.: Kleine Schriften. Hrsg. v. I. Agelelli. Darmstadt. 167–178.
1967 b Funktion und Begriff. In: Frege, G.: Kleine Schriften. Hrsg. v. I. Agelelli. Darmstadt. 125–142.

1971   Ausführungen über Sinn und Bedeutung. In: Frege, G.: Schriften zur Logik und Sprachphilosophie. Hamburg. (= Philosophische Bibliothek 277.) 25–34.
Freytag-Löringhoff, B. B. v.
1972   Logik I. Das System der reinen Logik und ihr Verhältnis zur Logistik. 5. überarb. Aufl. Stuttgart.

Geyser, J.
1917   Die Erkenntnistheorie des Aristoteles. Münster.
Gilson, E.
1925   René Descartes, Discours de la méthode. Texte et Commentaire. Paris.
Glinz, H.
1947   Geschichte und Kritik der Lehre von den Satzgliedern in der deutschen Grammatik. Bern.
Godel, R.
1969   Les sources manuscrites du Cours de linguistique générale de F. de Saussure. Genève/ Paris.
Grammaire
1966   Grammaire générale et raisonnée ou La Grammaire de Port-Royal. Ed. critique présentée par Herbert E. Brekle. Nouvelle impression en facsimilé de la troisième édition de 1676 (Paris). Stuttgart-Bad Cannstatt.
1973   Arnauld, A. u. C. Lancelot: Grammaire générale et raisonnée. Reprographischer Nachdruck der Ausgabe Brüssel 1676. Hildesheim/New York.

Harnois, G.
1928   Les théories du langage en France de 1660 à 1821. Paris.
Haselbach, G.
1966   Grammatik und Sprachstruktur. Karl Ferdinand Beckers Beitrag zur Allgemeinen Sprachwissenschaft in historischer und systematischer Sicht. Berlin.
Heger, K.
1966   Valenz, Diathese und Kasus. In: Zs. f. roman. Philologie 82. 138–170.
Helbig, G.
1968   Zum Problem der Wortarten in einer deutschen Grammatik für Ausländer. In: Deutsch als Fremdsprache. H. 1. 1–18.
1969   Valenz, Tiefenstruktur und Semantik. In: Glottodidactica. H. 3/4. Poznan. 11–46.
Helbig, G. u. J. Buscha
1979   Deutsche Grammatik. 5. Aufl. Leipzig.
Helbig, G. u. W. Schenkel
1978   Wörterbuch zur Valenz und Distribution deutscher Verben. 4. Aufl. Leipzig.
Hobbes, Th.
1967   Vom Körper. (Elemente der Philosophie I) Ausg. u. übers. v. M. Frischeisen-Köhler 1915. 2. Aufl. d. Nachdr. v. 1949. Hamburg. (= Philosoph. Bibliothek 157)
Hockett, Ch. F.
1969   A course in modern linguistics. 14. Aufl. Toronto.
Höhle, T. N.
1982   Über Komposition und Derivation. In: Zs. f. Sprachwissenschaft. Bd. 1. H. 1. 76–112.

Johnson, F. G.
1976   Referenz und Intersubjektivität. Beitrag zur philosophischen Sprachpragmatik. Frankfurt/M.

Kant, I.
1968 a   Kritik der reinen Vernunft. 2. Aufl. 1787. Akademie-Textausgabe. Bd. III. Unv. photomech. Abdruck. Berlin.
1968 b   Logik. In: Akademie-Textausgabe. Bd. IX. Unv. photomech. Abdruck. Berlin. 1–150.
Kleinknecht, R. u. E. Wüst
1976   Lehrbuch der elementaren Logik. Bd. 2: Prädikatenlogik. München.

Kretzmann, N.
1975   Transformationalism and the Port-Royal Grammar. In: Rieux, J. u. B. E. Rollin (Hrsg.): The Port-Royal Grammar by Antoine Arnauld and Claude Lancelot. The Hague. 176–195.
Kuhn, Th.
1976   Die Struktur wissenschaftlicher Revolutionen. Frankfurt/M. 2. Aufl.
Kukenheim, L.
1966   Esquisse historique de la linguistique française et ses rapports avec la linguistique générale. Leiden.
Kutschera, F. v.
1971   Sprachphilosophie. München. (o. J.)

Lakoff, R.
1969   Review of Brekle's edition of the »Grammar«. In: Language 45. 343–364.
Logique
1965   L'art de penser. La Logique de Port-Royal. Edité par Bruno Baron von Freytag Löringhoff et Herbert E. Brekle. Tome I: Nouvelle impression en facsimilé de la première édition de 1662. Stuttgart-Bad Cannstatt.
1967   L'art de penser. La Logique de Port-Royal. Publié par Bruno Baron von Freytag Löringhoff et Herbert E. Brekle. Tome II: Supplément: Présentation synoptique des variantes de texte des éditions 1662–1683. Tome III: Supplément: Présentation synoptique des variantes de texte du MS BN Fr. 19915 et de l'édition de 1662. Stuttgart-Bad Cannstatt.
Lotze, H.
1912   Logik. (System der Philosophie I.) Leipzig.
Lucidi, M.
1950   L'equivoco de »l'arbitraire du signe« – L'iposema. In: Cultura Neolatina. 10. (Modena). 185–208.
Lyons, J.
1973   Einführung in die moderne Linguistik. 3. Aufl. München.
1977   Semantics. Bd. II. Cambridge.
1980   Semantik. Bd. I. München.

Martinet, A.
1971   Grundzüge der Allgemeinen Sprachwissenschaft. 5. unver. Aufl. Stuttgart/Berlin/ Köln/Mainz.
Meinong, A.
1971   Über Gegenstandstheorie. In: Meinong, A.: Abhandlungen zur Erkenntnistheorie und Gegenstandstheorie. Gesamtausgabe Bd. III. Graz. 481–530.
Menne, A.
1973   Einführung in die Logik. 2. überarb. Aufl. München.

Ott, R.
1975   Satz und Urteil. Sprachphilosophische Untersuchungen über das Verhältnis von Grammatik und Logik in der Deutschen Grammatik von Karl Ferdinand Becker (1775–1849). (Diss. Würzburg) Bern/Frankfurt/M.

Perceval, W. K.
1976   The notion of usage in Vaugelas and in the Port-Royal Grammar. In: Parret, H. (Hrsg.): History of linguistic thought and contemporary linguistics. Berlin/New York. 374–382.
Pfeiffer, R.
1978   Geschichte der klassischen Philologie. Von den Anfängen bis zum Ende des Hellenismus. München. 2. Aufl.
Pinborg, J.
1964   Mittelalterliche Sprachtheorien. Was heißt modus significandi? In: Fides quaerens intellectum. 66–84.
1972   Logik und Semantik im Mittelalter. Ein Überblick. Stuttgart-Bad Cannstatt.

Popper, K.
1970   Die Logik der Sozialwissenschaften. In: Adorno, Th. W. u. a.: Der Positivismusstreit in der deutschen Soziologie. 2. Aufl. Neuwied/Berlin. 103-123.
Porzig, W.
1971   Das Wunder der Sprache. 5. durchges. Aufl. München.

Quine, W. v. O.
1973   Philosophie der Logik. Stuttgart.

Reichenbach, H.
1966   Elements of Symbolic Logic. New York/London.
Rickert, H.
1911   Das Eine, die Einheit und die Eins. In: Logos. Bd. II. 26–78.
1930   Die Logik des Prädikats und das Problem der Ontologie. Heidelberg.
1934   Kennen und Erkennen. Kritische Bemerkungen zum theoretischen Intuitionismus. In: Kant-Studien 39. 139–155.
Ries, J.
1931   Was ist ein Satz? Prag.
Robins, R. H.
1957   Dionysius Thrax and the western grammatical tradition. In: Transactions of the Philological Society. Oxford. 9. 67–106.
1966   The development of the word class system of the european grammatical tradition. In: Foundations of Language 2. 3–19.
1971   Ancient & mediaeval grammatical theory in Europe. 2. Aufl. Port Washington N. Y./ London.
1973   Ideen- und Problemgeschichte der Sprachwissenschaft. Frankfurt/M.
Roos, H.
1946   Martinus de Dacia und seine Schrift De Modis Significandi. In: Classica et Mediaevalia 8. 87–115.
1948   Sprachdenken im Mittelalter. In: Classica et Mediaevalia 9. 200–215.
Ross, D.
1974   Aristotle. London.
Russell, B.
1905   On Denoting. In: Mind 14. 479–493. Dt. in: Russell, B.: Philosophische und politische Aufsätze. Hg. v. U. Steinvorth. Stuttgart 1971. 3–22.

Saussure, F. de
1957   Cours de linguistique générale (1908–1909): Introduction (d'après des notes d'étudiants). Ed. par R. Godel. In: Cahiers Ferdinand de Saussure 15. 3–103.
1975   Cours de linguistique générale. Ed. critique préparée par T. d. Mauro. Paris.
Searle, J. R.
1971   Sprechakte. Ein sprachphilosophischer Essay. Frankfurt/M.
Seidel, E.
1935   Geschichte und Kritik der wichtigsten Satzdefinitionen. Jena.
Sinowjew, A. u. H. Wessel
1975   Logische Sprachregeln. Eine Einführung in die Logik. München/Salzburg.
Sommerfeldt, K.-E. u. H. Schreiber
1974   Wörterbuch zur Valenz und Distribution deutscher Adjektive. Leipzig.
1977   Wörterbuch zur Valenz und Distribution der Substantive. Leipzig.
Stegmüller, W.
1972   Das Wahrheitsproblem und die Idee der Semantik. Neudr. d. 2. unver. Aufl. v. 1968. Wien/New York.
Steinthal, H.
1855   Grammatik, Logik und Psychologie, ihre Prinzipien und ihr Verhältnis zueinander. Berlin. Reprographischer Nachdruck: Hildesheim 1968.
1863   Geschichte der Sprachwissenschaft bei den Griechen und Römern mit besonderer Rücksicht auf die Logik. Berlin.
Strawson, P. F.
1950   On Referring. In: Mind. 59. 320–344.

Tarski, A.
1935   Der Wahrheitsbegriff in den formalisierten Sprachen. In: Studia Philosophica
        Commentarii philosophicae Polonorum. I. 261–405. – Abdruck in: Berka, K. u.
        Kreiser, L. (Hrsg.): Logik-Texte. 2. durchges. Aufl. Berlin 1973.
1944   The semantic conception of truth and the foundations of semantics. In: Philosophy
        and Phenomenological Research 4. 341–376.
Tesnière, L.
1976   Eléments de syntaxe structurale. 2ᵉ éd. 3ᵉ tirage. Paris.

Vaugelas, Claude Favre de
1970   Remarques sur la langue françoise. Fac simile de l'édition originale. Introduction,
        bibliographie, index par Jeanne Streicher. Genève.

Wagner, H.
1971 a Aristoteles, De Interpretatione 3. 16b19–25. In: Philomates. Studies and Essays in the
        Humanities in Memory of Philip Merlan. Den Haag. 95–115.
1971 b Über Kants Satz, das Dasein sei kein Prädikat. In: Archiv für Geschichte der
        Philosophie 53. 183–186.
1973   Begriff. Lexikonartikel in: Handbuch philosophischer Grundbegriffe. Bd. I. Mün-
        chen. 191–209.
1980   Philosophie und Reflexion. 3. unver. Auflage. München/Basel.
Weinreich, U.
1970   Erkundungen zur Theorie der Semantik. Tübingen.
Weinrich, H.
1960   Vaugelas und die Lehre vom guten Sprachgebrauch. In: Zeitschrift f. romanische
        Philologie. 76. 1–33.
Wieland, W.
1970   Die aristotelische Physik. 2. durchges. Aufl. Göttingen.
Wimmer, R.
1973   Der Eigenname im Deutschen. Ein Beitrag zu seiner linguistischen Beschreibung.
        Tübingen.
1979   Referenzsemantik. Untersuchungen zur Festlegung von Bezeichnungsfunktionen
        sprachlicher Ausdrücke am Beispiel des Deutschen. Tübingen.

Namenregister

Aarsleff, H. 25
Ackrill, J. L. 15, 18
Apel, K.-O. 9
Arens, H. 10, 11, 14, 31
Aristoteles 1, 2, 9, 13–24, 25, 26, 27, 37, 38, 44, 56, 64, 68
Arnauld, A. 24, 34, 68, 69

Baum, R. 95
Becker, K. F. 2, 3, 4, 5, 6, 8, 9, 10
Bergenholtz, H. 124
Bierwisch, M. 109
Bloomfield, L. 12, 63
Bondzio, W. 66
Borkowski, L. 76
Braunmüller, K. 82, 89
Brekle, H. E. 24, 25, 26, 34
Bühler, K. 12, 41, 82
Bursill-Hall, G. L. 27
Buscha, J. 113, 114, 115, 124

Carnap, R. 92
Chenu, M. D. 27
Chevalier, J.-Cl. 25
Chomsky, N. 10, 25
Coseriu, E. 1, 11, 15, 17

Dalbiez, R. 27
De Mauro, T. 101
Derbolav, J. 1
Descartes 27
Dionysios Thrax 2
Donzé, R. 25, 26, 27, 32, 35, 36
Duden 101, 113, 114

Elias, N. 35

Finck, F. N. 12
Flach, W. 59–62, 84, 99, 104, 105, 119, 120, 122
Fleischer, W. 110
Frank, H. J. 2
Frege, G. 90, 91
Freytag-Löringhoff, B. B. v. 75

Geyser, J. 22
Gilson, E. 27
Glinz, H. 2, 8, 10
Godel, R. 100

Harnois, G. 25
Haselbach, G. 3, 8, 9
Heger, K. 95
Helbig, G. 95, 113, 114, 115, 118, 124
Hjelmslev, L. 64
Hobbes, Th. 55
Hockett, Ch. F. 111
Höhle, T. N. 110
Husserl, E. 40

Johnson, F. G. 75

Kant, I. 59, 84, 99
Kleinknecht, R. 96
Kretzmann, N. 25
Kuhn, Th. 8, 9
Kukenheim, L. 10
Kutschera, F. v. 76

Lakoff, R. 25
Lancelot, C. 24, 34, 69
Lotze, H. 103, 104, 107
Lucidi, M. 65
Lyons, J. 11, 12, 64, 75, 82, 102, 109, 111, 118

Markov 124
Martinet, A. 110, 111
Meillet, A. 12
Meinong, A. 92
Menne, A. 76

Ott, R. 3

Perceval, W. K. 25, 35
Pfeiffer, R. 1
Pinborg, J. 27
Platon 1, 14
Popper, K. 119

Sachregister

STUDIA LINGUISTICA GERMANICA

STEFAN HÖCHLI

Zur Geschichte der Interpunktion
im Deutschen

Eine kritische Darstellung der Lehrschriften von der
zweiten Hälfte des 15. Jahrhunderts bis zum Ende des
18. Jahrhunderts

Groß-Oktav. XXI, 328 Seiten. 1980. Ganzleinen DM 88,– ISBN 3 11 008473 2 (Band 17)

RICHARD JAMES BRUNT

The Influence of the French Language
on the German Vocabulary (1649–1735)

Large-octavo. X, 557 pages. 1983. Cloth DM 128,– ISBN 3 11 008408 1 (Volume 18)

WALTER TAUBER

Der Wortschatz des Hans Sachs

2 Bände. Groß-Oktav. Ganzleinen

Band 1: Untersuchungen

XVI, 282 Seiten. 1983. DM 78,– ISBN 3 11 009554 8 (Band 19)

Band 2: Wörterbuch

VIII, 216 Seiten. 1983. DM 78,– ISBN 3 11 009790 7 (Band 20)

MARGRIT STROHBACH

Johann Christoph Adelung

Ein Beitrag zu seinem germanistischen Schaffen
mit einer Bibliographie seines Gesamtwerkes

Groß-Oktav. XII, 290 Seiten. 1984. Ganzleinen DM 98,– ISBN 3 11 009612 9 (Band 21)

Preisänderungen vorbehalten

Walter de Gruyter Berlin · New York